Carolyn Cobbold

[英]卡罗琳·科博尔德 著

孔庆典 杜煜 张溪芮 译

舌尖上的
彩虹

How Chemical Dyes Changed

Palate

Rainbow

A

the West's Relationship with Food

化学染料如何改变
我们与食物的关系

格致出版社　上海人民出版社

图书在版编目(CIP)数据

舌尖上的彩虹：化学染料如何改变我们与食物的关系 /（英）卡罗琳·科博尔德著；孔庆典，杜煜，张溪芮译. -- 上海：格致出版社：上海人民出版社，2025.
ISBN 978-7-5432-3694-3

Ⅰ. TS201

中国国家版本馆 CIP 数据核字第 2025E1N696 号

责任编辑　顾　悦　杨捷婷
封面装帧　路　静

舌尖上的彩虹
——化学染料如何改变我们与食物的关系

[英]卡罗琳·科博尔德 著

孔庆典　杜　煜　张溪芮 译

出　　版　格致出版社
　　　　　上海人民出版社
　　　　　（201101　上海市闵行区号景路 159 弄 C 座）
发　　行　上海人民出版社发行中心
印　　刷　上海商务联西印刷有限公司
开　　本　890×1240　1/32
印　　张　10.75
插　　页　3
字　　数　244,000
版　　次　2025 年 9 月第 1 版
印　　次　2025 年 9 月第 1 次印刷
ISBN 978 - 7 - 5432 - 3694 - 3/K·246
定　　价　78.00 元

致　谢

　　我要向许多人表示衷心的感谢，没有他们，本书就不可能出版：感谢我的丈夫、孩子、父母、兄弟姐妹和公婆对我的爱与支持；感谢我的科学史导师埃玛·施帕里（Emma Spary）和张夏硕（Hasok Chang），感谢他们多年来呈现给我的那些令人难以置信的知识、洞察力和慷慨；感谢美食史家莱斯莉·施泰尼茨（Lesley Steinitz）在我的研究过程中提供的饮食、住宿以及情感和信息技术支持；感谢多年来培养我求知欲的教育机构，包括巴斯中学、布莱顿荷芙中学、帝国理工学院和伦敦大学学院，以及剑桥大学克莱尔学院和达尔文学院；感谢我遇到的许多乐于助人的图书管理员和档案管理员；感谢编辑安杰拉·克里杰（Angela Creager）、卡伦·梅里坎加斯·达林（Karen Merikangas Darling）和迈克尔·科普洛（Michael Koplow），以及匿名审稿人的意见、建议和鼓励；感谢西蒙·谢弗（Simon Schaffer）和莎莉·霍罗克斯（Sally Horrocks）建议我将研究成果写成一本书。

前　言

　　自化学家们开始用煤焦油(一种煤气工业的废料)工业化合成和生产新型物质以来，在包括药物、香水、甜味剂和调味剂在内的诸多成果中，苯胺和偶氮染料是最早的一批。它们原本被准备用于纺织业，但很快就被添加到食品中，成为由实验室创造并由工业化制取的、以意想不到的方式用于我们日常生活的首批化学品示例之一。化学家和医生、政治家和活动家、食品和染料生产商、零售商和公众争相决定和仲裁这些新物质的使用方式。新染料是最早有争议的食品化学添加剂之一，围绕其使用的争论，为当今涉及化学品、食品和贸易监管的国际纷争提供了极其相似的案例和宝贵的可资借鉴之处。

　　欧洲和美国的文化差异导致了不同的食品定义和监管制度，化学家们设法成为评估食品质量新策的关键参与者。测试这些新成分的策略是由来自不同背景和学科的化学家设计的，具有不同的目的和目标，并使用了各种分析手段。这些新型物质色彩艳丽并且日益普及，但数十年来却始终难以检测。它们是由化学家创造出来的，然而化学家对食品中苯胺染料的检测和评估的困难却代表了分析化学的失败。虽然制造商、政治家和公众都吁请化学家代表其利益，但科学家的权威、技术能力和公正性却一直不足以成功地仲裁这个问题，并且在一个多世纪后，情形依然如此。

如今，我们生活在一个充斥着合成化学品的世界中，我们的社会生活已然离不开成千上万的合成化学品。从我们的食物到其包装，从我们的清洁产品、杀虫剂到我们的衣物、汽车和家具，人们越来越担心合成化学品对环境和我们的健康所产生的影响——我们的身体正承载着数百种在19世纪50年代以前所不存在的物质。合成化学工业重塑了我们的世界和食物，而苯胺和偶氮染料正是开启这个进程的物质。

目　录

绪　论

　　当朱迪·加兰(Judy Garland)饰演的多萝西打开一扇被龙卷风摧毁的房门，发现自己已经离开堪萨斯的黑白世界，来到彩虹色的奥兹国时，一个不可磨灭的印记在 20 世纪的集体记忆中形成了。她进入了一片绚丽的红色、黄色和绿色之地，一种被称为"特艺彩色"（Technicolor）的新技术由此被置于万众瞩目的聚光灯下。这项技术基于化学染料，真正地改变了电影观众们对其所处世界的看法。[1]还是在 1939 年这部标志性的电影《绿野仙踪》中，另一个场景也展示了化学染料革命的一部分，但它却未能收获如此多的赞美，也很少被"史书"所提及。这个场景涉及一匹有着不同颜色的马，你大可将其视为本书的主题——化学染料如何改变了我们与食物的关系。

　　技术人员如何将翡翠城的马车从黄色变为红色再变为紫色，这堪比一个经久不衰的好莱坞故事。在电影技术人员无法使用"特艺彩色"技术实现马的颜色转换，并且美国防止虐待动物协会禁止给马染色的情况下，电影制片人想到了一种在美国最受欢迎的化学染色食品——果冻(Jell-O)。在影片中，如果仔细去瞧，你甚至可以观察到那匹马试图去舔舐涂满其身体的各种柠檬味、樱桃味和葡萄味的果冻。[2]

然而，用于制造这些果冻和其他改变西方饮食习惯的工业加工食品的化学染料，与制作《绿野仙踪》中彩色印花和各色服装的染料，在本质上并无二致。

　　正如安东尼·特拉维斯（Anthony Travis）在《彩虹制造者：西欧合成染料工业的起源》（*The Rainbow Makers：The Origins of the Synthetic Dye Industry in Western Europe*）一书中所描述的那样，苯胺和偶氮染料是化学家在19世纪50年代后期从煤焦油中发现并合成的。[3]到1900年，明艳的煤焦油染料已经改变了消费者的世界。画作、纺织品、墙壁、餐具、衣服、玻璃和食物都变得更加鲜亮，报纸和小说家也开始编造化学和色彩改变欧美生活方式的故事。[4]从查尔斯·狄更斯到弗兰克·鲍姆（L. Frank Baum），作家们描绘出一个化学家创造紫色丝带和神奇彩色糖果的世界，更不消说那个以黄砖路和翡翠城为特色的梦幻之地了。[5]鲍姆敏锐地意识到了鲜艳的苯胺和偶氮染料将如何改变消费品，尤其是时装业。在创作《绿野仙踪》之前，他曾主编过《橱窗》（*The Show Window*），并参与创建了美国国家窗饰协会（National Association of Window Trimmer of America）。[6]在19世纪的最后几十年里，装饰商店橱窗的纺织品和服装就是这些绚丽的新染料的公开展示台。

　　煤焦油是一种煤气工业的无用副产品，自化学家们开始以工业化的规模利用它合成和生产新物质以来，在包括药物、化肥、香水、甜味剂和调味品在内的诸多成果中，染料是最早的一批。当媒体将这些奇妙的染料归功于化学科学和化学家的技能时，化学家们也在热切地试图引领改变西方世界的新色彩浪潮，以此来提升他们的专业地位。然而，一旦这些创造物离开实验室和工厂，开始被人们在市场上以各种意想不到的新方式使用，化学家们便很难再保持对它们的控制了。化学家们为纺织业创造了新的颜色，但决定如何使用染料的，却是包括制造商、零售商、消费者、政治家和媒体在内的市场参与者。于是，这些染料便成为由实验室创造、工业化生产，并以意想不到和不可预测的方式渗透进我们日常生活之物的最早示例。

当围绕食品中的染料具有潜在毒性的担忧开始浮出水面的时候，化学家们试图影响市场对新物质的使用和看法。在许多方面，化学家和化学的声誉开始与染料不可避免地联系在一起。化学家们认为，他们最有资格决定如何安全和适当地使用食品中的化学染料，然而，他们也只是食品生产商、媒体、公众和政治家等众多试图左右新染料的群体中的一个。每个人都想监管新染料，并决定怎样以及在何处使用它们。于是，当围绕合成化学品的风险和不确定性开始浮现时，从衣物、家居用品到餐具和食品，染料已经无处不在。

19 世纪后期，围绕着将污黑的工业废弃物转变为鲜艳衣服和食物所展开的各种政治、公众和化学争论，丝毫不逊色于鲍姆或狄更斯笔下的任何故事。作为首个工业化生产的人造化学品，苯胺和偶氮染料如何成为合法食品添加剂的历史，与当代关于"合法掺假"的争论遥相呼应。[7] 今天，当公众和媒体正越来越鄙夷 20 世纪"化学使生活更美好"的承诺，并不断地质疑自第一批化学染料问世以来所开发的成千上万种合成化学品的安全性时，对这段历史的考察显得尤为应时。

本书主要聚焦英国，它是最早商业化生产苯胺染料并立法规范掺假食品销售的国家之一，也是最后一个出台规定性法律禁止或允许食品使用色素的西方主要国家。然而，不同于以往的那些食品或染料行业的历史，本书是"一匹有着不同颜色的马"——从英国和法国驰骋到德国和美国，去追踪化学制造和食品生产工业以及公共食品分析中的化学家网络；所描绘的参与染料生产、使用和控制的那些化学家们所扮演的形形色色又相互冲突的角色，又让"这匹马"无法被贴上单一的标签。苯胺和偶氮染料从煤焦油中合成而来，并以不可预见和充满争议的方式被消费，整个过程既是一部化学史、食品史和色彩史，也是一部消费文化史、经济学史、风险管理史和法规史。它充满了政治、实用主义以及有争议的边界，它展示了新科学一旦走出实验室并进入市场，对它的控制就会变得多么富有争议。

直到最近，还很少有历史学家考察过在食品中使用化学染料的历史。[8]考虑到关于食用色素的公开争论自19世纪50年代以来便一直在进行，到了19世纪80年代更是愈演愈烈并持续到今天，这种疏忽实在令人费解。最初的几种煤焦油衍生食用色素，现在被命名为似乎人畜无害的红色1、蓝色2和黄色5，已经被与癌症或一些人类行为问题关联在一起，但合成食用染料仍然在世界各地广泛使用。[9]一些国家在19世纪后期开始禁止使用此类染料，许多国家现在完全禁止它们，还有另一些国家则规定了一些数量有限的"安全"染料。然而，某些国家，尤其是发展中国家，对合成食用染料的限制却很少。与此同时，跨国食品制造商选择的市场策略是将其一部分产品宣传为不含人工色素，却在另一部分产品中试图使用此类添加剂。于是，在合成染料进入我们的食物150多年后，关于其益处和风险仍然聚讼纷纭，莫衷一是。

1856年，威廉·珀金（William Perkin）在煤焦油实验中意外发现了

舌尖上的彩虹

一种新的紫色染料，他将其命名为"苯胺紫"，并很快意识到了其在实验室以外作为纺织染料的潜力。[10]在随后的几十年里，化学家们通过将碳氢化合物(如苯、甲苯和二甲苯等)与其他化合物相结合，制造出了令人惊叹的新型化学染料。珀金使物质发生的"蜕变"——从煤焦油到一种前所未有的新染料，带来了工业规模的物质转化，并为科学创造出新的商业价值。[11]

今天，在人们日益关注食品质量的情形下，在对食品来源和技术不信任的氛围中，这些新的化学物质如何作为食品添加剂被消费，已经是一个引起广泛共鸣的话题。[12]食品因其所具有的普遍性，成为研究制造者、使用者、立法者和科学工作者之间复杂关系的一种特别有用的商品。一个社会的所有成员都必然要将食物摄入体内。将食品这一基本商品，与本质上由一种废弃商品生产出的全新化学物质相融合，以奇妙的方式与围绕味觉、信任和真理的讨论联系在了一起。[13]

当然，食品纯度和安全问题以及关于食品色素和添加剂的争论，要比化学染料的问世早得多，化学家在食品系统中的作用也早在19世纪之前就已存在。同样，在整个20世纪，有关在食品中使用苯胺和偶氮染料的消费者和公众健康问题都在国际范围内被持续争论，并且这至今仍然是一个值得关注和讨论的话题。事实上，历史学家越来越关注化学添加剂(包括染料)在20世纪食品中的作用，安吉拉·柯安哲(Angela Creager)的"饭桌上的危机：食品、健康和环境风险"项目就是一个证明。

然而，19世纪末是一个改变游戏规则的时期，它最终导致了"胃化学革命"(chemogastric revolution)和我们的合成化学世界。粮食生产日益工业化，消费者面临着各种复杂而又矛盾的食品知识主张。在食品掺假引起广泛的社会关注后，工业化学家和食品制造商在一段时期内试图推行合成色素。与此同时，分析化学家则致力于识别有害的和欺诈性应用的食品添加剂，并提出信任谁以及如何形成和评估"科学"知识的问题。[14]

化学家将污黑的工业废弃物和天然物质，转化为能够复现自然本身属性的人造物。在一场看似炼金术的蜕变里，他们将煤焦油分子从埋藏在地球深处不知多少世纪的黑暗死物中，合成为改变社会和科学的新物质。然而，虽然最初被誉为"煤焦油的奇迹"，这些新物质很快就被一些人认为是危险和非自然的。从黑色污染物到药物和奇妙色彩之源，再到未知的毒性物质，这种嬗变可以视为同时期科学和科学工作者转变的一种隐喻。[15]当这些新物质被纳入食物，供每个人摄取时，不同个人和机构的反应可以让我们更深刻地理解这些转变的意义。

历史学家和 19 世纪的人们对维多利亚时代有着不同的描述。这是一个"转型时代"，官僚机构、政府、风俗习惯、科学技术、政治和商业在此期间都发生了显著的变化；这是一个"进步和乐观的时代"，人们具有对科学理性、自由贸易、繁荣和民主的基本信念；这还是一个"焦虑和堕落的时代"，风俗和信仰、宗教和道德秩序都受到科学理性主义、城市化和工业化的威胁。[16]所有这些文化变革和态度，都影响了人们如何看待以及如何消费新的化学物质。

煤焦油染料被引入食品时，正值欧洲和美国忙于制定和修改食品法规以打击掺假行为。正如一些历史学家现在所认识到的那样，历史正越来越清晰地表明，这些监管也有效地合法化了某些形式的食品掺假，包括使用新的合成化学品作为食品配料。[17]当然，各个国家都采取了不同的策略来解决煤焦油染料问题。法国和德国从 19 世纪 80 年代起禁止使用已知有害的特定煤焦油染料。美国在 1907 年建议禁止除七种许可染料之外的所有煤焦油染料。与此同时，英国在 1925 年前的立法中没有明确提及任何煤焦油染料，直到 1957 年才制定了允许使用的化学染料清单，这比美国晚了 50 年。[18]各个国家不同的文化、政治和制度框架影响了这些不同的监管方法。

化学染料的公众转型

在英国等国家，19 世纪新兴的媒体，包括报纸、小说，以及消费品、贸易和专业期刊，对公众对染料的认识转变产生了至关重要的影响。新闻报道既反映了公众认知，也塑造了公众认知，使信息流动成为一个双向的过程。从 19 世纪 50 年代开始，随着轮转印刷机和电报等新技术的出现，以及报纸印花税的降低，报纸和期刊的数量激增，报刊成为许多人日常生活的一部分。新闻报道贯穿整个 20 世纪，但它产生于 19 世纪，马修·鲁伯里（Matthew Rubery）将其描述为"明确的商业商品，是以商业、交流或娱乐为目的出售的非个人化信息"。[19]科学、食品掺假、公共健康和卫生以及政府立法，都是 19 世纪新闻报道的重要话题。[20]

新染料的原始形象是由科学家确立的，在经过了科学行业内外的各类读者及作者的中介传播后，却成为另一种具有不同意义的存在。人们对染料及其在食物中的使用的看法发生改变，促使染料本身及其应用领域，乃至相关操作方式都出现了转变。制造商、零售商、科学家、政治家和社会改革者都利用媒体来推进自身的利益，在新染料那玄奥的转变中"贡献"了一份作用。媒体呈现出的染料及其在食物中的使用不断变化，这对于人们认识化学家、化学乃至染料本身都产生了重要影响。

哈维·莱文斯坦(Harvey Levenstein)声称，当今人们对工业化食品的恐惧和担忧，可以追溯到19世纪末20世纪初关于食品、立法和化学添加剂的争论。他认为："大量关于有毒食品添加剂的可怕故事，实际上播下了恐惧加工食品的种子，这种恐惧将会在未来岁月里周期性地席卷全国。"[21]然而，本书将证明，化学家和监管者试图调解合成化学品在食品中使用的争端并让公众放心的做法，实际上有助于合成化学品使用的合法化，有效地将其从掺假物转变为合法成分。

染料的工业化生产

煤焦油提取物所具有的经济价值，很快就被当时目光敏锐的评论家们注意到，狄更斯就曾指出："古代的炼金术士们日以继夜地寻找黄金，尽管他们遍搜各种气体和各种金属，却始终没有找到神奇的普罗透斯(Proteus)。①假使他们真的找到了，我们也会怀疑这一发现是否像珀金紫(即苯胺紫)那样有用……于人而言，一个有利于贸易的发现，胜过觅得一座金矿。"[22]

化学与染料工业之间的密切联系由来已久。在18世纪，染色工艺被视为"化学文化"之一。阿古斯蒂·涅托-加兰(Agustí Nieto-Galan)指出，从植物中获取茜草、菘蓝、胭脂树红和槐蓝等染料，从昆虫及矿

---

① 希腊神话中的一个早期海神，荷马所称的"海洋老人"之一。他拥有预知未来的能力，经常变化外形使人无法捕捉他，并且只向逮到他的人预言未来。另及，本书脚注皆为译者注。

物中获得胭脂虫红、铅白和普鲁士蓝(一种含铁氰化物)等"天然"染料的生产过程,涉及大量的化学知识及合成技术。何谓"天然"与何谓"合成"是两个既对立又统一的问题,与食物本身一样,甚至"天然"染料的生产也涉及大量化学知识和一定程度的合成。19世纪中叶之前,包括路易斯-雅克·泰纳尔(Louis-Jacques Thénard)、约瑟夫·路易斯·盖-吕萨克(Joseph Louis Gay-Lussac)、工业化学家让-安托万·查普托(Jean-Antoine Chaptal)以及戈贝林(Gobelins)挂毯厂染色主管米歇尔-欧仁·谢弗勒尔(Michel-Eugène Chevreul)等在内的许多化学家都涉足染料行业。此外,从18世纪中叶开始,染色工业里生产和使用化学制品的工厂在规模保持增长的同时,技术也日趋复杂,一些棉布印花厂的雇佣人数超过了千人。[23]然而,正如安德鲁·皮克林(Andrew Pickering)所观察到的那样,由于新的合成色素是在实验室中产生而非从自然界中提取,煤焦油染料的生产呈现出了一种完全不同的规模。[24]在许多方面,这些新的工业制造品代表了科学所能实现的目标,它们的名声也与化学和化学家的地位密切相关。

直至19世纪的上半叶,鲜艳的色彩还与帝国疆域所及的遥远异域风情联系在一起,譬如印度的靛蓝染料和新大陆的胭脂虫红染料。但事实证明,能够从煤焦油中提取出数百种鲜艳颜色的新发现才是一个重要的转折点,它改变了物质文化和审美价值。色彩成为科学和工业的象征,也对文明社会的经济产生了重要影响。迈克尔·陶西格(Michael Taussig)认为,现代色彩的历史与殖民主义以及随后的全球资本主义的历史密切相连。在他看来:"化学魔法创造的美丽新世界之于德国,正如帝国之于英国和法国。"[25]德国在煤焦油色素技术领域之所以占有主导地位，部分原因就是这个新兴国家在努力建立一个可与英法殖民帝国相抗衡的技术科学帝国。

到 1880 年，德国已成为世界上最大的合成染料生产国。事实上，合成染料的生产和消费在整个西方工业化国家的兴起具有很强的德国色彩，因为许多生于德国并于德国接受教育的化学家在欧洲和美国游历和工作。在此过程中，他们传播了有机化学的知识和理解，而这些很大程度上是在德国形成的。1850 年以前，有机化学家生产并分析了许多合成物质。[26] 然而，从煤焦油废料中生成化学染料彻底改变了有机化学的经济意义，并由此催生出了一批至今仍在德国运营的大型化工集团，其中就包括巴斯夫（BASF）、爱克发（AGFA）、赫斯特（Hoechst）和拜耳（Bayer）。

食品的工业化生产

染料并非唯一因工业化而发生巨大生产变革的商品。19 世纪下半叶，包括面包、牛奶和肉类等主食在内的食品也日益工业化并依赖于加工处理。食品的生产、分配和消费发生了许多变化，尤其是不再依赖于本地的供应和准备。其部分原因是化学和物理防腐工艺的发展，如罐装和冷藏，减少了食品对季节的依赖，并使其能够实现远距离运输。[27] 生产和保存技术往往会改变食品的天然色泽，如此就出现了对人造色素的更大需求。化石燃料为蒸汽机提供动力，蒸汽机加工食物并进行长途运输，燃料产生的废弃物以煤焦油染料的形式又帮助制造商、批发商和零售商恢复食物在加工过程中失去的颜色，并在许多情况下提高了利润。

到 19 世纪末，在工业发达的西方，诸如亨氏（Heinz）、朗特里

（Rowntree's）、亨特利和帕尔默（Huntley and Palmer's）这样的食品公司在经济和政治上都有着很强的影响力。大公司们意识到，相较于规模较小的竞争对手，法律规定会给它们带来更多好处，因此积极支持并协助立法，且利用人们对掺假的恐惧来推销宣传其产品。[28]食品制造商开始利用化学顾问和分析师来转移对掺假的担忧。此外，他们还看到了化学和科学技术在降低成本、提高品牌差异化和获得稳定质量方面的好处。因此，从世纪之交开始，大型食品制造商开始聘用化学家，几年内便有若干家公司建立起实验室。[29]事实上，对于那些受雇于食品生产商的化学家们来说，最早的任务之一就是研究染料颜色。

食品公司的发票、食谱和实验笔记上的配料清单显示，有数百种新型化学物质，特别是染料，进入了日益商品化的食品供应中。新染料以液体、糊状或粉末状的形式出售，用于黄油、奶酪、意大利面、葡萄酒、糖果和烈性酒等各种食品的着色。然而，部分食品由于染料用量极少，即便是有经验的化学家也几乎无法检测到它们的染料使用情况，更不必说识别出单种染料了。这些属于化学科学前沿创造出的新型物质，通过迂回且隐晦的国际供应链，从化工厂到批发零售药剂师，再到食品工业，遍及整个西方世界，无形地渗透到食品及饮料产品中，而在此过程中，这些"在逃"配料的物理和化学来源也变得愈加模糊。

从"发现"最新的红色或紫色"超级食品"，到围绕人工色素及其对健康影响的担忧，只要浏览一下互联网和报纸，我们便会发现影响我们食物颜色选择的一系列文化和"科学"因素。[30]人类学家和社会学家认为，一个人对食物颜色的偏好是由文化和社会决定的，这种偏好在社会之间与社会内部各不相同。[31]不同的食物颜色还具有不同的象征意义，这尤其体现在世界各地的宗教及节庆传统中。[32]近年来，食物颜色在食物选择中的重要性，包括对彩色饮食的营销，已经成为越来越多的科学和营养学的研究主题。[33]然而，通过颜色来改善食物外观、评估食物质量或对健康的益处其实并不算什么新鲜事。食品公司的档案、报纸和杂志文章，以及政府委员会的听证会记录，都揭示出食品颜色对 19 世纪消费者和生产者的重要性。

测试和了解新物质

在染料被越来越多地用于食品着色的情况下，欧美的化学家们不得不设计新的实验来"了解"它们。这是一种全新的未知商品，没有任何传统或认可的基础，化学家们的当务之急是弄清如何知道更多关于它们的知识。对于化学添加剂的使用及其长期生理影响，实验的目的是设法应对公众及政界对此日益增长的担忧，并为食品法规的出台或改革提供依据。在科学研究及社会领域内，这些染料的检测和合法化都是难事，评估相关测试的准确性、标准性及解释性也非易事，需要根据这些新物质对测量和评估的仪器进行调整改装。来自不同文化、不同国家和不同学科，具有不同社会地位、兴趣、技能和经验的化学家们，力图建立切实可行的实验及方法，来对这些新染料进行检测和评估。[34]

到了 19 世纪，有抱负的化学家已可购置一个能够搭建在家里、户外或商店内的分析实验室，这进一步促进了应用化学及其教育的发展，并成为化学职业的开端。[35]约翰·皮克斯通（John Pickstone）将 19 世纪描绘为一个"分析时代"，化学家们"为政府工作，执行由他们帮助推动的工业和公共卫生立法。"[36]然而，他和其他科学史学者还证实了这一时期分析化学中由竞争引发的紧张关系，特别是在理论化学与应用化学之间。[37]

通过研究这些由不同化学家设计实施的、用以识别和评估全新未知化学物质的实验，我们可以进一步发现这一时期化学领域中的紧张关系和缺乏共识的问题。那些设计的实验表明，从手工作坊、工业车间、药剂师和分析师的厨房到机构实验室，在不同地点工作的不同化学家群体中，认识、命名和理解合成染料的方法多种多样。在 19 世纪的后半叶，化学所在的公共环境以及予人的印象经历了重大且艰难的转变，合成染料则是这一转变的核心。一方面，化学家正在创造新物质，如药品及染料，有望改变消费者的生活方式；另一方面，他们又使用便携式设备检测有毒物和污染物，包括化学合成物质在内。然而，当染料在市场上蔓延时，由于无法对其进行检测和评估，化学家在公共领域的专业地位和专业知识受到了损害，而在当时，他们正努力将自己打造成食品及分析专家。评估化学染料的情况尤其复杂，因为这些染料本就是由一群无法就其命名或化学成分达成一致意见的化学家们创造出来的，是几乎无法检测的新型物质。对合成染料的评估涉及不确定的事实、无法检测的物质，以及广泛而迥异的各方群体，他们需就合成染料的成分、形式、用途及后果达成一致意见。[38] 对于来自不同背景、拥有不同雇主、各自为政的、分散的各个化学家群体而言，在不同的社会和经济环境中达成共识，堪称一项不可能完成的任务。

食品掺假与公共分析师的兴起

食品的工业化生产和大众对食品掺假问题的关注度不断提升，让职业化学家在食品行业的作用日益增大。此前，食物的重要性和其揭示社会历史的能力一直因被认为理所当然而被漠视，但在 20 世纪的 60 年代和 70 年代，年鉴学派的历史学家们对其给予了高度重视，自此以后，人们对食物的研究兴趣也愈发浓厚。正如施帕里（E. C. Spary）所指出的，"食物仅凭其普遍性便足以成为一个真正的历史主题——影响每个人日常生活的东西，应该在大众史学中占据极大的分量"[39]。

19 世纪人们对食品日益工业化的反应，催生了欧美的消费者运动和政治运动，这些运动反对食品掺假，提倡回归"天然"食品生产。[40]然而，"天然"是一个颇具相对性的术语，它由社会决定，往往极富争议。[41]早在 20 世纪的前几十年，克洛德·列维-施特劳斯（Claude Lévi-Strauss）、玛丽·道格拉斯（Mary Douglas）和皮埃尔·布尔迪厄（Pierre Bourdieu）等人类学家和社会学家就认为，我们的口味偏好和饮食习惯是由文化和社会塑造和控制的。[42]近年来，历史学家也赞同口味偏好、饮食习惯以及其他生活方式受到经济、社会和政治的影响。[43]玛德琳·费里埃（Madeleine Ferrières）指出，人们对食品掺假的恐惧不仅仅是工业化的产物，食品恐惧、风尚和禁忌一直存在并不断变化，它们在很大程度上是由文化建构的。费里埃破除了现代社会关于食物的历史神化，例如反驳了现代社会关于过去的食物比今天"更天然"的误解。[44]

然而，随着城市化和工业化的发展，人们的生活方式在 19 世纪也发生了改变，这既导致了食品生产和消费方式的巨变，也引起了当时人们的重重焦虑。[45]这一时期的评论家和小说家经常通过对食品消费变化的描写，来隐喻对社会动荡的焦虑。[46]历史学家们也同样对这些主题进行探讨，他们在对工业化和社会退化的普遍担忧中，研究了世纪之

14

交时食品潮流和纯净食品运动的兴起。[47]虽然仍有一些评论家对食品工业化心怀恐惧，但另一些评论家却认为科学与食品之间的关系不断加强是一种民主化的良性发展，能为增长的人口带来更实惠、更健康的食品。[48]这些关于食品改良或食品掺假（包括使用添加剂给食品着色）的问题和疑虑，被充当顾问的化学家们利用，他们也借此在西方世界评估和控制食品质量的新格局中成为关键的参与者。然而，一直以来染料都缺乏确定性，公众对食用染料安全性的担忧与日俱增，这使得公共分析师们陷入了两难的境地。他们既要努力为自己塑造出监管食品掺假的公众形象，又要将化学作为对社会最有用的科学加以推广。菲利普斯（Phillips）和弗伦奇（French）认为，分析师们可以利用监管和食品掺假问题，以公共分析师协会的形式创建一个制度基础，并通过受雇于食品行业和公共机构，发展其职业生涯，提升其名誉和形象。食品掺假问题提高了化学的受关注度，提升了公共分析师在私营、公共和政府领域内的地位，同时也促进了消费者和生产者压力团体的形成。[49]

英国的地方市政当局是最早任命化学分析师来监管国家食品供应的国家机构之一。事实上，对食品中使用有毒矿物染料的担忧促使英国政府在19世纪60年代出台了食品法规。然而，英国的公共分析师们却不愿采取行动反对将新型煤焦油染料用作食品添加剂。了解公共分析师在当时社会、政治和商业背景下的工作和地位，有助于解释他们所采取的这种立场。

专家、专业知识的产生和专家系统的创建

出于对食品质量和可靠性的担忧，欧洲各国和美国根据其对食品化学认识的变化，建立了新的专家知识系统。关于公共分析师对食品供应

中未经监管引入的新不确定物质的反应研究，也与新兴的风险和环境健康学术研究密切相关。这类日益增多的研究聚焦科学家、公众、生产者、零售商、记者和政治家之间的互动，这些群体关注工业化、科学化过程及其产品的管理和控制，而这些过程和产品可能对健康和环境产生不利影响。[50]

安东尼·吉登斯（Anthony Giddens）认为，专家系统的创建，标志着人们开始承认，生活中的许多风险源于人类自身，无关乎上帝或者命运，也提供了一种在消费者与产品或服务的提供者和设计者之间存在空间和时间距离的情形下，对产品或服务建立信任和信念的方式。吉登斯和乌尔里希·贝克（Ulrich Beck）等风险评论家认为，在 20 世纪晚期，人们对风险的认知，从自然界产生的风险转变为人类改变与干预自然所造成的风险[51]，但对改动食物的风险认识早在 20 世纪之前就已经存在。19 世纪工业化食品供应的合法化，包括引入化学添加剂等人造物质，就是建立"专家系统"的一个例子。[52]无论是 19 世纪还是当今时代，与食品系统有关的科学和知识日新月异，专家们的意见也难免分歧百出。正是不同群体之间的相互妥协，才形成了管理和控制不断变化的食品生产和消费环境的专家系统。

化学家是食品生产商、消费者和政府之间的重要纽带。历史学家乌韦·施皮克曼（Uwe Spiekermann）认为，在 1880 年至 1914 年间，化学和营养知识的变化帮助西方重新定义了食品，新的专家系统、公众信任和标准化都建立在食品的化学定义之上。[53]皮埃尔-安托万·德索（Pierre-Antoine Dessaux）则指出，化学家很难赢得信任，生产商和零售商仍然是食品市场监管的决定性因素。西莫·吉勒姆-洛巴特（Ximo Guillem-Llobat）也认为，在影响 19 世纪末至 20 世纪初西班牙食品立法成果方面，商业纠纷和私营部门游说比科学和科学家发挥了更具决定性的作用。[54]本书将通过比较不同国家的化学家们对在食品中使用化学染料的反应，评估化学家们在我们与食品的关系和对食品的理解的变化中所扮演的角色。

即使科学家们能够在实验室里达成共识，新科学在商业和公共领域的应用也会显著地增大文化、经济和政治方面的差异以及既得利益者的数量，因此需要一条新的路径去建立共识。在食品掺假法庭案件中，控辩双方通常都会聘用分析师，制造商、说客、政治家和消费者团体也会招募分析师，以实现他们的目标，扩大他们的利益。[55]不同的利益集团操纵科学来推进自己的议程，这导致公众和媒体认为科学家既是偷猎者又是守护人。合成色素在天然废料中被发现，在实验室里产生，在工厂内制造，最终融入社会最基本的商品——食品中，于是，它便成为一种极好的媒介，通过它，可以探索适应、关联和理解新物质所必需的中介过程。而作为仲裁过程的一部分，政治家、分析师和制造商都会援引消费者的意见。食品生产商声称，消费者完全有能力对食品的质量和价格做出自己的判断；食品改革者则认为，消费者需要得到保护，免受以利润为导向的市场的影响。[56]人工着色的食物正日渐成为工业制成品，它们被广泛宣传，并被供应给更多的人。围绕新型物质的大规模生产所带来的利益和风险，以及能否改变各阶层人群对基础食品和高端食品的选择和供应所展开的讨论表明，供应商和消费者共同决定了这些新产品的需求程度和接受程度。新型化学染色食品的商品化，也成了19世纪末科学和科学家在公共领域的转型过程的一部分。在这一时期，化学家们开始塑造自己的学者、实业家和顾问形象。一方面，他们在工业规模上发现和制造能够改变社会的新产品；另一方面，他们作为公共卫生顾问获取报酬，负责监管影响工业化社会的问题，如食品掺假、环境污染、卫生和供水。[57]

化学家、消费者、生产商、零售商和政治家们都在围绕工业化食品建立专家信任体系的过程中发挥了作用，而在当时，新成分在食品生产中正变得合法化。21 世纪是一个科学技术的成果与进程日益遭到质疑的时代，因此广泛深入地了解科学、技术、商业、政治和文化知识如何形成并相互作用至关重要。要做到这一点，就必须让科学走出封闭的文化和物理空间，进入更为广阔的活动领域。

尽管考察如此广泛的地域范围和学科领域会不可避免地产生一系列的困难和问题，但它强化了以下主张：只有摒弃那些在 20 世纪大部分时间里界定科学史和科学社会学的准则和方法论，才能更好地理解社会秩序、知识创造和专业化，以及科学的可信度。[58]本书通过跟踪一项科学创造走出实验室、进入四个不同国家消费者体内的过程，进一步证明了 20 世纪那些将科学与技术、理论科学与应用科学、内史与外史进行区分的科学史方法论，尚不足以处理社会对科技产品的接纳与适应问题。[59]追踪物质走出实验室并作为商品在市场流通的过程，能够让我们更多地了解它们的来源地和生产者。[60]

注释

[1] Layton and Pierce, *The Dawn of Technicolor*；Haines, *Technicolor Movies*.

[2] Fricke, Scarfone, and Stillman, *The Wizard of Oz：The Official 50th Anniversary Pictorial History*.

[3] Travis, *The Rainbow Makers*.

[4] Blaszczyk, *The Color Revolution*; Blaszczyk and Spiekermann, *Bright Modernity*.

[5] Baum, *American Fairytales*; Baum, *The Wonderful Wizard of Oz*; "Perkins's [*sic*] Purple".

[6] Baum, *The Art of Decorating*; Gaskill, "Learning to See with Milton Bradley"; Gaskill, "Vibrant Environments"; Simons Slater, "Little Geographies".

[7] Rioux, "Capitalist Food Production"; White Junod, "The Chemogastric Revolution"; Kirchelle, "Toxic Confusion"; Stoff, *Gift in der Nahrung*; Von Schwerin, "Vom Gift im Essen zu chronischen Umweltgefahren".

[8] 近年来，一些欧洲历史学家发表了关于 20 世纪有毒化学品（包括色素和其他成分）使用日益增多的研究。特别参见 Stoff, *Gift in der Nahrung*; Boudia and Jus, *Toxicants*, *Health*, *and Regulation since 1945*。研究商业的历史学家久野爱在其关于美国食品工业在食品中使用色素的著作中，也强调了合成染料的引入，参见 Hisano, *Visualizing Taste*。

[9] Feingold, *Why Your Child Is Hyperactive*; Feingold, "Hyperkinesis and Learning Disabilities Linked to Artificial Food Flavors and Colors"; Stare, Whelan, and Sheridan, "Diet and Hyperactivity"; Price et al., "In Vitro and in Vivo Indications of the Carcinogenicity and Toxicity of Food Dyes"; McCann et al., "Food Additives and Hyperactive Behavior".

[10] Perkin, *Perkin Centenary London*; Garfield, *Mauve*; Travis, "Perkin's Mauve".

[11] Pickering, "Decentering Sociology".

[12] Blythman, *Swallow This*; Patel, *Stuffed and Starved*; Pollan, *The Omnivore's Dilemma*; Pollan, *Cooked*.

[13] Coff, *The Taste for Ethics*.

[14] Stanziani, "Negotiating Innovation"; Scholliers and Van den Eeckhout, "Hearing the Consumer?"; Teuteberg, *European Food History*; Burnett, *Plenty and Want*; French and Phillips, *Cheated Not Poisoned?*; Atkins, Lummel, and Oddy, *Food and the City*.

[15] Leslie, *Synthetic Worlds*.

[16] Houghton, *The Victorian Frame of Mind*, *1830—1870*.

[17] Rioux, "Capitalist Food Production".

[18] Richards, "Legislation on Food Adulteration"; Richards, "Certain Provisions of Continental Legislation Concerning Food Adulteration"; "International Legislation on Adulteration of Food"; Teuteberg, "Adulteration of Food".

[19] Brown, *Victorian News and Newspapers*; Rubery, *The Novelty of Newspapers*, Introduction.

[20] Altick, *The English Common Reader*; Beetham and Boardman, *Victorian Women's Magazines*.

[21] 莱文斯坦暗示媒体的参与加剧了人们的担忧并有助于形成公众反应，他指出，正是《华盛顿邮报》将该法案的制定者和推动者哈维·威利任命的化学调查人员称为"毒药小组"。同时，《纽约时报》评论说，"几乎没什么科学实验能比毒药小组的化学公寓更吸引公众的关注"，调查人员正是在那里食用了掺有化学物质的食物。参见 Levenstein, *Fear of Food*; Anderson, *The Health of a Nation*; Young, *Pure Food*。

[22] "Perkins's [sic] Purple", 222.

[23] Holmes, "Beyond the Boundaries"; Fox and Nieto-Galan, "Natural Dyestuffs"; Fairlie, *Dyestuffs in the Eighteenth Century*; Nieto-Galan, *Colouring Textiles*.

[24] Pickering, "Decentering Sociology".

[25] Taussig, *What Color Is the Sacred?*

[26] Klein, "Technoscience avant la Lettre".

[27] Atkins, Lummel, and Oddy, *Food and the City*; Drouard and Oddy, *The Food Industries of Europe*; Shaw, "Changes in Consumer Demand and Food Supply"; Petrick, "The Industrialization of Food"; White Junod, "The Chemogastric Revolution".

[28] Smith, *Pure Ketchup*; Fitzgerald, *Rowntree and the Marketing Revolution*; Corley, *Huntley and Palmers*.

[29] Horrocks，"Consuming Science"．

[30] Hennessey，"Living in Color: The Potential Dangers of Artificial Dyes"；Schaeffer，"Color Me Healthy"；Spencer，"Choose Your Food by Colour—and Lose Weight!"．

[31] Hutchings，*Food Color and Appearance*，5.

[32] Ibid.，7.

[33] Spence，"On the Psychological Impact of Food Colour"．

[34] 关于当前对科学专业知识的争论，以及在科技界达成共识之前使用科学技术所带来的问题，请参阅 Collins and Evans，*Rethinking Expertise*。

[35] Homburg，"The Rise of Analytical Chemistry"；Gee，"Amusement Chests and Portable Laboratories"．

[36] Pickstone，*Ways of Knowing*，104.

[37] Ibid.；Bud and Roberts，*Science Versus Practice*.

[38] 关于如何就不确定事实达成一致的更多信息，请参见 Collins，*Changing Order*；Gooding，Pinch，and Schaffer，*The Uses of Experiment*；Shapin and Schaffer，*Leviathan and the Air-Pump*；Pickering，*The Mangle of Practice*；Pickering，*Science as Practice and Culture*；Demortain，*Scientists and the Regulation of Risk*。

[39] Spary，"Ways with Food"，763—771.

[40] Stoff，*Gift in der Nahrung*.

[41] Teuteberg，*European Food History*，8；Spary，*Feeding France*；Merki，*Zucker gegen Saccharin*.

[42] Mennell et al.，*The Sociology of Food*；Lévi-Strauss，*Introduction to a Science of Mythology*；Bourdieu，*Distinction*；Bourdieu，Bruegel，and Atkins，"That Elusive Feature of Food Consumption"；Douglas，*Food in the Social Order*.

[43] Goody，*Cooking，Cuisine and Class*；Mennell et al.，*The Sociology of Food*；Mintz，*Tasting Food，Tasting Freedom*；Mintz，*Sweetness and Power*.

[44] Ferrières，*Sacred Cow，Mad Cow*，preface，231，72.

[45] Broomfield，"Rushing Dinner to the Table"．

[46] Wagner and Hassan, *Consuming Culture in the Long Nineteenth Century*.

[47] 参见 Money, *The Destroying Angel*; Willis, *The Kellogg Imperative*; Schwartz, *Never Satisfied*。

[48] Wessell, "Between Alimentary Products and the Art of Cooking".

[49] Oddy, "Food Quality in London and the Rise of the Public Analyst".

[50] 有关环境和有毒物质风险的更多信息，请参见 Boudia and Jas, "Introduction"; Boudia, "Global Regulation"; Fressoz, "Gaz, Gazomètres, Expertises et Controverses"; Fressoz and Roux, "Protecting Industry and Commodifying the Environment"。

[51] Giddens, *The Consequences of Modernity*; Giddens, *Runaway World*; Adam, Beck, and Van Loon, *The Risk Society and Beyond*; Beck, *Risk Society*; Beck, "Critical Theory of World Risk Society".

[52] 弗雷索将 19 世纪的风险与贝克对 20 世纪风险的描述进行了比较，参见 Fressoz, "Beck Back in the 19th Century"。

[53] Spiekermann, "Redefining Food".

[54] Dessaux, "Chemical Expertise and Food Market Regulation"; Guillem-Llobat, "The Sugar Industry".

[55] Phillips and French, "Adulteration and Food Law".

[56] French and Phillips, "Sophisticates or Dupes?".

[57] Hamlin, *A Science of Impurity*.

[58] 有关围绕不同方法论和学科边界的历史学争论的解释及其简化主张，请参见作者为 2011 年重印版图书 Shapin and Schaffer, *Leviathan and the Air-Pump* 所写的前言。关于促进科学史和科学哲学多元化的论点，请参见 Chang, *Is Water H$_2$O?*。

[59] Bijker, Hughes, and Pinch, *The Social Construction of Technological Systems*.

[60] 可参见 Jardine, Secord, and Spary, *Cultures of Natural History*; Golinski, *Science as Public Culture*; Hannaway, *The Chemists and the Word*; Holmes, "Beyond the Boundaries"; Nieto-Galan, *Colouring Textiles*; Roberts, "Filling the Space of Possibilities"。

第一章　食品掺假与食品化学家的兴起

设想你打开一瓶烤扁豆罐头，发现里面装的扁豆和黏稠酱汁不是想象中的橙红色而是棕色，你会想到什么？这瓶罐头包装坏了，已经过了保质期，还是这种牌子的罐头比较特别——要么是便宜货，要么是昂贵的有机食品？或许因为是外国的加工商，食品法规不同，所以罐头的做法也不同？为什么红色的豆子比棕色的看起来会让人更有食欲？所有这些想法表明，消费者对于厂家给食品染色的原因有着固有的认知：无非是为了让食品看起来更新鲜、更美味，为了建立品牌认知度、实现利润最大化、满足消费者期望，或是为了符合国内外相关法规的要求。

从很多方面来说，染色剂与调味料一样会影响我们对食物味道的感受。实验表明，染上不同颜色的食物，如染成红色的苹果泥，会改变人们对食物味道的感知。因此，如何应对食品加工过程中的食品褪色，以及之后如何添加人工色素使食品看起来更新鲜、更完整甚至更特别，是食品生产商要解决的一个重要问题。

事实上，在我们的食品文化、心理感知和消费体验中，食物的颜色起着主导作用，人们由于年龄和受教育阶段的不同，对食品颜色的偏好也各有不同。[1] 2012 年，汉堡王（Burger King）在日本推出了黑面包制作的暗色汉堡；2014 年，又推出了颜色更深的版本，用竹炭着色的面包配上墨鱼汁染黑的番茄酱，让美国评论家直呼"恶心"和"疯狂"——在美国，除非是烧焦的食物，否则人们根本不会将食品与黑色联系在一起。[2] 然而，在日本文化中，黑色是一种被认可的食物颜色，也更容易被消费者接受。在数月内，所谓活性炭有益健康的说法让黑面包成了新一轮的消费风尚，风靡全球，其中也包括了美国。[3] 无论食品颜色传达出的是新鲜、新奇、自然还是熟悉感，消费者总会希望自己的食物是某种预期的颜色。然而，新食品的出现以及随之而来的医学或科学主张，或许会改变人们长久以来形成的有关食物形态的文化观念。

围绕食品成分及添加剂是否对健康有益或有害，21 世纪的消费者似乎总会受到各种争论的轰炸，其中很多都与食品的着色有关。应该吃红色的，应该吃绿色的，应该吃紫色的！ 虽然食品生产商和健康顾问常常拿科学来证明他们的主张，但倡导消费者权益和有机食品运动的人依然对工业化食品嗤之以鼻。他们要求回归"纯天然食品"以及"零添加"。然而，既然所有的食物都由化学物质构成，那么谁又能决定到底哪些化学物质是"纯天然的"，哪些是"可食用的"呢？ 只要随便参观某个食品贸易会，你就会发现其中的矛盾之处：很多食品公司在推销自己的产品时，都会标榜天然食物及其成分属于"零添加"，而往往就在这些公司旁边，其他食品生产商所展示的却是含有大量化学品和其他添加剂的所谓促进健康的"功能性"新产品。

人们经常听到一个短语叫"充满 E 编号"（full of E numbers），消费者的困惑由此显露无遗。这是一个贬义词，在欧洲用来描述富含有害化学添加剂的"不健康"食品。[4]然而，E 编号其实只用来标注给那些被认为可食用的、无害的食品添加剂，这些添加剂从姜黄、藏红花、盐、柠檬酸和酵母中提取，此外也包括最初从煤焦油、现在从石油中提取的那些物质，如苯胺和偶氮染料。[5]讽刺的是，20 世纪中叶时人们曾试图通过立法，确保所有食品成分必须经过审批和科学命名，并在食品上进行标注，以此提高食品安全，增强消费者信心，讵料结果却适得其反，消费者不但没有因此放心，反而对食品的安全性愈发担忧。

本书介绍了自 19 世纪 50 年代中期起，主要被用作纺织染料的煤焦油合成色素是如何被用于食品中，以及如何作为食品配料而被合法化的。尽管对使用合成色素的担忧在 19 世纪里便不断增长，并一直贯穿了整个 20 世纪，法律也持续地对其使用进行限制，但仍有许多煤焦油染料不断地被认定为食品的组成成分。2007 年的一项研究显示，有六种特定的煤焦油染料与儿童多动症及过敏症有关，这促使欧盟规定，这些特殊染料的使用必须以贴标签的方式加以注明。与此同时，化学家和生产商试图用从植物中提取的"天然"色素取代煤焦油色素，但由于在复杂的生产过程中需要用到化学溶解剂，这一做法也引起了监管机构和消费者的关注。[6]

化学家在食品及其成分方面的话语权由来已久。早在 16 世纪和 17 世纪，化学家和医生就以食品安全和营养专家自居。在 16 世纪至 18 世纪，诸如罗伯特·波义耳（Robert Boyle）、卡尔·威廉·舍勒（Carl Wilhelm Scheele）、安东万·佛克罗伊（Antoine Fourcroy）和赫尔曼·布尔哈夫（Herman Boerhaave）等化学家都曾撰文探讨食品掺假问题。与此同时，食品分析是有机分析早期最具影响力的分支之一，由欧洲各地的化学家主导研究，其中就包括尼古拉·勒梅里（Nicolas Lemery）、海因里希·狄斯巴赫（Heinrich Diesbach）、安德烈亚斯·马格拉夫（Andreas Marggraf）、卡斯帕·诺伊曼（Caspar Neumann）、安托万·拉瓦锡（Antoine Lavoisier）、约瑟夫·路易斯·盖-吕萨克，以及路易斯-雅克·泰纳尔、永斯·贝采利乌斯（Jöns Jacob Berzelius）、托马斯·汤姆森（Thomas Thomson）和米歇尔-欧仁·谢弗勒尔等人。[7]

从 17 世纪起，欧洲的饮食制度发生了明显变化，专家的数量猛增，各种围绕食物的知识主张也如雨后春笋般出现，尤其是那些与营养学、化学和生理学相关的科学和医学见解。[8]随着消费者与食品生产商和食品专家之间渐行渐远，饮食话语权的问题变得愈发重要，也更具争议。随着商业和科学探索的深入，以及食品工业生产的扩大，越来越多的人接触到新食品、新配料和新工艺，政府对大众饮食的监督也随之加强。

仍是自 17 世纪起，越来越多的化学家参与到食品革新中来，他们常常受到政府的支持，在食品评估和分析方面的地位日渐重要。[9]化学家们发明的新方法不仅能对食物进行制备和保鲜，也能提升食物的口感，让其变得更加可口。从马铃薯到可可和糖，新食品经过了加工处理，更加符合欧洲人的口味。食品生产不再只是农民或工匠的事情。事实上，到了 19 世纪，法国的化学家已经能够成功地以专家身份自由表达自己对营养的理解。[10]

化学家们力图不断为公众提供新的产品、配料和工艺，同时也努力扮演着保护公众的角色，让他们避免在食品供应中因无知而被欺骗。自18 世纪末以来，反掺假小册子的发行量不断增大，化学家的地位持续提升，这两者显然并非巧合。[11]一些化学家，如出生在德国、长期居住于伦敦的弗里德里希·阿库姆（Friedrich Accum）等人，将反掺假视作一种提升化学家形象和地位的途径，并认为对于整个化学界也同样应该如此。因此，分析化学家们将掺假及其调查作为更广泛运动的一部分，期望在理论化学家、医生和药剂师（pharmacist）与地位相对较低的执业化学家和药商（druggist）竞争的化学世界中，占据更核心的地位。[12]

在一边是药剂师、另一边是执业化学家和药商的斗争中，分析化学的从业者不断提高从食品和水中检测掺假的能力，并与分析化学本身一起，开始逐渐成为擂台的主角。药剂师往往是指有执照的专业医生和（或）化学家，有资格做出诊断并开具药方，而执业化学家和药商则通常能在商店里制作和零售药品。药剂师经常指责这些企业的从业者压低药价。在19世纪的前几十年里，分析化学不断发展，公众对食品、水和药品的掺假问题也日益关注，德国的药剂师们借此提升自己的身份和商业地位，而在此期间，执业化学家和药商却大规模生产和销售"三无"药品，这就削弱了药剂师在市场中的专业形象。化学技术的变革增加了生活中的化学应用，使实验设备变得价格低廉且更加便携易用，也让更多人能够有机会接触分析化学。这种发展还使得德国、法国和英国的技工学院、大学和其他教育机构能够更广泛、更经济地使用实验室设备进行实验实践，大规模的化学培训平台得以建立，而19世纪也因之出现了职业化学家。[13]

伯格曼（Bergman）、盖-吕萨克、贝采利乌斯和费森尤斯（Fresenius）等化学家开发的化学分析技术，使受过化学训练的药剂师不仅能够评估饮用水的纯度，还能检测食品中的掺假物质。随着人们对公共卫生和食品药品纯度的担忧，药剂师们重新获得了在市场上展现自我的机会。[14]正如1850年让-巴蒂斯特·阿尔丰斯·舍伐利埃(Jean Baptiste Alphonse Chevallier)在巴黎出版的《篡改和伪造辞典》(*Dictionnaire des Alterations et Falsifications*)中所证明的那样，这种趋势将席卷整个欧洲。[15]

在公众对食物的理解和与食物的关系中，以科学为基础的专家系统发挥着愈加重要的作用，这要部分归功于19世纪专业阶层和中产阶级的发展。在学术界、工业界或公共服务领域，越来越多的科学工作者能够通过应用化学、物理或工程学来谋生。[16]从汉弗里·戴维(Humphry Davy)和迈克尔·法拉第(Michael Faraday)到盖-吕萨克，从尤斯图斯·冯·李比希(Justus von Liebig)到路易斯·巴斯德(Louis Pasteur)，欧洲的化学家们通过其学术工作及其行业顾问和政府顾问的形象，赢得了金钱和社会声望。[17]在1842年法国的一册职业指南中，有十页内容用来介绍不同类型的化学家；而在德国，作家弗里德里希·舍得勒(Friedrich Schödler)在1875年曾经这样写道："一支名副其实的化学家大军正不遗余力地从事着他们的工作……以前只有几十人，现在达到了几百人。"[18]

在社会快速工业化和城市化的同时，公众和政府越来越频繁地通过科学来判定和应对新风险，科学"专家"们也被要求去评估并提升包括食品生产、卫生设施、医疗保健等各方面的环境和条件。[19]这个时期，大众的健康和福利迅速成为一个政治议题。倡导卫生改革的医生和化学家是广泛的中产阶级改革者的一部分，他们是这场社会和政治性卫生运动中的专业成员，而这个运动旨在改善工人阶级的卫生、住房、营

　　　　　　　　　　　　　　　　　舌尖上的彩虹

养和教育条件。在埃德温·查德威克（Edwin Chadwick）等活动家的宣传下，人们对工人的生活水平及健康问题、工业城市中的疾病和卫生条件匮乏问题日益关注，这促使政府以立法形式采取行动，比如英国就在1832年出台《济贫法》（Poor Law），在1848年出台《公共卫生法》（Public Health Act），并呼吁更多专家为政府献计，以改善对污水、福利、医疗、供水、食品和疾控等方面的监管。人类学家玛丽·道格拉斯认为，一个社会对污染和污染物概念的关注反映了其建立并维护社会秩序的需要，污染物则代表了秩序与混乱的边界。[20]尽管食品掺假从未获得像住房、净水和污水那样的政治关注，但19世纪中叶日益高涨的卫生运动为政府干预食品监管提供了动力，亚瑟·希尔·哈索尔（Arthur Hill Hassall）等化学家的帮助也起到了推动作用，他在1855年称食品掺假是一个极其重要的国家性问题。[21]与此同时，欧洲各地的化学家也在不断拓展食品化学成分及其对人体影响的相关知识。[22]

食品中的矿物和金属染料引起越来越多的关注

到了19世纪，使用矿物和金属染料对食品进行人工着色，成为欧洲最受关注（当然也是最为明显）的问题之一，也是政府采取行动的重点领域。早在1830年，法国巴黎警署（*the Préfet de Police of Paris*）就下令：

> 禁止使用任何矿物质对以下食品进行着色：利口酒、软糖、糖豆、含片，以及任何其他种类的甜食和糕点。除了藤黄和地衣紫以外，这些食品只能使用纯植物性色素来加工。禁止使用以矿物质上

光或着色的纸张包装糖果点心。所有糖果店、杂货商和经销商，必须将其名称、地址及执照印在上述物品的包装纸上。所有生产商和经销商，均应对其生产或销售的利口酒、糖果和其他甜食所造成的事故承担责任。[23]

弗里德里希·阿库姆在 1820 年出版的《论食品掺假和食物中毒》(*Treatise on Adulterations of Foods and Culinary Poisons*)等小册子中，强调了用砷、铅丹和含汞朱砂等物质给食品和饮料着色的问题。1830年，《柳叶刀》杂志上的一篇文章报道了法国糖果中使用矿物染料的情况，例如含砷的施韦因富特绿。随后的调查表明，英国糖果中也使用了类似的有毒矿物质来着色。[24]《柳叶刀》主编托马斯·瓦克利(Thomas Wakley)将舍伐利埃的反掺假著作翻译成英文，并于 1831 年出版了威廉·布鲁克·奥肖内西(William Brooke O'Shaughnessy)撰写的《有毒的糖果》(*Poisoned Confectionary*)。[25]瓦克利是一名医生兼国会议员，他随后委托医学化学家和显微镜学家哈索尔对 1851 年至 1854年间的食品掺假问题进行调查。哈索尔最先分析的是糖果，在对 101 种糖果的调查中，他发现其颜色分别来自铬酸铅(黄色)，铅丹和朱砂(红色)，靛蓝、普鲁士蓝、铝和钠(蓝色)，范戴克棕、赭土和褐土(棕色)，与铬酸铅混合的不伦瑞克绿和普鲁士蓝(绿色)。这些矿物和金属染料被广泛用于艺术品、材料装饰和织物染色。[26]化学家们面临的问题是，食品中的颜色是由已知的和未知的颜料以及颜料成分混合而成的，其中有些颜料本身就有毒性，有些颜料则可能在与其他物质混合后产生毒性。但人们的主要关注点却是虚假着色的欺骗性做法。

哈索尔一生致力于公共卫生和食品安全问题的研究，到 19 世纪 50 年代，《柳叶刀》发表了一系列文章，介绍由他主导的对食品掺假行为的调查。[27] 1854 年，哈索尔在一份关于使用矿物质给食物着色的报告中，确认了许多有毒物质，如铬酸铅、氧化铅、亚砷酸铜、舍勒绿和其他含砷化合物。他表示，尽管食用着色剂"非常普遍"，却是市场上最糟糕的掺假手段，因为其所使用的许多矿物染料都是有毒的。[28] 他还认为，为了改善食品外观、掩盖其他形式的掺假而添加色素是"一种非常普遍的掺假行为，也是所有掺假中最令人反感、最应受到谴责的。因为为了给食物上色，生产商经常会用到十分有害甚至在某些情形下有毒的物质，如铅、铜、汞和砷的各种制剂"。[29] 由哈索尔鉴别出的色素包括：添加到水果和蔬菜中的铜盐，添加到凤尾鱼和巧克力中的威尼斯红，用于吉士粉的铅铬酸盐、铬黄和姜黄，咖喱粉中的铅丹，以及由铁、铜和铬制成的多种糖果色素。虽然现在我们知道铁和铜是必备的营养要素，但哈索尔等化学家认为，使用这些物质来改变食物的颜色是一种欺诈行为，并且这些物质还可能有毒，因为无法测试它们的使用量和人体对它们的耐受程度。

哈索尔主要担心两方面的问题，一是降低食品成本会减少国家财政收入，二是欺骗公众会导致商业体系失信。他指出："很明显，那些掺假商品的销售者，无论是生产商还是零售商，都能够通过掺假来提高利润，并且还往往以低价销售的方式，迫使比他们更加谨慎且诚实的竞争对手破产。"[30] 他还指出使用一些色素会导致的卫生和健康问题。尽管他承认许多掺假物在单次剂量下是安全的，但他警告说，在诸如腌制保存的果蔬中使用铜会产生一种积累效应，此外，单次剂量有时也会致命，特别是在糖果中，"几乎每年都会有几起因有色糖果而中毒的事件"。[31]

然而，哈索尔同样关注更广泛的道德问题以及信任的重要性：

> 掺假不仅使掺假者失信，还会带来其他非常严重的弊端。掺假会使买家产生极大的不信任感，对与之交易者失去信心，这样一来，诚实的商人有时也会像掺假的商人、生产商或贸易商一样受到怀疑，(而且)整个国家的品格也会因掺假盛行而受到损害。[32]

哈索尔的言论并不局限于《柳叶刀》和其他面向新兴科学专业人士的期刊。在维多利亚时代，其报告的摘录在各大媒体上发表，出现在英国和海外的大众报纸上。无论是地区性报纸或伦敦报纸，还是面向男性或女性读者的期刊，这些大众媒体都对《柳叶刀》的相关文章和调查进行过广泛报道。在整个 19 世纪 50 年代，报纸和期刊都报道了许多儿童和成人因食用装饰蛋糕的有毒矿物色素而中毒的事件。[33]

在食品中掺入添加剂是为了使产品看起来更有食欲，或是为了掩盖食物被混入廉价配料的事实，这在 19 世纪成了一个公共和政治领域都很关注的重大问题。工人从农村向大型工业区的大规模迁移，导致公众对食品供应来源的了解越来越少。供应链上的竞争日益激烈，食品加工者鼓励供应商使用更便宜的原料，以提高他们不断下降的利润率。糖果成为媒体关于食品掺假"叙事"的特别焦点，究其原因不止一端，其中就包括掺假糖果的受害者往往是儿童。此外，糖果通常由化学家和药剂师出售，这也增加了糖果被有意或无意添加潜在有毒成分的可能性。

1858 年,《盘趣》(*Punch*)①杂志刊登了一幅漫画,画中的死神是一个"伟大的含片制作者",正站在一桶砒旁制作糖果(图 1.1)。

资料来源:《盘趣》,1858 年 11 月 20 日。图片来自作者收藏。

图 1.1 《伟大的含片制作者》

---

① 又译《笨拙》。

掺假和欺骗公众也是小说家们探讨的主题。狄更斯在《大卫·科波菲尔》中塑造的人物斯彭洛(Spenlow)"向种植葡萄的土壤、酿酒的葡萄、使葡萄成熟的太阳以及给葡萄酒掺假的商人们致敬"。[34]查尔斯·金斯利(Charles Kingsley)在《水孩子》(*The Water Babies*)中，特别抨击了在糖果中使用有毒色素的行为。梅兰妮·基恩(Melanie Keene)表明，维多利亚时代的小说家在为儿童和成人写作时，经常会提到科学和社会问题的发展。[35]金斯利的小说同狄更斯和其他维多利亚时代作家的作品一样，最初是在期刊上分期发表的，他的《水孩子》写于1862年至1863年间，发表在文学月刊《麦克米伦杂志》(*Macmillan's Magazine*)上，小说写道：

> 愚蠢而邪恶的人们制造了满是石灰和有毒颜料的垃圾，还从科学老夫人的大书里偷来配方，发明出给小孩子们吃的毒药，并将它们卖到聚会、集市和糖果店。很好，就让他们继续这样吧！虽然莱瑟比博士(Dr. Letheby)和哈索尔博士整天都在设置陷阱机关，也没能抓住他们，但是仙女会手持桦杖，及时将其尽数捉住，再罚他们吃光自己店里的糖果——到那时，他们的胃痛就可以治好(被他们毒害的)小孩子们的毛病了。[36]

同样，文学研究者丽贝卡·斯特恩(Rebecca Stern)指出，克里斯蒂娜·罗塞蒂(Christina Rossetti)写于1859年、发表于1862年的寓言诗《小妖精集市》(*Goblin Market*)也提到了当时人们对食品掺假的担忧，这是维多利亚时期讨论食物中毒、市场腐败和食品掺假的大量文学作品

舌尖上的彩虹

的一部分。[37] 在罗塞蒂的诗中，一个年轻女孩进入妖精的集市，被外表精美的食物诱惑，以致得病而羸弱不堪。斯特恩认为，对食品这样一种实实在在被消费的商品进行掺假，是市场中商业腐败最生动、最有力的呈现。[38]

食品掺假问题，尤其是对有毒金属色素的关注，成为社会评论家、公众、政治家、食品生产商和零售商以及化学家之间的共同话题。1855年，英国议会发起对食品掺假问题的调查，随后于 1860 年颁布了《食品和饮料掺假法》（Act for the Adulteration of Articles of Food and Drink），规定设立公共分析师和市政化学家的职位，来揭露和防止以获取利润为目的或造成危害的食品掺假。该法案其后被 1872 年的《掺假法》（Adulteration Act）替代。

正如阿库姆和他的同行们试图将自己定位为可靠的食品交易仲裁者一样，哈索尔和新一代顾问化学家们也在这个临时药剂师仍为生计挣扎的时代，利用公众对食品掺假的恐惧来提高自己的地位和信誉。哈索尔牵头组建了一支专业的化学家和医生团队，致力于提高食品和饮料的安全性。值得一提的是，公共分析师协会后来的两位会长——阿尔弗雷德·亨利·艾伦（Alfred Henry Allen）和奥托·赫纳（Otto Hehner），都曾是哈索尔的助手并接受过他的训练。[39]

到 19 世纪 60 年代新型化学染料进入食品供应时，食品掺假，尤其是人工色素形式的掺假，已成为社会和政治关注的焦点。整个欧洲的化学家都将食品的"复杂性"视为提高自身地位的一种手段，并将自己定位为能够分析食品和饮料的专家，自认能够在日益复杂的食品供应系统中充当仲裁者。随着 19 世纪欧洲数百万工人从农村涌入城市，日益复杂、冗长且竞争激烈的食品供应链引发人们对食品来源和质量的担忧。[40]食品掺假成为一个重大的社会问题，化学家顾问在新一轮洗牌中成为评估和控制食品质量的重要角色，从而在不断变化的对食品的化学理解的基础上，在欧洲和美国建立起新的专家知识体系。

19世纪是食品生产和销售以及化学、营养和生理学认知发生巨大变化的时期。在欧洲，来自遥远的殖民帝国的食品愈发普遍，同时，使用化学技术或罐装、巴氏杀菌、冷冻和化学添加剂等新技术加工的工业化食品也越来越多地出现在商店里。虽然这意味着消费者有了更多的选择和更大的便利，但也使人们对食品来源及其日益商品化产生了更多的恐惧和焦虑。随着工人向城市迁移，食品供应链被拉长，许多消费者不再了解食品的生产者。加剧的竞争迫使食品供应商通过采用更廉价的原料来降低成本。与此同时，随着人造黄油等新型食品和新的化学配料进入市场，掺假的定义变得越来越模糊。新的化学食品添加剂和工业化食品加工工艺，也让肉眼检查以及根据嗅觉和味觉对食品进行感官评估变得更加困难。同时，营养学和生理学正在改变人们对不同食品成分及其健康作用的认识。所有这些问题，都为化学家提供了机会，让他们在食品仲裁方面发挥更重要的作用。

食品是否掺假本身就是一个模糊而有争议的概念，因为合法配料和欺骗性配料之间的区分存有争议，并且取决于一个由观点和立法构成的复杂框架，这个框架由许多因素决定，其中就包括知识专家和商人群体之间的对立。例如，19世纪面包和蛋糕产品中引入发酵粉后，食品改革者、科学工作者、生产商和包括小说家在内的公众评论家之间在媒体上展开了广泛而持久的辩论，焦点是哪些添加剂属于食品掺假，哪些添加剂是改善食品的质量和卫生状况的。[41]在 19 世纪的大部分时间里，许多化学家和卫生改革者都主张从面包产品中完全去除酵母，认为酵母是一种破坏性的、不卫生的食品掺假物，而使用化学品可以更卫生、更有效地制作面包。[42]与之类似的是，今天的食品生产商剔除酸奶产品中天然存在的脂肪，代之以人工合成的代糖和乳化剂，并以"低脂""健康"和不含人工色素为名来推销自己的产品。[43]食品中的物质会改变其含义，并在合法与不合法之间反复横跳，从而导致食品生产的诸般变化。科学与社会建构、自然和政治之间的关系并非那么简单和直接，它们往往是不同部分的历史偶然和非线性组合的结果。[44]

食品恐惧、掺假和工业化

在 19 世纪最后几十年，人们对食品的焦虑集中在工业化上，并将其与对社会和个人堕落的恐惧联系在一起，从而引发对更健康、非掺假食品的需要。随着各种进化理论在欧美的发展，弗朗西斯·高尔顿（Francis Galton）和马克斯·诺尔道（Max Nordau）等科学家，以及从爱弥尔·左拉（Emile Zola）到托马斯·哈代（Thomas Hardy）等社会评论家和作家，共同推动了关于堕落的辩论。[45]在新兴的肮脏城市里，贫穷、犯罪、酗酒、不道德和精神错乱似乎日渐增多，这鼓励了倡导节制、优生学和种族卫生、健康饮食以及环境卫生的社会运动的发展。[46]食品改革者认为，劳动阶层的堕落与工业化生产的廉价食品和饮料的供应增加直接相关。新的化学添加剂和食品加工技术，给食品的新鲜度和卫生程度带来了不确定性。改革者还认为，提高人们对糖和白面包等奢侈食品的购买力，其实是降低而非改善了本已营养不良的穷人的饮食水平。卫生学家们声称，工业化生产带来的是更便宜却更没营养的食品，例如经过加工的白面粉，为了利于保存而去除了营养丰富的蛋白质胚芽层。拿破仑战争期间开发的甜菜糖提炼方法，也大大降低了糖的价格。廉价的糖和发酵粉的出现改变了人们的饮食习惯，以至于到1879年，一本普通的美国食谱中，有三分之一的内容都是介绍如何制作布丁和蛋糕。新的蒸馏方法和瓶塞的改进也使烈酒、啤酒和葡萄酒的价格下降、储存能力提高，在某些情形下，各类酒的酒精含量也增加了一倍。咖啡（或菊苣①替代品）和茶也变得更便宜、更容易买到。被文思理（Sidney Mintz）②称为毒品的成瘾性工业化食品，正成为现代社会的主食。[47]

在这个迅速变化的社会中，个人逐渐与其食物的来源分离，人们无需在家中或社区里备菜与烹饪，这成为一个道德问题。商业化生产的食品仿佛由一些手持无形毒药的隐身人所制造，隐喻着人们对资本主义和工业化市场的恐惧。约翰·哈维·凯洛格（John Harvey Kellogg）等卫生改革家建立了健康诊所，通过提倡"生物生活"（biologic living）和新的"健康"食品来改善个人和社会。[48]从禁酒主义、禁食主义到素食主义，不同的饮食风尚和健康饮食运动都有各自的粉丝阵营，甚至还有名人和政治家支持的"咀嚼时尚"，鼓励人们每吃一口食物都要咀嚼数十次。[49]运动者声称，人们可以通过控制食物摄入量，重新掌控自己的身体，进而主导自己的生活。[50]

然而，在改革运动者反对食品工业化的同时，新科学也不断被用来

---

① 菊苣的根干燥后，可与咖啡同用或作其替代品。
② 又译西敏司。

支持他们的观点。其中包括了经济学和效率科学，进化学、人类学和优生学等新兴人文科学，生理学以及有关食物、热量和新陈代谢的新化学。[51]与此同时，阿尔弗雷德·伯德（Alfred Bird）等企业家和化学家利用化学使食品更加"卫生"，开发了发酵粉等产品来取代酵母，而工业食品制造商则使用苯胺染料和硼酸等化学成分来帮助降低成本，保存和标准化食品。就在食品生产商向化学家寻求建议和帮助的同时，欧美政府也开始向科学家咨询，委任化学分析师，确保食品供应的安全性和可靠性。工业化食品革命和不断更新的化学知识，不仅改变了我们的食品，也在政治、经济和社会层面改变了我们与食品的关系。

法国社会学家克洛德·费席勒（Claude Fischler）指出，食物是文化和个人身份认同中不可或缺的一部分。[52]他和乌尔里希·贝克都认为，从20世纪至今，食物恐慌都是现代性焦虑的代表。[53]然而历史学家们已经证明，食物恐惧、风尚和禁忌可以追溯到几个世纪以前，它们由文化建构，一直存在，并且不断变化。[54]19世纪末关于食品掺假的辩论起源于城市化、工业化以及竞争日益激烈的国际市场，继而成为生产者、消费者、国家、化学家和卫生学家之间的战场。任何一个利益集团都无法完全控制食品掺假的规则，最终的结果取决于战略联盟和市场结构。[55]

化学染料的工业化生产自19世纪50年代中期开始，其时国际食品贸易和人口稠密的大城市对食品的需求都在增长，政府和公司在食品生产和安全问题上也越来越多地向化学家咨询。因此，将化学生产的纺织染料作为食品添加剂并使之合法化，标志着西方与食品的关系发生了深刻变化。

但是，这些能够彻底改变我们食物供应的新化学物质究竟是什么呢？

注释

[1] Clydesdale, "Color as a Factor in Food Choice"; Hoegg and Alba, "Taste Perception"; Hutchings, *Food Color and Appearance*; Keyser, *Artificial Color*; Lyman, *A Psychology of Food*; Spence, "On the Psychological Impact of Food Colour".

[2] Wen, "Food Color Trumps Flavor".

[3] 因其多孔表面可以吸收化学物质，活性炭可用于过滤产品或作为治疗药物过量的一种手段。尽管被广泛用作"排毒"和抗腹胀的食品成分，但其在食品中的医疗特性仍存在争议，参见 Medlin, "Activated Charcoal Doesn't Detox the Body"; Steen, "So, Eating 'Activated Charcoal' Is a Thing Now"。

[4] 自19世纪80年代中期以来，随着汉森等人的出版物的出现，公众对 E 编号，尤其是人工色素的担忧有所增加，参见 Hanssen, *E for Additives*。

[5] 欧盟 E 编号方案基于国际公认的食品标准集合《食品法典》规定的食品添加剂国际编号系统，https://ec.europa.eu/food/safety/international_affairs/standard_setting_bodies/codex_en。

[6] Blythman, *Swallow This*, 154—172; McCann et al., "Food Additives and Hyperactive Behaviour".

[7] Filby, *A History of Food Adulteration and Analysis*.

[8] Spary, *Eating the Enlightenment*; Spary, *Feeding France*.

[9] Spary, *Eating the Enlightenment*; Spary, *Feeding France*.

[10] Spary, *Feeding France*, 320.

[11] Accum, *A Treatise on Adulterations of Food and Culinary Poisons*. 一本匿名出版但据信由约翰·丁沃尔·威廉斯 (John Dingwall Williams) 撰写的类似书籍是 John Dingwall Williams, *Deadly Adulteration and Slow Poisoning*。

[12] Sumner, "Retailing Scandal"; Burney, *Poison, Detection, and the Victori-*

an Imagination; Holloway, *Royal Pharmaceutical Society of Great Britain*.

[13] Gee, "Amusement Chests and Portable Laboratories"; Homburg, "The Rise of Analytical Chemistry".

[14] Homburg, "The Rise of Analytical Chemistry".

[15] Chevallier, *Dictionnaire des Alterations et Falsifications*. 让-巴蒂斯特·阿尔丰斯·舍伐利埃是一位法国药剂师，也是《医学化学、药理学和毒理学杂志》(*Journal de Chimie Médicale, de Pharmacie et de Toxicologie*)的编辑。Wisniak, "Jean Baptiste Alphonse Chevallier".

[16] MacLeod, *Government and Expertise*; Rabier, *Fields of Expertise*.

[17] 更多关于李比希和巴斯德在工商业方面的工作，参见 Brock, *Justus von Liebig*; Debré, *Louis Pasteur*。有关化学家在英国和欧洲大陆影响日增的更多信息，请参见 Homburg, "The Rise of Analytical Chemistry"; Knight and Kragh, *The Making of the Chemist*; Bud and Roberts, *Science Versus Practice*; Russell, *Chemists by Profession*。

[18] Charton, *Guide pour le choix d'un état, ou, Dictionnaire des professions*, cited in Crosland, "The Organisation of Chemistry in Nineteenth-Century France", 11; Schödler, "Das chemische Laboratorium unserer Zeit", cited in Homburg, "Two Factions, One Profession", 39.

[19] MacLeod, *Government and Expertise*; Rabier, *Fields of Expertise*; Hamlin, *A Science of Impurity*.

[20] Douglas, *Purity and Danger*.有关英国卫生运动的更多信息，请参阅 Chadwick, "The British Sanitary Movement"; Hamlin, *Public Health*; Porter, *Health, Civilization, and the State*; Webster, *Victorian Public Health Legacy*。

[21] Allen, *Cleansing the City*; Bashford, *Imperial Hygiene*; Kelley, *Soap and Water*; Hassall and Lancet Analytical Sanitary Commission, *Food and Its Adulterations*.

[22] Carpenter, *Protein and Energy*; Spiekermann, "Twentieth-Century Product Innovations in the German Food Industry"; Spiekermann, "Redefining Food".

[23] Filby, *A History of Food Adulteration and Analysis*, 217.

[24] Whorton, *The Arsenic Century*, 153.

[25] O'Shaughnessy, *Poisoned Confectionary*.

[26] Gage, *Colour and Culture*; Nieto-Galan, *Colouring Textiles*; Ball, *Bright Earth*.

[27] 参见 Clayton, *Arthur Hill Hassall*; Hassall and Lancet Analytical Sanitary Commission, *Food and Its Adulterations*; Hassall, *Adulterations*。

[28] Hassall and Lancet Analytical Sanitary Commission, *Food and Its Adulterations*, 4. 更多详情请参见第 177 页。

[29] Ibid., 4.

[30] Ibid., xxx.

[31] Ibid., xxxiv; Burney, *Bodies of Evidence*; Burney, *Poison, Detection, and the Victorian Imagination*; Whorton, *The Arsenic Century*。

[32] Hassall and Lancet Analytical Sanitary Commission, *Food and Its Adulterations*, xxxv.

[33] Whorton, *The Arsenic Century*, 155.

[34] Dickens, *David Copperfield*, chap. 3.

[35] Keene, *Science in Wonderland*.

[36] 这是一位分析化学家和公共卫生官员、伦敦医院的讲师以及《柳叶刀》的定期撰稿人。

[37] Stern, "Adulterations Detected"; Stern, *Home Economics: Domestic Fraud in Victorian England*.

[38] Stern, "Adulterations Detected".

[39] 克里斯托弗·哈姆林展示了哈索尔和爱德华·弗兰克兰等化学家如何有效地利用修辞技巧和公共宣传，通过提高科学解决公共卫生问题的能力，来提高科学家的地位和权威。Hamlin, *A Science of Impurity*.

[40] 例如，关于 20 世纪法国食品生产和分配的地域重组，可参见 Tenhoor, "Architecture and Biopolitics at Les Halles"。

[41] Ciritello, *Baking Powder Wars*.

[42] Cobbold, "The Rise of Alternative Bread Leavening Technologies".

[43] 有关将合成甜味剂引入食品的更多信息，请参阅 De La Pena, *Empty Pleasures*; Warner, *Sweet Stuff*。

[44] Latour, *Reassembling the Social*; Shapin, *A Social History of Truth*; Deleuze and Guattari, *A Thousand Plateaus*; Delanda, *A New Philosophy of Society*.

[45] Nordau, *Degeneration*; Walker, *Zola*, 89; Olson, *Science and Scientism*, 277—295.

[46] Olson, *Science and Scientism*, 277—295.

[47] Civitello, *Baking Powder Wars*; Meyer-Renschhausen and Wirz, "Dietetics, Health Reform, and Social Order"; Mintz, *Sweetness and Power*; Warner, *Sweet Stuff*; Mintz, "The Changing Roles of Food".

[48] Kellogg, *The New Dietetics*.

[49] Fletcher, *Fletcherism*.

[50] Nissenbaum, *Sex, Diet, and Debility*; Griffith, "Apostles of Abstinence".

[51] Whorton, *Crusaders for Fitness*.

[52] Fischler, *L'homnivore*.

[53] Beck, *Risk Society*; Setbon et al., "Risk Perception of the 'Mad Cow Disease' in France".

[54] Beck, *Risk Society*; Ferrières, *Sacred Cow, Mad Cow*.

[55] Atkins, "Sophistication Detected"; Scholliers, "Defining Food Risks and Food Anxieties throughout History"; French and Phillips, *Cheated Not Poisoned?*; Stanziani, "Negotiating Innovation"; Stanziani, "Information, Quality, and Legal Rules".

第二章　煤焦油染料的奇迹

苯胺成就好颜色——

油、膏、蜡和葡萄酒；

无论药膏或星宿，

只要掌握了方法，

黑煤焦油造所有。

煤气厂的焦油哦……

——（《美丽的焦油：热情的科学家之歌》）[1]

　　这首《盘趣》杂志致煤焦油的颂歌告诉大家，化学家们几乎可以从煤焦油这种煤气工业废料中制造出任何东西。化学家曾经制造出大量的合成化合物，包括染料、香水、药物、甜味剂、香料、防腐剂、杀菌剂和肥皂。数千年来，炼金术士们一直在苦苦寻找"哲人石"（点金石），但都徒劳无功，19世纪的化学家们却似乎发现了生命的灵药，并且能够通过污黑焦油的蜕变来复制任何天然产品。[2]

　　1856年，年轻的威廉·珀金在伦敦皇家化学学院（RCC）担任德国化学家奥古斯特·威廉·冯·霍夫曼（August Wilhelm von Hofmann）的助手时，无意间发现了一种新的紫色化合物，随后，欧洲的化学家们纷纷将目光投向了煤焦油染料。此前霍夫曼对煤焦油的研究已经促成了苯和甲苯的提取，以及它们向硝基化合物和胺的转化，他和他的助手们越来越预感到煤焦油中潜在着新发现。珀金是在尝试化学合成奎宁时发现苯胺紫的[3]，尽管他寻找疟疾替代疗法的尝试以失败告终，却在实验中发现剩余的沉淀物能将实验材料染成紫色。其实，这一发现本身并不那么令人吃惊，因为早在 1826 年，德国化学家奥托·翁弗多尔本(Otto Unverdorben)就通过蒸馏天然靛蓝(一种长期用于制作紫色染料的植物)，首次分离出了珀金通过蒸馏煤焦油得到的化合物苯胺。而在 1840 年，另一位德国化学家卡尔·尤利乌斯·弗里切(Carl Julius Fritzsche)用苛性钾蒸馏靛蓝，也得到过苯胺(人们认为这个基于梵文的名字就是他造的)。[4] 在那时，煤焦油化合物能制出不同颜色染料的性质已经为化学家所周知。事实上，在 1834 年，出生于汉堡的化学家弗里德利布·费迪南德·伦格(Friedlieb Ferdinand Runge)就从煤焦油中制造出了一种他称之为 "kyanol"(苯胺旧名)的物质，这种物质经过石灰氯化物的处理后会生成一种蓝色物质。[5]

合成染料工业从理论化学家(如霍夫曼和珀金)的科学研究中诞生，有机化学的早期历史则描绘出该工业快速发展的历程。[6] 洪堡(Homburg)和涅托-加兰声称，这种简单化的解释部分源于 19 世纪理论化学家的演讲和著作，他们试图以此提升自己的地位以及化学和化学教育的价值。[7] 他们和同为历史学家的安东尼·特拉维斯(Anthony Travis)认为，这些新色素最初是由已经生产和使用从蔬菜、动物和矿物中提取染料的化学团体，利用悠久而成熟的化学实践开发出来的。[8] 在发现煤焦油染料之前的几个世纪里，化学家和他们的炼金术士前辈们就一直在"制造"颜色，染料制备是化学的一个核心组成部分。[9] 在整个 18 世纪，从瑞典的卡尔·威廉·舍勒到法国的路易斯-雅克·泰纳尔和米歇尔-欧仁·谢弗勒尔等许多化学家，都制造出了更便宜或更有效的染料。这些化学家在欧洲各地的印染作坊工作，或是与这些作坊有着密切的联系。[10]

从天然染料到人工染料的转变并不是在 19 世纪突然出现的。在新的化学染料诞生之前，人们使用靛蓝等植物染料来满足对大规模生产的纺织品进行染色的需求。[11] 这期间，人们一直采用精细复杂的化学提取和蒸馏技术，将植物和矿物转化为染料。到 18 世纪，为了制造新的"人造"染料(如苦味酸和紫脲酸铵)，化学家和染色师们用化学方法改变"天然"料的性质。1771 年，彼得·沃尔夫(Peter Woulfe)发现了苦味酸，它通过合成酚类制得，并被用作黄色染料，而紫脲酸铵则是由从鸟粪中提取的尿酸制备而来。[12] 到 19 世纪中叶，在欧洲染坊、印刷厂和纺织业工作的染色师们已经掌握了从各种材料中提取、制造染料所需的各种分析和合成工序的大量知识。这些工艺化学家们，在合成染料工业的早期发展中发挥了重要作用。[13]

珀金的巨大成功在于认识到了这种色彩鲜艳的新物质所具有的商业潜力，并着手将其制造出来又推向纺织业。霍夫曼劝他不要放弃大学研究工作，但珀金不顾这个劝告，申请了专利，离开了皇家化学学院，再向家人筹钱建立了一家工厂，开始商业化生产这种新的紫色染料。[14] 在珀金意外发现新型紫色染料后的几个月内，大众媒体纷纷称赞煤焦油中蕴藏的潜力和化学家释放这种潜力的才华。[15] 在 1851 年世界博览会结束后，维多利亚时代的新闻界急于宣传英国的科学技术，因此一位年轻的英国化学家发现了一种新的紫色染料，这对新兴的印刷媒体来说无疑是一个绝佳的素材。

对于珀金来说幸运的是，自 19 世纪 50 年代中期以来，紫色逐渐成为一种时尚。一些来自米卢斯、巴黎和里昂等法国城市的有名染料厂和纺织厂起到了推动作用，它们生产出一系列淡紫色纺织品，使用的染料是从秘鲁出口欧洲用作肥料的海鸟粪中提取而得。自罗马时代以来，从软体动物中提取骨螺紫的过程不仅耗时长且成本高，紫色纺织品一直被视为奢华的象征并由君王专用。1857 年，出生于西班牙的法国皇后欧仁妮开始穿着一种新式的紫色服装，其后 1858 年维多利亚女王在女儿婚礼上的着装也使用了这种颜色，人们对紫色的需求如雨后春笋般增长。[16]

尽管珀金用了大约两年时间才将其发现转化为商品，但这种商品一经上市，就被媒体誉为英国在工业和科学领域具有支配地位的证明。珀金取得突破的消息被报刊广泛报道，几年内"珀金"已成为英国科技成就的代名词。这从当时《四季相伴》（*All the Year Round*）杂志上发表的一篇赞美珀金发现紫色的文章中可见一斑。该杂志作为狄更斯早期创办的出版物《家务》（*Household Works*）的后续周刊，在 1859 年至 1895 年间先后由狄更斯及其长子小查尔斯·狄更斯编辑出版。杂志以连载形式发表了狄更斯和其他小说家的许多作品，也包括非小说类作品，如对科学新发展的介绍。

这篇文章描述了紫色服饰的风靡程度，并将其归功于珀金。但是，文章对"mauve"（淡紫色）一词的使用嗤之以鼻，因为该词来自法语，意为"锦葵植物"，这种植物曾是红色和紫色染料的农业来源。作为"mauve"的替代，该文通篇使用"purple"（紫色）一词，还频繁地提到这种颜色是从煤焦油中提取的，彰显了英国的工业实力和创造力。在这里，紫色既是一种时尚饰品，又是一种政治力量，在艺术和经济两方面都使这个国家更具实力：

> 人们会误以为伦敦正在进行一场选举，那些紫色丝带上仿佛写着"珀金们（原文如此）万岁！""珀金们（原文如此）和英国宪法万岁！"而牛津街两旁窗户上挂着的一卷卷挂毯，正闪耀着从煤焦油中提取的鲜艳色彩。[17]

文章说"珀金先生"是"一个奋力探索化学奥秘的人"，他"在蒸馏靛蓝的生成物中寻找紫色，置身于没有魔法的平凡实验室，却能在红光和浓烟中掌握奥秘"。珀金被描绘成一位锐意进取、勤奋工作的化学家，通过科学的途径成功实现了炼金术士前辈们无法企及的目标。文章使用"神秘""奥秘""咒语"等明显与炼金术相关的字眼，与珀金这样的现代科学家的无魔法实验室形成了鲜明对比。然而，文章质疑化学家是否真的放弃了炼金术士前辈对黄金的追求，似乎认为化学家现在所生产的"黄金"只是可交易的商品，语含贬义地暗示了化学对商业的依赖。因为"为了满足贸易的要求，（化学）从来没有像这样努力过，有着如此热切凝视的眼睛和沾满酸渍的手指。正如我们最终发现的那样，商业是英国作为一个国家的特殊野心和目标"。[18]维多利亚时代的人们对贸易和商业常持贬低的态度，这是化学家们发现自己卷入其中的另一

　　　　　　　　　　　　　　　　　　舌尖上的彩虹

个充满争议且含混不清的话题。

有趣的是，这篇文章在赞扬化学技术的商业潜力的同时，对化学家们不是提供治疗疾病的方法而是从事其他更有利可图的商业活动持有矛盾的态度。文章指出，当化学"在玩着各种把戏时；在酿造毒药，并在死人的胃里寻找自己发明的毒药时；在人造袋子中观察人工消化过程时；在世界各处同时做着成千上万件有用、危险和奇怪的事情时"，却从未"发现如何阻止霍乱的死亡洪流、白喉导致的喉咙肿胀，或正在泰晤士河两岸肆虐的伦敦新瘟疫"。那些关于毒药、健康、危险，以及化学家和医生对疾病的相互矛盾的说法，都是维多利亚时期头几代人通过媒体流传下来的一些影响广泛而持久的陈词滥调。化学家未能有效清理泰晤士河的说法，暗示了这一时期的媒体曾对此进行过激烈的争论。正如历史学家所指出的那样，水质是一个有争议的话题，化学家和医生在疾病的起因、治疗和预防问题上存在着公开的分歧。[19] 霍夫曼等化学家曾为伦敦大都会工程委员会（London's Metropolitan Board of Works）及其他地方政府工作，对水质进行化学分析，为城市化和工业污染带来的日益严重的问题提供卫生解决方案，其间他们还一直在发明与合成新的化学品。因此，随着新型化学品日益成为人们日常生活的一部分，化学家也被媒体塑造为化学品的创造者、批评者、检测者和仲裁者。[20] 而相应有待解决的问题包括：当存在竞争关系的科技人员提出相互矛盾的证据时所产生的权威及信任问题、"科学"缺乏确定性问题，以及无法评估长期接触少量有毒物质对健康的影响问题。这里可以举一个在较早时期出现的例子：过去曾被用于带来美好生活的成千上万种合成化学品，如今却由于其累积和协同效应产生了无法估量的未知风险，这显然与科学家及政府在 20 世纪初提出的"化学使生活更美好"的承诺相矛盾。[21]

维多利亚时代的公众并未忽视这些多方面的考量。普通读者在对科学与技术的最新发展表示惊叹和乐观的同时,也表现出相应的洞察和怀疑态度。随后报刊对这些新物质的质疑表明,读者远非历史学家所通常认为的那种被动的科学观察者。

新闻报道在一定程度上反映了公众舆论,如何报道问题也有助于形成公众认知,使信息流动成为一个双向过程。包括制造商、零售商、职业科学家和政治家在内的各个群体,都利用媒体来为自己获取利益。媒体报道的内容变得十分广泛,覆盖了科学、食品掺假、公共卫生及政府立法等方面。

科学家们本身也热衷于宣传和普及科学工作。[22]由于印刷技术的进步、对出版业财政和政治限制的放宽、科学技术的普遍发展、中产阶级和职业科学家队伍的壮大,再加上其他社会变化等因素的合力,以科普为主题的出版物数量激增。[23]及至 19 世纪下半叶,专业期刊和行业期刊的数量也同样出现猛增,其中就包括了那些涵盖化学和化学制造业的期刊。总部位于曼彻斯特的染料制造商伊万·莱文施泰因(Ivan Levenstein)于 1871 年至 1891 年期间出版了《化学评论》(*The Chemical Review*),同时期化学分析师威廉·克鲁克斯(William Crookes)创办了《化学新闻》(*Chemical News*)并担任主编。这一时期发行的其他行业期刊包括《染工》(*The Dyer*)、《印花布工》(*Calico Printer*)、《漂白工与整理工》(*Bleacher and Finisher*, 1879 年)、《化学工业协会期刊》(*Journal of the Society of the Chemical Industry*, 1882 年),以及《化工贸易杂志》(*The Chemical Trade Journal*，1887 年)。

与此同时，化学学会(Society of Chemistry)和大不列颠化工联合会(the Chemical Allied Industries of Great Britain)等新专业协会的成员，在全国各分会会议及活动中讨论科学发展，地方商会和哲学学会也举办有关科学和技术的辩论会，各种新产品则在地方和国际展览会上展出。[24]这些期刊、学会、会议和展览的报道遍布各大报刊。新闻报道、社论评论、娱乐漫画和往来书信都对科学发展情况有所涉及。无论在展览、出版物上，还是商店、家庭和街头，人们谈论、展示着科学新发现，科学因此获得了更广泛的关注，科学家的社会地位和权威也得以提升。[25]

科学是维多利亚时代文化和政治的核心，就连小说中的人物都被卷入了"科学追求"之中。[26]期刊杂志采用多种文学形式，从讽刺、幽默、虚构故事到严肃的科学和新闻文章，在塑造公众对科学、技术和医学新发现的理解方面发挥了重要作用。[27]随着科学变得更加专业化，编辑们开始聘用记者而不是职业科学家来撰写科学题材的文章，以吸引和迎合包括儿童、青少年、妇女和工人阶级等更广泛的读者群。[28]

在公众了解新染料及其代表的意义方面，报刊与化学家和制造商一样发挥着重要作用。在科学被视为文化生活重要组成部分的时代，期刊和报纸数量的激增为日益壮大的识字中产阶级和工人阶级提供了一个独特的机会，也让我们得以研究科学的广泛传播和公众对科学的远非被动的占有。大众媒体为公众、科学工作者、制造商和政治家提供了表达和讨论各种观点的空间。各种出版物内容包罗万象，读者群体也愈加广泛，他们常常同时阅读多家报纸、消费类刊物、行业或专业期刊，这些都为思想的传播、辩论和转变构建了文化平台。迄今为止，历史学家们倾向于关注维多利亚时代报刊中的那些最具争议的科学问题，如进化论、天文学、自然神学和优生学，以及性别问题等历史主题。然而，报刊为我们提供了一个独特的视角，通过这个视角，我们可以了解关于日常用品的科学和技术是如何成为公共议题的。

媒体在最初提到新型苯胺染料时，都会表现出一定程度的惊叹和信心，认为神通广大的化学家们已经找到了一种新型材料，通过它，可以创造令人兴奋的新产品、改进现有产品、替代危险产品和外国进口产品。公众和媒体都普遍抱持着此种乐观态度，这从他们对 1862 年世博会等活动的反应就可以明显看出，而正是在这些活动中，英国的工业和科学实力与其全球帝国的领导地位联系在了一起。

19 世纪 60 年代，媒体对煤焦油有机化学使用的修辞常常直接取材于以霍夫曼为代表的科学家群体的公开言论。霍夫曼热衷于向公众普及化学知识，作为皇家化学学院的院长，他倡导科学在教育、工业以及国家经济和社会福祉中发挥重要作用。在皇家化学学院期间，霍夫曼教导过许多学生，其中包括爱德华·尼科尔森（Edward Nicholson）、卡尔·马蒂乌斯（Carl Martius）和约翰·彼得·格里斯（Johann Peter Griess），他们的工作促成了现代有机化学工业的形成。霍夫曼本人也致力于开发新染料，霍夫曼紫即是其中之一。[29] 在南肯辛顿博物馆为科学教师举办的一次讲座中，霍夫曼描述了作为许多新型染料基础材料的"苯"：

> 在化学家的手中，这种物质可以经历无数次的"变形"，它不仅推动了科学本身的进步，还催生出重要的新兴产业分支。……在香水和糖果中，我们用它来替代苦杏仁精油。[30]

这次讲座以及霍夫曼的其他讲座,比如他在英国皇家学会上做的关于"淡紫色和品红色染料"的演讲,都被报刊广泛报道,其语气与内容也清楚地反映在大众媒体随后发表的关于新型染料的文章中。[31]

1861年4月,创刊于19世纪中叶、面向中产阶级女性的《女士宝库》(*The Ladies' Treasury*)杂志声称,"苯作为一种煤焦油产品,将有多种用途",从杀虫灭鼠,到与硝酸结合后用作糖果、蛋奶冻和牛奶布丁的杏仁风味添加剂,此外,"当与锌粉和弱硫酸混合,(它)会转化成苯胺,一种无色油状物质;当苯胺被铬酸钾氧化时,(它)又会转化为淡紫色或紫丁香色染料"。[32]

文章中大量使用的化学术语表明,中产阶级女性读者希望了解科学以及科学能为她们做些什么。[33]伦格、李比希和霍夫曼等化学家热衷于为读者大众撰写文章,介绍化学及其在日常生活中的应用,奥兰德(Orland)认为这就是他们为何在19世纪众多化学家中声名尤著的原因。[34]特别是李比希和霍夫曼的作品,经常被刊登在报纸和刊物上。从19世纪60年代开始,在维多利亚时代的报纸、女性杂志、儿童杂志、漫画和讽刺书刊等各种出版物中,我们可以清楚地看到满是关于化学实用性的讨论,这表明公众对更多科学知识的需求在不断增长。也正是在这一时期,化学研究尤其能够提供醒目且实用的产品,比如新型染料,这些染料在日益盛行的展览会和贸易博览会上成了引人注目的展品。[35]《女士宝库》杂志有一篇关于1862年世界博览会的文章,特别描绘了"源自煤炭的精美染料",颇具诗意地称其为被释放出的缤纷色彩——"在科学的神奇触发下,千百年来被囚禁于腐烂植物中的生命,终于迸发出了光彩和美丽"。[36]

这种被困住的阳光和被禁锢的生命,于数百万年后被科学家们所解封,重新给人们带来喜悦并为工业世界服务的画面,在报刊上随处可见。1865 年,《女士宝库》的另一篇文章将"现代化学家从'黑石'中提取出的灿烂色彩"形容为"很久以前被禁锢的阳光",认为其带来的神奇感难以言尽也无以复加,人们感受到煤焦油产品的用途已然变得如此广泛,也认识到化学能够使大众更平等地享受斑斓的色彩。文章还指出,"从煤炭中获取的这些最靓丽夺目的色彩,既能锦上添花,也能为普通的农家少女平添魅力"。

在强调煤与化学的实用性和神奇性的同时,该杂志也再次表明了其女性读者应具备的知识水平和兴趣所向。记者这样写道,"煤仅由碳、氢、氧和氮四种基本元素组成,但当它被放入蒸馏罐中,经过蒸馏受热分解时,却会产生近 50 种不同的物质,其中每一种都有特定的用途"。[37]

时尚史的研究者指出,与植物染料的沉闷色调相比,英国、法国和德国的染料制造商生产的新颖且鲜艳的合成色彩立即受到了英国公众的欢迎。[38]与此同时,时尚杂志的发展使中产女性越来越容易接触到时尚前沿。[39]根据艾莉森·根舍姆(Alison Gernsheim)的说法,在 19 世纪 60 年代的"紧身胸衣时期"(crinoline period),为纪念拿破仑三世在 1859 年战胜奥地利人,人们将"紫色、淡紫色和明亮的紫粉色或紫红色"的合成染料命名为"洋红与碱性品红",这些染料风靡一时。[40]新紫色染料的热潮始于法国,在巴黎和里昂,更具创新精神和技术能力的染工比保守的英国同行更热衷于尝试新染料。[41]英国人很快就兴致勃勃地接纳了法国的时尚,但伦敦女性的"跟风"穿着却招致法国哲学家、历史学家伊波利特·泰纳(Hippolyte Taine)的批评,认为她们的衣服颜色"粗俗得令人发指","过度、喧闹、颜色泛滥，每种颜色都在咒骂其他颜色"。在汉普顿宫，"买卖人"的妻子们纷纷穿着"十分扎眼的紫色裙装"，当泰纳目睹这"荒谬"一幕时，他忍不住对一位女士揶揄道，英国的衣服要比法国的更加"炫耀"，结果却被告知："我们的裙子就是来自巴黎的！"[42]

伴随着新色彩的出现、流行和过时，《盘趣》都会照例对这种时尚循环进行及时的点评，就如图 2.1 的漫画所展示的那样："我发现你总是很时尚。上次有幸见到你时，流行的颜色是淡紫色，你的鼻子也是淡紫色的；现在流行紫红了，你的鼻子又变成了紫红色。"

资料来源：《盘趣》。图片来自作者收藏。

图 2.1　《商务室即景》

是颂扬还是掺假？

大众媒体为苯胺染料的发现而欢呼，然而不久之后，报纸上开始广泛报道关于有毒苯胺染色袜子、帽子和手套的案例，人们的惊喜也开始出现动摇的迹象。一名医生告诉伦敦地方法官，他的几位病人控诉用新型合成染料染色的袜子和衣服引起了身体不适，这在《泰晤士报》《柳叶刀》和其他出版物上引起了广泛讨论。有人声称染料能导致皮肤疾病和其他伤害，公众、医生、公共分析师、化学家、记者，以及《化学新闻》编辑兼顾问威廉·克鲁克斯等跨界人士，纷纷在出版物上对可能造成这些疾病和伤害的原因进行公开辩论。考文垂的一位医生在读了德国化学家马克斯·莱因曼（Max Reinmann）的书《苯胺及其衍生物》（*On Aniline and Its Derivatives*）后，将皮肤不适归咎于苦味酸或苯胺黄，而这本书的译者克鲁克斯在写给《泰晤士报》的一封信中却声称苯胺黄是无害的——更确切地说，他认为原因可能来自与染料一起使用的碱，或者更可能是卡尔·马蒂乌斯在 1864 年发现的替代染料"维多利亚橙"（二硝基对甲酚）或"曼彻斯特黄"（2，4-二硝基-1-萘酚），甚至鲜红色染料二硝基苯胺氯氧萘甲酸（dinitroaniline chloroxynaphthalic acid）和硝基苯二胺染料都有更大的嫌疑。他表示，如果读者将样本寄给他，他可以鉴定毒素。其他读者也讲述了自己的相关故事，分析师们宣称其中一些染料无害，而另一些则有害。[43] 然而，最初化学家们似乎并不愿承认苯胺本身会引起不良反应。在一段时期里，生产过程中所使用的砷等污染物被指责为造成所有问题的罪魁祸首，而如果不能将责任归咎于砷，那么问题的源头就会被认定为一些分析师不熟悉或不了解的染料，例如那些通常由"外国"科学家发现的新型未知染料。

尽管化学家们最初并不愿意诋毁新染料，但这些由科学奇迹般地从肮脏的黑色废弃物中转化出的美丽物质，开始被人们视为有问题的、复杂的、危险的和不自然的。就如以往经常发生的那样，《盘趣》率先对这个最新科学奇迹的信誉和声誉发难，它在1868年宣称其终于明白了：

> 是什么杀死了大力神赫拉克勒斯。涅索斯的衬衫上并没有半人马的毒血，得伊阿尼拉在把它寄给丈夫前，当然会将其洗净。毫无疑问，这件衣服是用氯氧基硝酸、二硝基苯胺或其他一些艳丽但有害的苯胺化合物染成红色的——含有这些苯胺化合物的彩色袜子还曾让英国人的脚和脚踝起疱。[44]

《盘趣》创刊于1841年，到1860年已有每周6万份的发行量。在整个19世纪，这本讽刺杂志像维多利亚时代的其他刊物一样包罗万象，内容覆盖了科学、技术和医学。它将科学置于社会和政治背景中，揭示其利弊、特质、荒谬之处和用处，那些具有科学或医学背景的撰稿人常常也是匿名的科学评论员。尽管历史学家长期以来一直在挖掘《盘趣》的素材，并将其视为19世纪的重要资料来源，但直到最近几年，他们才意识到《盘趣》和其他刊物在多大程度上充当了知识的生产者和传播者。[45]

《英国医学杂志》（*British Medical Journal*）也有一篇类似的报道，讲的是一位来自斯特瑞汀（Strettin）的鞋匠因他的毡帽而中毒的故事，这则故事在当时的许多书刊上流传，其中包括1875年出版的伦敦流行周刊《约翰牛》(*John Bull*)。据称，这顶帽子"让这位可怜的先生头疼欲裂，头部糜烂肿胀，继而化脓。一名公共分析师对这顶帽子进行了检测，发现其棕色皮革衬里是用含有毒物质的苯胺染料染色的"。[46]《盘趣》据此发表了如下警示诗：

> 我们曾听闻那毒害脚的袜子，
>
> 如今头上的帽子正步其后尘。
>
> 当心！ 溶剂红 49 暗藏毒素！
>
> 这种苯胺染料就在帽子内衬——
>
> 每一处内衬都盘踞着一个死神！[47]

发行量很大的廉价漫画报纸《滑稽列传》(*Funny Folks*)也有类似的报道评论，其中有很多报纸文章对该苯胺或染料事件的典型用语，该报道指出，"斯特瑞汀的一名鞋匠因戴毡帽而中毒，毡帽的衬里用苯胺染料染色"。文章还补充说，"幸运的是，死亡并没有蔓延至帽子以外，这个人活了下来"。[48]此后至少两年内，斯特瑞汀毒帽子事件一直都是媒体议论的话题，成为证明合成替代品具有危害的典故和老梗，同时也似乎暗示了那些关于毒帽子和毒袜子的故事是虚构的。实际上，同一个故事经常被提及，同一篇文章经常出现在不同的期刊中，都表明维多利亚时期迅速发展的大众期刊和日报，需要廉价的摘抄来填满大量版面。这也成为鲁伯里(Rubery)论点的一个精彩例子，他认为新闻在 19世纪已经变成了一种以销售报纸为目的的商品，而围绕着染料展开的那些话题——或是关于掺假的争论，或是因信任化学及科学而起的担忧，或是两者的结合——显然具有新闻价值。[49]

在 19 世纪 70 年代的报刊上,染色和苯胺成为戳穿科学或时尚夸张形象的弹药。1877 年,《盘趣》上刊登了一幅题为《真正的艺术修养》的漫画,副标题是"因色彩而无缘,饱尝审美之痛"。漫画中一位绅士这样评论一位年轻女士:"你不知道她'感染'了苯胺染料吗! 我无法和一位头戴洋红色'花'带(指发带)、裙子上有淡紫色'双'饰(指装饰)的年轻女士一起共享晚餐!"(在维多利亚时期的文学作品中,作者经常用口齿不清的人来指代愚蠢的或过分矫揉造作的贵族。)

资料来源:《盘趣》,1877 年 2 月 17 日,第 66 页。图片来自作者收藏。

图 2.2 《真正的艺术修养》

然而,从把合成染料描绘成神奇物质,到将其视为引起麻烦的复杂混合物,大众传媒的这种转变并非一蹴而就。许多文章将这些新合成物质的危险归咎于有害污染物，而不是科学发现的苯胺物质本身。即便是称赞科学能够释放"被困在过去岁月中的阳光"的《女士宝库》，也在1875 年指出："许多从煤焦油中提取的染料已知是具有毒性的，这让极其谨慎的家庭主妇对所有染料都产生了怀疑。"不过，虽然这位记者指出一种用苦味酸和砷制备的苯胺绿是有毒的，并且玫瑰苯胺①和玫红酸染料也常含有毒物质，但他（或她）向读者保证，苯胺染料"纯净时都是无害的"。作者还建议，染色商品在出售时必须出具不含砷的证明。[50]

从 1860 年起，包括品红在内的许多染料都是通过苯胺与砷酸反应制成的。[51]虽然砷作为一种有效的氧化剂受到染料制造商的青睐，但其他人逐渐将其视为染料生产中的危险成分。1875 年的一篇文章主张用苯胺染料为复活节彩蛋着色，同时警告人们在制备此类染料时使用砷会带来危害。[52]同年晚些时候，一位为《英国妇女家庭杂志》（*The Englishwoman's Domestic Magazine*）撰稿的记者使用了与《盘趣》在过去十年里相同的关于赫拉克勒斯的"典故"，警示该杂志的中产阶级读者："奥地利化学家金蒂（Ginti）教授已经向女士们敲响了警钟。他说，英国和阿尔萨斯的棉制品生产商为了节省用于固着新型苯胺染料的蛋白质费用，使用了砷酸甘油和矾土砷酸盐。……回想一下赫拉克勒斯的命运吧！ 他穿上了一件有毒的衣服，受尽了折磨，以至于为了逃离痛苦而把自己活活烧死。"[53]作者还再次指出，这不是"科学"的错，而是制造商为了省钱耍出的花招。然而，之后我们将会看到，在德国人抱怨来自英国的染料有毒时，英国媒体也在抱怨从德国进口的染色商品有毒！

---

① 此处原文为"rosaline"，疑为"rosaniline"的错写，后者为品红的主要成分，译为"玫瑰苯胺"。

来自砷的麻烦

砷似乎成了万能的替罪羊，苯胺染料的任何不良影响都会归咎于它。历史学家詹姆斯·沃顿(James Whorton)曾提及英国的"砷世纪"，描述了砷在 19 世纪家庭环境中无所不在，而且往往是致命的。砷经常被认为是家居用品中的一种成分，被有意或无意地引入家庭，随着壁纸和蜡烛等家居用品而被人们欣然接受，但它可能产生的毒性却未被预见。[54]沃顿认为，"在人们还没有认识到许多物质的危害时，这些物质就已经成为商品在市场流通了，而任何限制其使用的尝试都会遭到既得利益者的抵制，也会遭到政客们的反对或忽视，而这些政客们无非是反

资料来源：《盘趣》，1862 年 2 月 8 日，第 54 页。图片来自作者收藏。

图 2.3　《砷的华尔兹：新的死亡之舞(献给绿花环和服装商)》

对政府干预商业和(或)受制于强大的游说集团",砷就是这类物质的一个典型。沃顿还指出这是一个耳熟能详的故事,在 20 世纪和 21 世纪一直在重演。[55]事实上,人们在没有考虑新物质是否有毒的情况下,就欣然接受了新物质进入自己的家庭和身体,食品中使用的新型煤焦油染料就是一个例子。具有讽刺意味的是,尽管在很长时间内砷的确存在于很多染料中,但也正是砷的存在,转移了人们对其他化学品的担忧。此外,对染料生产中使用砷的担忧,还包括与水质、土壤污染相关的环境问题。[56]

被污染的染料

19 世纪 70 年代的媒体报道表明,过去十年苯胺染料的流行程度正在降低。这可能是因为中毒事件影响了它们的形象,也可能只是因为它们在普及后就变得不再新奇,也不再昂贵。正如 1878 年 8 月出版的《英国妇女家庭杂志》所观察到的那样,即使最有声誉的商人在其出售的奢侈品服装中使用新型苯胺染料,也不足以维持它们日渐低落的名声:

> 哪怕我们的女性朋友光顾了最高档的店铺,花了一金币购买丝袜,她们也无法避免有毒染料的危害。《柳叶刀》杂志的记者讲述了一个让他印象深刻的案例:一位女士因穿着洋红色长袜而遭受了非常严重的伤害,尽管这双长袜理应质量上乘,但据伯明翰的分析师索撒尔兄弟(Southall Brothers)和巴克利(Barclay)称,这双长袜是使用一种名为玫红酸的苯胺化合物染色的,这种染料包含有毒矿物质,会对皮肤造成影响。[57]

这篇文章和这一时期的其他文章一样，将苯胺染料的毒性归结于生产过程中引入的砷，而不是新物质本身的固有性质。这段话还表明，到了 19 世纪 70 年代末，公众希望由化学家和医生来裁定这些新物质在社会中的使用。

与此同时，正如《盘趣》的自由派竞争对手《有趣》（*Fun*）在 1873 年 7 月的文章中指出的那样，科学仍在创造更多的新颜色。事实上，从 19 世纪 70 年代开始，每年都有数十种新染料出现，使颜色成为越来越时髦的商品。《有趣》用双关语"蓝色"（blue）戏谑了这一现象：

> 一份科学杂志称："才出现的蒽蓝在某些方面优于众所周知的苯胺蓝，可目前它要贵得多……"在蒽成为时尚潮流后，将吸引更多人争相去感受这份"忧郁"（blue）。长期以来，人们一直认为苯胺蓝的不足仅在于它的价格，但现在，人们发现另一种蓝实际上更胜一筹——那么就让我们畅想，这种蓝最终也会变得如此廉价，以至于没人再想要它。[58]

1876 年 7 月，塞缪尔·比顿（Samuel Beeton）的《英国妇女家庭杂志》呼吁读者"避免使用刺眼的品红色和冷硬的紫色苯胺染料，这些染料在几年前很常见。然而，在最高档的仓库里，是找不到这些恶毒色彩的"。[59] 在 20 年的时间内，人们对珀金新发现的惊叹被怀疑和焦虑所取代，新染料前的修饰语也变成了"冷""硬"和"恶毒"等形容词。比顿的月刊于 1852 年至 1877 年间出版，1857 年的发行量约为 5 万份，封面价格为 2 美元。它是英国最早出版的廉价杂志之一，面向越来越多有时间和能力居家阅读的女性。它填补了昂贵的女性月刊与廉价周刊之间的市场空白，内容包括诗歌、小说、实用知识和指南，以及政治和科学。[60] 在这个时代，此类期刊的大量涌现表明，中产阶级读者（无论男女）的教育和自我教育水平在不断提高，他（她）们渴望获得更多的知识。

无独有偶，随着英国新型染料生产的衰退，媒体对日益繁多且炫目的色彩的迷恋也开始消退。化学染料最初是在欧洲多年从事染料、版画和纺织业的作坊和小工厂中实现商业化生产的，特别是在法国和英国。然而，在珀金的新发现后的几十年里，世界上大多数化学染料的工业化生产都集中在了德国的几个大型工厂，大部分的相关研究也都在德国进行。在此期间建立的生产染料的工业企业集团包括巴斯夫、爱克发、赫斯特和拜耳等。这些染料制造商通过研究从煤焦油废料中提取合成物质，将业务扩展到制药领域和其他工业领域。他们创造的新物质以香水、香料、染料以及药物的形式迅速渗透到日常生活中。

到 19 世纪末，合成染料或"人工"染料的产量大幅上升。从 1862 年到 1913 年，合成染料的货币价值增长了 3 800%；从 1871 年到 1913 年，合成染料的产量增加了 4 500%，从 3 500 英吨①增加到 162 000 英吨。[61]

但到了 1870 年，也就是英国和法国开始生产第一批苯胺染料的十多年后，德国生产的染料已占世界总量的 50%。到 1900 年，这一数字上升到 85%，而英国在世界染料市场上的份额则下降至 3% 左右。[62] 仅五家德国公司就控制了德国染料产量的 90% 以上和世界染料产量的

---

① 1 英吨约等于 1.016 吨。

舌尖上的彩虹

76.5%。[63]事实上，德国在化学工业中的霸主地位引起了英国媒体的极大关注和争议。对于英国媒体而言，由于煤焦油染料是英国的发明，因此德国的这种地位就更加令其难以容忍。1896年，《评论回顾》(Review of Reviews)杂志就呻吟道，"德国在钢铁方面超越了我们，在纺织品方面威胁着我们，如今在化工产品方面也在逐步打败我们。我们英国的化学家早已陷入困境很久了"，并补充说，"更糟糕的是，苯胺染料是英国人的发现，整个行业最初都掌握在英国人手里"。[64]

当然，媒体忽略了一个事实，即珀金曾是霍夫曼的学徒，而霍夫曼是一名德国化学家，他在维多利亚女王的德国丈夫的帮助下来到英国，是为了将英国的科学教育提升到德国的水准。在19世纪的大部分时间里，德国化学家在有机化学知识、教育和实践的广泛传播，以及促进欧洲和美国接受化学产品等方面发挥了重要作用。在这些煤制新物质的生产以德国为中心之前，化学家的交叉网络就已经在德国与德国以外(特别是英国)流动。

化学染料成为德国化学帝国的基础

虽然维多利亚时代的媒体把早期的合成染料生产描述成"英国现象"，但德国化学家从19世纪中期开始就是英国化学界的中坚力量。英国为德国化学家提供了一展身手的制造业基地，德国有机化学家则培养了许多英国分析和制造化学家。在19世纪50年代和60年代，霍夫曼曾经的一些学生在英国创办了染料制造公司，另有一些则在这些公司工作。

在这一时期，英国在染料工业方面的主要竞争对手是法国。法国蓬勃发展、历史悠久的纺织印染业也在尝试生产苯胺染料，并由此发现和量产了品红和其他染料。[65]英法两国都有着新兴化学染料工业的理想发展环境。法国是欧洲领先的分析化学中心，版画复制、染料制造和纺织企业根基深厚，发展蓬勃；英国也拥有繁荣的纺织业和包括化工生产在内的强大的制造业基础。两国都从庞大的帝国版图和获取原材料（比如来自美洲及印度的靛蓝）的广泛渠道中获利。[66]法国还可以随时获取本土出产的茜草，这是许多红色和黄色染料的原材料；英国则可从国内的煤炭供应中受益。与之相比，虽然德国也有历史悠久的染料、印刷和纺织工业，但这个新成立的国家从殖民地获得染料和开展纺织品贸易的机会有限。在 18 世纪早期，德国曾试图采取保护主义措施，以抵御进口靛蓝染料对国内菘蓝种植的威胁，但基本上以失败告终。[67]到 19 世纪中叶，德国拥有的主要优势是强大的有机化学教育基础。经过数十年时间，李比希在吉森的研究学校吸引了许多来自西方世界的学生，他的实验室研究方法被其他德国化学家效仿，如哥廷根大学的弗里德里希·韦勒（Friedrich Wöhler）、莱比锡的赫尔曼·科尔贝（Hermann Kolbe）、海德堡的罗伯特·本生（Robert Bunsen），以及先是在伦敦、后来又去了柏林的霍夫曼。[68]

当珀金离开皇家化学学院转而投身于工业时，他的德国导师霍夫曼仍坚守在这所位于伦敦的学校。像转行进入制造业的珀金一样，霍夫曼作为染料工业的教育家和顾问，对合成染料工业的发展也起到了至关重要的作用。1845 年，经李比希推荐，霍夫曼被任命为新成立的皇家化学学院的院长。李比希拥有一个庞大的学生网络，霍夫曼受惠于此，成了一名学术移民。他年轻时曾在李比希的吉森实验室学习化学，该实验室

66　　　　　　　　　　　　　　　　　　　　　　　　　　舌尖上的彩虹

的一部分是由霍夫曼的建筑师父亲设计的。在英国，李比希在有机化学方面的研究成果及其在工农业的应用备受推崇。皇家化学学院事实上就是在维多利亚女王的德国丈夫阿尔伯特亲王的推动下，由李比希的那些英国和德裔学生建立的，他们试图在英国也建立一个李比希在德国实践的那种基于实验室的化学教学方法体系。[69]

霍夫曼开创了煤焦油研究的先河。对于这种存量丰富的煤气工业副产品，他力图通过理论和实践，对煤焦油所包含的数千种分子寻求更深入的理解。他在早期与助手查尔斯·曼斯菲尔德（Charles Mansfield）一起进行煤焦油分馏实验，发现了甲苯和苯等多种物质，为伦敦的煤焦油化学发展奠定了基础。[70]许多德国化学家都曾在伦敦接受过霍夫曼的培训，之后便开始在英国从事染料开发和生产。卡尔·马蒂乌斯发现了"曼彻斯特黄"和"曼彻斯特棕"，前者是由辛普森、莫尔及尼克尔森公司制造的一种苯胺黄染料，后者是由罗伯茨·德尔公司生产的一种染料，马蒂乌斯在返回德国创立爱克发公司前曾就职于该公司。海因里希·卡罗（Heinrich Caro）在返回德国前也曾在曼彻斯特的德尔公司工作过，在那里，他协助发现了人工合成靛蓝，并在自己于巴斯夫工作期间申请了茜素专利。另一位德国化学家约翰·彼得·格里斯曾与霍夫曼在皇家化学学院共事，其后就职于特伦河畔伯顿啤酒厂，他的研究促成了偶氮染料的开发。偶氮染料由重氮化合物（具有两个相连氮原子的有机化合物）与芳香胺或酚结合而成。偶氮染料领域的另一位重要研究者是霍夫曼曾经的学生奥托·维特（Otto N. Witt），他曾在由格雷维尔·威廉斯（Greville Williams）创立的总部位于伦敦的威廉斯兄弟染料制造公司担任高级化学分析师。1879 年回到德国后，维特提出了颜色与有机化合物结构相关的理论，并发现了碱性橙Ⅱ、金莲橙染料和一系列偶氮染料。威廉斯兄弟公司，即后来的威廉斯（豪恩斯洛）有限公司，也因此成为20世纪20年代少数几家专门从事食品染料生产的染料公司之一。[71]

随着合成染料行业的发展，英国公司被迫直接从德国招聘更多的化学家，以加强霍夫曼在伦敦培养的化学家队伍。德国的大学和技术学校培养出的科学家（包括化学家）远多于英国的大学和高等院校，这引起了英国实业家和科学家的抱怨，其中就包括从德国移民来的伊万·莱文施泰因和里昂·普莱费尔（Lyon Playfair）。[72]

德国向科学和工业的转变

依照普鲁士首相俾斯麦的统一计划，德国在1871年成立了统一的民族国家。但这个新兴国家还不是一个实质上的帝国，为了与英国、法国这两个已经确立制造技术优势且资源丰富的殖民帝国竞争，德国采取的策略是寻求建立自己的技术工业经济体。[73]历史学家们将这一时期的国家建设与民族主义同德国"自然科学"（或科学与基于科学的技术）的发展联系起来，描述了科学如何成为这个新兴国家的社会、文化和政治统一不可或缺的一部分。[74]正如赫吉尔（Hugill）和巴克曼（Bachmann）所言，"一个政体的地缘政治立场对其技术发展有着至关重要的影响"。[75]大学改革和政治主导的经济改革为19世纪初德国地区的工业发展奠定了基础，而拿破仑战争对欧洲大陆的封锁促使德国和法国化学家研究咖啡、糖、天然香料和药物等产品的替代品，从而引发了化学研究的热潮，尤其是关于生物碱的研究。[76]整个19世纪上半叶，德国政治家鼓励工业发展，将政府购买的外国技术交给私人，并为新成立的工业企业提供发展资金，以建立国家资助的工业。[77] 政治家们还鼓励建立新型教育体系，该体系通常以大学为基础，以研究为中心，同时与工业挂钩。[78]

历史学家们认为，德国在 19 世纪对非定向学术研究的投入帮助德国实现了科学知识和工业化迅速发展。[79] 不过，其学术研究从一开始就与工业密切相关。艾伦·罗克（Alan Rocke）曾指出，包括霍夫曼在内的许多德国理论化学家都是从沃勒、本生和李比希的实践和应用研究型实验室中培养出来的。[80] 因此，德国"工业革命"的特点是学术知识与工业知识的交织，这使它有别于英国和法国的第一次工业革命，后者的培训与创新主要以经验和工业为基础。[81]

德国的战略造就了大批训练有素的化学家。在 19 世纪中叶，这些化学家都非常愿意到英国蓬勃发展的化学工业中工作，并获得实践经验。其时德国化学家散居在欧洲各地，作为其中的主要人物之一，霍夫曼在伦敦居住了 20 年，从事煤焦油及合成染料研究，并担任英国新兴合成染料工业的行业顾问。1865 年，他离开英国，前往柏林大学教授化学。据他曾经的学生马蒂乌斯称，霍夫曼回国是为了建立一所李比希式的研究学校，因为普鲁士政府愿意资助他建立一个可容纳 100 名学生的实验室，这比皇家化学学院实验室的规模要大得多。随着霍夫曼的回归，他的一些同胞如卡罗、马蒂乌斯和维特等人也纷纷回国，合成染料的知识中心和生产基地从而转移到了德国。[82] 在德国确立了自己作为有机化学知识中心的地位后，英国许多著名的分析化学家，如奥托·赫纳、奥古斯图斯·沃尔克（Augustus Voelcker）、詹姆斯·万克林（James

Wanklyn)和奥古斯特·迪普雷（August Dupré），都是到德国完成部分学业的。

德国染料工业随后取得的成功，在很大程度上要归功于其在地理位置和社会关系上都紧靠德国的大学和技术学院，以其中日益增长的有机化学知识为支撑。在这个时期，诸如霍夫曼和阿道夫·冯·贝耶尔（Adolf von Baeyer）等学院里的有机化学家与德国不断扩张的工业公司密切合作。对德国合成染料工业中的主要参与者和公司进行研究，可以揭示这个行业中存在的各种密切联系。马蒂乌斯与霍夫曼从英国回到德国后继续合作，前者还在爱克发聘请了许多后者在柏林的研究生。[83]贝耶尔在接替李比希成为慕尼黑大学化学教授前，曾与奥古斯特·凯库勒（August Kekulé）和本生共事。卡尔·格雷贝（Carl Gräbe）在返回学术界前曾就职于梅斯特·卢修斯·布吕宁公司（Meister Lucius and Brüning，即后来的赫斯特）。卡尔·西奥多·利伯曼（Carl Theodore Liebermann）后来接替贝耶尔在柏林担任化学教授，两人也曾跟随本生在海德堡共同开展研究。格雷贝、利伯曼与巴斯夫公司的卡罗进行合作，成为最早合成茜素（一种存在于茜草根中的天然染料）的化学家，三人与巴斯夫公司申请了共有专利权。[84]1871年，巴斯夫公司生产了15吨茜素，到19世纪末，茜素的年产量已增至2 000吨。巴斯夫在德国的主要竞争对手赫斯特和拜耳也通过不同方法生产茜素。1880年，定居柏林的贝耶尔制得合成靛蓝，其后赫斯特、拜耳和巴斯夫公司便对这种染料开展了进一步的研究，让其实现了商业生产。[85]

不同公司和大学里的化学家们相互合作、相互竞争，形成了一个化学家共同体，这个共同体不仅扩大了各个成员的利益，还促进了化学学科以及新生的德意志帝国的发展。在凯库勒对苯结构的研究、格里斯和维特对偶氮染料研究的基础上，工业界和学术界受过大学教育的有机化学家们组成了一个联系紧密的网络，共同推动了德国合成染料工业的崛起。[86]在这个时期，对偶氮染料的探索通常是测试重氮化合物与芳香胺（或酚）的各种组合来获得偶氮化合物，而由此得到的大多数偶氮化合物都能作为染料。就是通过这样的系统合成方法，德国学术界和工业界的化学家们创造出成千上万种新颜色[87]，卡罗曾经将这种偶氮染料的制造描述为一场通过"科学的群众劳动"实现的"无休止的组合游戏"。[88]

一方面，与德国蓬勃发展的大学和理工学院建立合作，使德国的染料制造商能够招聘到越来越多的化学家在他们的工厂和大型实验室工作。另一方面，学术界与工业界保持联系，也能帮助越来越多的学生在毕业后获得工作。此外，通过支持德国工业和经济发展，学术界还能从政府获得更多资金。学术界与工业界之间密切的双向联系，是德国科技、经济和文化共同发展过程中出现的众多相互交织的关联之一。[89]

俾斯麦力图建立一个技术官僚国家，德国化工企业也从愈加良好的商业和政治环境中获益。霍夫曼和拜耳公司董事卡尔·杜伊斯贝格（Carl Duisberg）等德国著名化学家成功游说政府官员，促成了优待的立法、优惠的关税和税收政策，其中，德国 1877 年颁布了新的专利法以保护新的染色工艺，而在此之前，德国公司和发明家几乎没有专利保护，而法国和英国公司则受益于本国的专利法。然而，最初专利法的缺失降低了德国化工行业的准入门槛，反而催生出更多的化工创业企业，创造了竞争激烈的生产和研究环境。

德国 1877 年的专利法是为新兴的化学染料工业而制定的，而当时英法已有的专利法则基于早期工业的机械技术，这是两者的不同之处。举例来说，旧的法国专利法保护的是产品而不是工艺，这就导致直到 19 世纪 70 年代，法国企业在与英国企业的专利战中还在不断流失重要资源。与此同时，由于企业获得了专利垄断权，法国和英国的国内竞争也受到抑制。例如，总部位于里昂的染料企业福可馨公司（*Société la Fuchsine*）获得的专利阻止了其他公司在法国生产红色苯胺染料，导致法国的染料公司骤减，大量染料行业的企业家离开法国涌入瑞士和德国。[90] 在德国的公司已不断实现创新和效率的突破时，1877 年德国出台的专利法让德国发明家对创新型染料工艺而非单一产品拥有了 15 年的垄断权，这有助于巩固德国企业的主导地位。[91] 此外，德国法律规定专利必须在德国实施，而法国或英国则没有这样的规定。到 19 世纪末，相较于英国、法国和美国的公司，德国公司已经在染料的专利申请上占据了主导地位。[92]

德国化学中的权力与政治

有机化学在德国经济中发挥着越来越重要的作用。到 19 世纪末，有机化学家们已经在这个统一的国家组成了一个强大的专业群体。[93] 特别是在统一后的几年间，德国成立了一系列代表化学家和化学界利益的贸易和专业协会。

最早的组织之一是德国化学学会（German Chemical Society）。这个学会由霍夫曼于 1867 年创立，旨在实现理论化学家和工业化学家之间的思想及信息交流。学会由理论化学家贝耶尔担任主席，工业化学家马蒂乌斯起草了学会章程。在埃米尔·菲舍尔（Emil Fischer）接替霍夫曼担任会长后，化学染料工业界的理论化学家逐渐取得了学会的主导权。

在随后的几十年里（见表 2.1），德国应用化学学会等协会相继成立，代表了包括公共部门的分析化学家和食品化学家在内的所有在职化学家，当时，这些在职化学家与学术界和工业界的化学家相比，地位和薪酬都很低。到 19 世纪末，霍夫曼、菲舍尔和杜伊斯贝格等著名工业家和理论化学家主导着德国最具影响力的行业和专业协会，并在多个政府委员会中任职。这一小部分杰出的工业家及理论化学家控制着最权威的协会和期刊，能对政府决策产生影响，也在一定程度上决定了工业化学家及其在公共和私营部门的分析师同行们的地位及工作条件。[94]此外，这些人还协助制定对理论化学、化学工业，以及对其雇主有利的政治和经济政策，其作用在有机化学领域及有机染料生产方面尤为突出。就这样，政府、学术界与工业界建立起合作，达成共同的长期愿景，推动着德国在合成染料的发明和生产方面实现跨越式前进，相形之下，英法两国的染料制造商却没能享受这样的有利条件，并且由于在靛蓝和茜草交易中的既得利益，他们还面临着阻碍其接受新型化学染料的阻力。[95]

到 19 世纪 70 年代末，德国已经超越英国和法国，成为苯胺和偶氮染料的主要生产国。德国学术界和工业界的有机化学家们组成了一个紧密联系的共同体，主导着有机化学及其应用的知识创造、教育和政治。在日益工业化的国际市场上，德国和德国化学家都希望将化学染料作为一种重要的新资源加以推广。

表 2.1 德国的化学协会

1867 年 德国化学学会（DCG） （*Deutsche Chemische Gesellschaft*） 期刊《德国化学会通报》 （*Berichte der deutschen chemische Gesell-schaft*）	由霍夫曼创立并领导，旨在实现理论化学家和工业化学家之间的思想和信息交流。理论化学家阿道夫·冯·贝耶尔担任主席，工业化学家卡尔·马蒂乌斯制定章程。埃米尔·菲舍尔接替霍夫曼任会长时，学会由理论化学家主导。
1877 年 德国化学工业权益保护协会 （*Verein zur Wahrung der Interessen der chemischen Industrie Deutschlands*）	100 名化工厂主；主要工业家；与 DCG 有交集。
1877 年 分析化学家协会 （*Verein Analytischer Chemiker*）	该协会最初是为在私营和公共检测实验室工作的专业人员和化学家设立的。
1887 年 德国应用化学协会（DGAC）（*Deutsche Gesellschaft fur angewandte Chemie*） 期刊《应用化学》（*Zeitschrift fur ange-wandte Chemie*）	成员扩大到其他部门工作的化学家。
1896 年 德国化学家协会（VDC）① （*Verein Deutscher Chemiker*）	拜耳公司董事卡尔·杜伊斯贝格将德国应用化学协会（DGAC）重组为德国化学家协会（VDC），使其成为代表所有德国化学家的主要协会。到1900 年，VDC 的高级会员主要是工厂主和高级理论化学家。
1883 年 巴伐利亚应用化学代表自由协会 （*Freie Vereinigung Bayerischer Vertreter der angewandten Chemie*）	
1901 年 德国食品化学家自由协会 （Freie Vereinigung Deutscher Nahrungsmittelchemiker） 期刊《食品、饮料和商品研究》（*ZUNG*） （*Zeitschrift für Untersuchung der Nahrungs-und Genussmittel sowie Gebrauchsgegenstande*）	

---

① 原书在此处的英文翻译 "German Society for Applied Chemistry" 似有误。

1896 年	独立公共化学家协会 （*Verbrand selbstständiger öffentlicher Chemiker*） 期刊《公共化学杂志》（*Zeitschrift für offentliche Chemie*）	
1897 年	德国大学和学院实验室主任协会 （*Verband der Laboratoriumverstände an Deutschen Hochschulen*）	
1900 年	女化学家协会（*Verein weiblicher Chemiker*）	VDC 直到 1910 年才允许女性加入。
1902 年	德国本生应用物理化学协会 （*Deutsche Bunsen-Gesellschaft für angewandte physikalische Chemie*）	
1904 年	技术和工业官员联盟（BTIB） （*Bund der technischen-industriellen Beamten*）	由工资相对较低的年轻德国工业化学家创立，要求获得更多权利、更好的工作条件和报酬。
1905 年	保护化工行业共同利益委员会 （*Anschuss zur Wahrung der gemeinsamen Interessen des Chemikerstandes*）	卡尔·杜伊斯贝格组建，部分原因是为了响应 BTIB 的成立，促进化学界（包括工业雇主）的共同利益。VDC 与公共及食品化学家合作，旨在提升在德国工作的所有化学家的形象和地位。

资料来源：Johnson，"Germany：Discipline-Industry-Profession"；Cocks and Jarausch，*German Profesions*，*1800—1950*；Deutsche Chemische Gesellschaft，Berchte der Deutschen Chemischen Gesellschaft；Lepsius，*Festschrift zur Feiel des 50 jährigen Bestehens der Deutschen Chemischen Gesellschaft*；Ruske，*100 Jahre Deutsche Chemische Gesellschaft*；Meinel and Scholz，*Die Allianz von Wissenschaft und Industrie*；Rassow，*Geschichte des Vereins Deutsche Chemiker in dem ersten 25 Jahren*；Burchardt，"Die Zusammernarbeit zwischen chemischer Industrie，Hochschulchemie und chemischen Verbänden in Wilhelmischen Deutschland"，194。

　　历史学家认为，在科学教育和培训、政府和机构的支持、管理技术、公司结构、融资和专利立法、成熟的销售和市场营销等方面的文化差异，都促使 19 世纪后期德国在合成染料生产方面超越了英国和法国。[96]其他需要考虑的因素还有地缘政治（包括殖民帝国与国际贸易模式）、化学家组成的关系网络以及学术中心的迁移。

到 19 世纪末，化学染料的发现推动了煤焦油化学的商业开发，改变了国际贸易和权力关系。英国和法国不能再依赖其遥远的殖民地和1850 年之前的工业成就来维持其在世界贸易中的地位和优势，因为德国在本土化学基础上已经建立起属于自己的帝国。

制造化学染料的化学家们正在迅速重构制造业、地缘政治和消费文化。几年内，欧洲和美国的食品制造商和零售商也开始使用新染料，并聘请化学家担任顾问，协助调解食品中的染料使用问题。正如我们将要看到的那样，参与其中的许多化学家要么出生于德国，要么在德国接受教育，要么与德国化学公司有着千丝万缕的联系。

注释

[1] "Beautiful Tar: Song of an Enthusiastic," 123.
[2] 有关炼金术的更多信息，请参阅 Principe, *The Secrets of Alchemy*。
[3] 生物碱奎宁是一种天然化合物，在 1832 年首次从原产南美洲的金鸡纳树的树皮中分离出来。自 17 世纪初以来，奎宁就一直被用于治疗疟疾。
[4] 有关靛蓝的更多信息，请参阅 Kumar, "Plantation Indigo and Synthetic Indigo"；Kumar, *Indigo Plantations and Science in Colonial India*。
[5] Runge, "Ueber einige Produkte der Steinkohlendestillation".
[6] Baeyer, *Ueber die chemische Synthese*；Campbell, *Chemical Industry*.
[7] Homburg, "The Influence of Demand on the Emergence of the Dye Industry"；Nieto-Galan, *Colouring Textiles*, 182；Baeyer, *Ueber die chemische Synthese*；Hofmann, *On Mauve and Magenta*；Hofmann, *On the Importance of the Study of Chemistry*.
[8] Travis, *The Rainbow Makers*；Travis, "From Manchester to Massachusetts via Mulhouse"；Travis, "Between Broken Root and Artificial Alizarin".

［9］Ball，*Bright Earth*.

［10］Nieto-Galan，*Colouring Textiles*，192—193.

［11］Kumar，"Plantation Indigo and Synthetic Indigo"；Kumar，*Indigo Plantations and Science in Colonial India*.

［12］Kumar，"Plantation Indigo and Synthetic Indigo"；Kumar，*Indigo Plantations and Science in Colonial India*，186；Homburg，"The Influence of Demand on the Emergence of the Dye Industry"；Travis，"Between Broken Root and Artificial Alizarin"；Travis and Brent Schools and Industry Project，*The Colour Chemists*.

［13］Homburg，"The Influence of Demand on the Emergence of the Dye Industry".

［14］Garfield，*Mauve*，43—45.

［15］Ibid.，65—67.

［16］Blaszczyk，*The Color Revolution*，22—26.

［17］"Perkins's ［*sic*］Purple".

［18］Ibid.

［19］Halliday，*The Great Stink of London*；Hamlin，*A Science of Impurity*.

［20］要了解媒体中辩论的一种类型，可以参见"The Thames and Its Deodorization"，569。文中报道了化学家兼训练有素的医生亨利·莱瑟比与霍夫曼和爱德华·弗兰克兰(时任圣巴塞洛缪医院化学讲师)就泰晤士河"除臭"计划所进行的争论。莱瑟比声称，同行们计划使用的除臭药剂可能含有砷，会造成更大的危害。文章指出，科学家们自己都无法提供其内部人员能达成一致的证据和分析。

［21］Fitzgerald，*The Hundred-Year Lie*；White，"Chemistry and Controversy".

［22］Beer，*Open Fields*；Sheets-Pyenson，"Popular Science Periodicals in Paris and London".

［23］Orland，"The Chemistry of Everyday Life".

［24］Fox，*Dye-Makers of Great Britain*，chap. 4.

［25］Fyfe and Lightman，*Science in the Marketplace*.

［26］Lightman，*Victorian Science in Context*，2；Paradis，*Victorian Science and Victorian Values*.

[27] Cantor et al., *Science in the Nineteenth-Century Periodical*, preface.

[28] Lightman, *Victorian Science in Context*, 187.

[29] 有关霍夫曼的著作和其作为科学、教育和工业倡导者发挥的重要作用，请参阅 Meinel and Scholz, *Die Allianz von Wissenschaft und Industrie*。

[30] Hofmann, *On the Importance of the Study of Chemistry*.

[31] Hofmann, *On Mauve and Magenta*.

[32] "Scientific Facts", 116.

[33] 有关 19 世纪女性科学受众的更多信息，请参阅 Shteir, *Cultivating Women*, *Cultivating Science*。

[34] Orland, "The Chemistry of Everyday Life".

[35] Findling and Pelle, *Encyclopedia of World's Fairs and Expositions*; Teughels and Scholliers, *A Taste of Progress: Food at International and World Exhibitions*; *International Exhibition*, 1862: *Reports by the Juries*(1863).

[36] "A Ramble into the Eastern Annexe of the International Exhibition", 342.正如马丁·路德威克（Martin Rudwick）等历史学家所表明的那样，在 19 世纪中叶，许多维多利亚时代的人对久远的世界地质历史有着类似的迷恋。Rudwick, *Earth's Deep History*.

[37] "A Ramble into the Eastern Annexe of the International Exhibition", 342.

[38] 关于维多利亚时期流行服饰对合成染料最初的接受及使用，更多信息请参阅 Nicklas, "Splendid Hues"; Nicklas, "New Words and Fanciful Names"。

[39] Kortsch, *Dress Culture in Late Victorian Women's Fiction*; Wilson, *Adorned in Dreams*; Gernsheim, *Victorian and Edwardian Fashion*.

[40] Gernsheim, *Victorian and Edwardian Fashion*, 53.

[41] Fox, *Dye-Makers of Great Britain 1856—1976*, 96.

[42] Taine, *Taine's Notes on England*, 19, 20.

[43] Brock, *The Case of the Poisonous Socks*, chap. 1.

[44] "Mythology and Socks", 160.

[45] Noakes, "Punch and Comic Journalism in Mid-Victorian Britain".

[46] "Accidents and Offences", 402.

[47] "The Poisoned Hat", 262.

[48] "A Hat That Was Felt", 90.《滑稽列传》是漫画周报, 有四版漫画和四版文字, 它专为成人读者设计, 自称是 "报纸的漫画伴侣"。参见 Hunt, *International Companion Encyclopedia of Children's Literature*。

[49] Rubery, *The Novelty of Newspapers*.

[50] "The Useful Book", *The Ladies' Treasury*, January 1, 1875, 42.

[51] 对于苯胺染料生产中砷酸法的描述, 参见 Travis, *The Rainbow Makers*, 124。

[52] "The Letter Box".

[53] "Talk with Our Readers", 272.

[54] Burney, *Poison, Detection, and the Victorian Imagination*; Whorton, *The Arsenic Century*.

[55] Whorton, *The Arsenic Century*, 359.

[56] Travis, "Poisoned Groundwater and Contaminated Soil".

[57] "Poisoning by Coloured Silk Stockings", *The Englishwoman's Domestic Magazine* 164, August 1, 1878, 109.

[58] "By All That's Blue", 38. 19 世纪 70 年代发现的染料, 包括被称为孟加拉玫瑰红的苯酞(1875 年由诺尔廷发现)、茜素橙(Strobel & Caro, 1876 年)、蒽棕(Seubelich, 1877 年)、各种橙色(Roussin & Poirrier, 1877—1878 年), 比布列西猩红(Nietzki, 1878 年), 布红(Ohler, 1879 年), 丽春红(Pfaff & Nietzki, 1880 年)。 Ball, *Bright Earth*; Brunello, *The Art of Dyeing in the History of Mankind*.

[59] "Colour and Design in Ornamental Needlework", 43.

[60] Cantor et al., *Science in the Nineteenth-Century Periodical*, 18—19.

[61] Murmann, *Knowledge and Competitive Advantage*, 25, 37.

[62] Beer, *The Emergence of the German Dye Industry*.

[63] Redlich, *Die volkswirtschaftliche Bedeutung der deutschen Teerfarben-*

industrie, 18; Murmann, *Knowledge and Competitive Advantage*, 33.

[64] "Queer Street", 79.

[65] Travis, *The Rainbow Makers*; Beer, *The Emergence of the German Dye Industry*; Paul, *From Knowledge to Power*; Smith, *The Emergence of Modern Business Enterprise in France*.

[66] Kumar, *Indigo Plantations and Science in Colonial India*.

[67] Nieto-Galan, *Colouring Textiles*, 18.

[68] Rocke, *The Quiet Revolution*.

[69] Brock, *Justus von Liebig*; Hofmann, *The Life-Work of Liebig*; Holmes, "The Complementarity of Teaching and Research in Liebig's Laboratory"; Liebig, *Researches on the Chemistry of Food*; Meinel and Scholz, *Die Allianz von Wissenschaft und Industrie*; Haber, *The Chemical Industry During the Nineteenth Century*.

[70] Roberts, "Bridging the Gap between Science and Practice".

[71] Haber, *The Chemical Industry During the Nineteenth Century*; Meinel and Scholz, *Die Allianz von Wissenschaft und Industrie*.

[72] Haber, *Chemical Industry, 1900—30*; Ben-David and Ben-David, *Centers of Learning*; Fox and Guagnini, *Education, Technology and Industrial Performance in Europe, 1850—1939*.

[73] Berghahn, *Imperial Germany, 1871—1918*; Vaupel, "Wissenschaft und Patriotismus".

[74] Ash and Surman, *The Nationalization of Scientific Knowledge in the Habsburg Empire, 1848—1918*; Phillips, *Acolytes of Nature*; Rocke, *The Quiet Revolution*; Vaupel, "Wissenschaft und Patriotismus".

[75] Hugill and Bachmann, "The Route to the Techno-Industrial World Economy and the Transfer of German Organic Chemistry to America", 162.

[76] Phillips, *Acolytes of Nature*; Vaupel, "Napoleons Kontinentalsperre und ihre Folgen".

[77] Henderson, *The State and the Industrial Revolution in Prussia 1740—1870*.

[78] Turner, "The Growth of Professorial Research in Prussia"; Ben-Da-

vid, *The Scientist's Role in Society*.

[79] Lenoir, "Revolution from Above"; Tuchman, *Science*, *Medicine*, *and the State in Germany*; Turner, "The Great Transition and the Social Patterns of German Science".

[80] Rocke, *The Quiet Revolution*; Brock, "Breeding Chemists".

[81] Schröter and Travis, "An Issue of Different Mentalities".

[82] Martius, *Chemische Erinnerungen aus der Berliner Vergangenheit: zwei akademische Vorträge*, cited in Murmann, *Knowledge and Competitive Advantage*, 75.

[83] Meinel and Scholz, *Die Allianz von Wissenschaft und Industrie*.

[84] 有关专利法对德国合成染料工业的重要性的详细解释, 请参见 Murmann, *Knowledge and Competitive Advantage*。

[85] Davis, *Corporate Alchemists*, 60—63.

[86] Murmann, *Knowledge and Competitive Advantage*.有关 20 世纪 50 年代理论有机化学的兴起及其在工业化学中的应用, 更多的信息请参见 Taylor, *A History of Industrial Chemistry*, chaps. 15 and 16。

[87] Belt and Rip, "The Nelson-Winter-Dosi Model and Synthetic Dye Chemistry", 129—154.

[88] Caro, *Über die Entwicklung der Teerfarben-Industrie*.

[89] Murmann, *Knowledge and Competitive Advantage*, 70—71.

[90] Schoonhoven and Romanelli, *The Entrepreneurship Dynamic*, 184; Simon, "The Swiss Chemical Industry", 17.

[91] Murmann, *Knowledge and Competitive Advantage*.

[92] Ibid., 85.

[93] Krätz, "Der Chemiker in den Gründerjahren", 269—270; Cocks and Jarausch, *German Professions*, *1800—1950*, 13; Rüschemeyer, "Professional Autonomy and the Social Control of Expertise", 38—58; McClelland, *The German Experience of Professionalization*.

[94] Johnson, "Academic Self-Regulation and the Chemical Profession in Imperial Germany", 241—271; Cocks and Jarausch, *German Profes-*

sions, *1800—1950*; McClelland, *The German Experience of Professionalization*; Burchardt, *Professionalisierung oder Berufskonstruktion?*

[95] Schröter and Travis, "An Issue of Different Mentalities".

[96] Engel, *Farben der Globalisierung*; Engel, "Colouring Markets"; Engel, "Colouring the World"; Murmann, *Knowledge and Competitive Advantage*; Haber, *The Chemical Industry During the Nineteenth Century*; Beer, *The Emergence of the German Dye Industry*; Homburg, Travis, and Schröter, *The Chemical Industry in Europe*; Travis and Brent Schools and Industry Project, *The Colour Chemists*; Fox, *Dye-Makers of Great Britain 1856—1976*.

舌尖上的彩虹

第三章　从染料制造商到食品制造商

新型化学染料主要销往纺织业，但它几乎在工业化生产伊始就被用于食品着色。其后，苯胺染料以及后来的偶氮染料不断地被证明比藏红花和胭脂虫红等植物性和动物性染料更便宜、更有效。这些微量的新物质能为大量的食物染色，还比许多植物性染料具有更好的稳定性，这使其在加热、混合和保存等食品加工过程中更为可靠。制造商们很快便开始利用色彩更丰富的新染料来弥补食品加工后失去的颜色，工业食品也因此看起来更"天然"。但是，人工增色的能力也使不法食品制造商更容易通过稀释或添加廉价配料来降低成本，如在牛奶中加水或在芥末中掺面粉。此外，新染料还有助于延长产品的保质期，因为许多色素具有抗氧化性，能够起到防腐剂的作用。

染料为纺织业而生，因此从其工业化生产开始，染料制造商就与纺织业建立起紧密的联系，他们发展出成熟的营销技术，建立起专门的销售团队，就如何使用新染料的问题为纺织品制造商提供咨询和培训。[1]然而，大多数染料制造商并不直接向食品工业出售染料，他们从一开始就没打算在食品中使用新型染料，而且由于纺织品染料的市场远大于食品染料，他们也没有试图去了解染料如何甚至是否可用于食品生产。正如 1884 年一封致《泰晤士报》的信中指出的那样，虽然大多数化工公司根本不理会食品生产商在食品中使用其染料的行为，但也有少数制造商对此积极地加以阻止：

> 我们完全有理由担心，在这个"廉价而不道德"的时代，苯胺染料正在被大量地用于制造糖果和甜点，正因如此，（为了他们的荣誉）这个国家最大的苯胺制造商明确拒绝向糖果商报价，但没有什么能阻止肆无忌惮的糖果制造商用其他方式或通过第三方采购此类染料。[2]

不过，一些染料制造商也知道，他们的产品被零售药商用于药物和保健品中，被作为色素出售，甚至还被鼓励这样做。早在 1865 年，位于柏林的苯胺制造商莱文施泰因（G and A Levinstein，一家后来在英国曼彻斯特成立的德国家族染料制造公司）就宣布，它能够销售"不含任何微量砷的苯胺染料，药商和药剂师们现在可以安全地使用苯胺染料"。[3]然而，当时面向食品工业的广告和营销主要由药品零售和批发商所主导，而非化学品制造商。

巴斯夫公司的档案员曾声称，"在公司档案中，只有极少的迹象表明巴斯夫在 19 世纪生产和（或）销售食品染料"，但他仅列举了一份 1886/1887 年的价格表，其中只包含了几种"糖果用染料"。[4]尽管巴斯夫没有将其作为食用染料进行营销，也未主动将其直接卖到食品行业，但它的纺织染料还是迅速地被广泛用作食用色素。有趣的是，当 1907 年美国政府提议对可用于食品的特定染料进行认证时，根据受委托调查食品染料安全性的化学家伯恩哈德·赫西（Bernhard Hesse）的说法，巴斯夫"强烈要求"将其所有的染料都纳入认证范围，还要求只需填写一份简单的表格，就可以将其染料永久注册为食用色素。在被告知每批染料都可能需要单独测试和无害保证时，巴斯夫的美国代表提出反对，声称公司与其他染料制造商一样，并未测试那些用于食品的已售染料是否不含无害污染物，而且事实上也不知道有这样的测试。[5]另一家染料制造商告诉赫西，他从不区分纺织染料和食用染料，并表示"羊毛用的萘酚黄 S 和食品用的萘酚黄 S 都出自同一个桶"。[6]于是，在美国推出食品用染料的认证要求之后，巴斯夫和其他大多数德国制造商退出了美国食用染料销售市场，转而选择将其纺织染料供应给美国染料公司，再由美国公司进行提纯并获得相应的安全使用证书。[7]

制造商淡化监管机构和媒体的担忧

到了 19 世纪 70 年代，新的化学染料通过复杂的国际供应链，被用于为各种食品和饮料着色，染料也被冠以新的无害名称，如"黄油黄"，这便遮蔽了它们的化学来源。

值得注意的是，在 1870 年之前，媒体很少提及食品中用新型苯胺染料替代矿物色素的事实，而前者是为纺织工业准备的。不过，尽管在矿物染料的使用缩减后，媒体上关于在食品中使用不当色素的评论有所减少，但毫无疑问，染料仍然被用于食品着色。事实上，这一时期的烹饪书都在宣传"奇观"，即色彩鲜艳的食物，认为其外观比味道更重要。[8]食用色素和香精批发商的广告讨论了一些"无害"的新物质，宣传这些物质只需极少量就可以安全地为食品着色，却没有提及这些物质是什么以及由什么制成。

早在 1865 年,《女士宝库》就报道过"许多糖果、蛋奶冻和玉米面布丁的微妙风味"来自煤焦油,其他流行杂志也提到了煤焦油衍生香料,但至少在十年内,媒体很少提到苯胺染料被用于食品着色。[9]虽然使用廉价替代原料(如芥末中的面粉、牛奶中的水以及面包中的明矾)在食品中掺假是一个日益严重的政治和社会问题,但此时媒体并未将这些新型人工添加剂与公众对掺假问题的广泛讨论联系起来。事实上,大多数媒体评论都暗示科学有能力提高食品的感官体验、有效期限和获取的便捷性。

苯胺和其他煤焦油衍生染料专为纺织工业而制造,这些染料在诞生后最初的几十年里被加入食品中。尽管在 19 世纪的大部分时间里,围绕有毒金属食用色素的争议一直存在,但食品生产商、零售商、配料批发商、公共分析师,以及医生、公众、政治家或媒体却很少过问这些染料是否适用于食品。因此,这些新物质似乎在没有宣传、没有关注以及没有监控的情况下被引入食品供应,这也例证了沃顿所说的"人们随随便便、毫无戒心地便让新化学品进入了家庭环境"。媒体批评那些彩色袜子上的染料对穿着者的脚和身体有害,但当这些染料进入公共食品供应时,却不见任何负面的新闻报道。

报纸和期刊上的报道证明了苯胺染料被用于食品中,比如《布拉德福德观察家报》(Bradford Observer)就在 1869 年列出了苯胺染料的诸多用途,包括墨水、涂料、照片、"用于显微镜观察和解剖目的物体组织浸泡……白醋和覆盆子糖浆的调色、亚麻布的上蓝以及糖果染色"。文章还提到了苯胺染料在化妆品中的应用,称其"作用毋庸置疑,取代了几乎所有有害健康的金属物质——汞、铋和铅制剂"。[10] 由此看来，苯胺染料一开始是用来替代褪色且有毒的金属色素的，这一点似乎已经得到普遍认可，无人质疑了。

《布拉德福德观察家报》的文章基于对莱因曼1868年出版的《苯胺及其衍生物》一书的评论，以及霍夫曼博士关于1867年法国世博会展出的煤焦油染色剂的报告。与其他关于苯胺染料的早期报道一样，这篇文章与化学家们的公开言论非常一致。这可能是一篇被多家报纸转载的综合报道，其中引用了《旁观者》（*The Spectator*）的话，称1856年"一位年轻的英国化学家……发现了一种光彩夺目、美不胜收的新染料"，"珀金先生的发现一经公布，就引起了各国化学家的关注。英国、法国和德国的一大批实验人员立即开始了进一步的研究"。文章指出"西方文明国家以前所未有的速度接纳新染料"，并称欧洲"很快将其出口到中国、日本和美国……以及那些一直为欧洲制造商供货的天然染料产地"。该报将合成染料工业描述为一场"名副其实的革命"，声称"化学取得了胜利，剥夺了太阳迄今为止一直享有的垄断地位"。[11]

因此，最早对食品中的苯胺染料表达担忧的文章出现在进口欧洲科学"神奇产品"的国家的出版物上，也许不足为奇。1871年，美国健康改革研究所（American Health Reform Institute）在《健康改革者》（*The Health Reformer*）上发表了一篇题为《有毒糖果》的文章，警告说纽约的"糖果制造商"正在儿童中传播死亡，因为"他们使用了各种廉价的方法来替代胭脂虫和藏红花"。据该杂志称，"红色通常由氨博林制造，它是在煤焦油精炼过程中以结晶形式获得的"。"氨博林"的售价是每盎司2美元，其染色效果却"相当于20倍重量的胭脂虫红"。此外，糖果中使用的红色染料还包括一种品红色的苯胺色素。[12]这篇文章表明，苯胺染料早在19世纪70年代初期就已存在于美国的食品中。然而，此时英国媒体对苯胺染料用于消费品的批评性报道却少之又少。哈索尔在1876年出版的颇有影响的《食品：掺假及其检测方法》（*Food：Its Adulterations and the Methods of Their Detection*）一书中承认使用煤焦油染料给食品着色的做法很普遍，但他认为，只要不含砷，就没有理由反对使用这种染料。[13]

此外，当批评之声四起时，人们也感到困惑，不知关注的重点应该是旧有的有害物质砷，还是新型物质苯胺。砷成为讨论食品中苯胺染料可能具有毒性这一问题的核心。以1878年《分析师》（*The Analyst*）中的一篇文章为例，该文章描述了一封致《泰晤士报》的信，信中呼吁对冰淇淋中"所用色素的毒性"采取行动。文章指出冰淇淋中的洋红色苯胺染料有时含砷，却又认为"所产生的有害影响更有可能是，孩子们在过度运动导致身体发热时过量食用冰淇淋，或是吃了大量难以消化的食物后食用冰淇淋，或是在制作冰淇淋时使用了腐烂的水果"。[14]这篇文章表明，分析人员们对于任何关于煤焦油染料毒性的说法都相当谨慎，并指出了更多的"人为"干预因素，包括污染（砷）、使用腐烂的水果，甚至是糟糕的养育方式。化学品是由化学家合成的，在这个时期，化学家日益提高的声望和地位与其从煤焦油中合成染料以及其他有用的化学品有关，因此，化学分析师们不愿将造成危害的原因归咎于这些化学品的使用，这也许并不令人感到奇怪。

外国毒药

然而，从19世纪70年代后期开始，有证据表明，媒体越来越倾向于认为合成食品色素是一种新的掺假形式而非安全的替代品——替代那些先前用于食品着色的有毒物质，如铜、铅和砷。我们很难确定为何在食品中使用合成染料开始受到质疑，这很可能与当时法国、德国和瑞士化学工业的崛起以及进口食品的增加有关，例如那时刚获得专利的人造黄油，作为一种廉价的黄油替代品，经常被染成黄色，以使其看起来更像黄油。[15]也是从这时开始，媒体报道的一个明显趋势是，将这些新的食品掺假物与外国进口食品联系起来。正如研究食品监管的历史学家开始揭示的那样，监管经常被用作限制食品进口的手段，而大众媒体的报道表明，人们倾向于将对掺假的恐慌归咎于进口食品和外国化学家。1878 年出版的一期《滑稽列传》描述了"一位天才的法国化学家努力地为我们提供十几种不同口味的羊肉、牛肉和猪肉"，记者补充道：

> 一位德国化学家目前正尝试为我们提供尽可能多的不同颜色的羊肉、牛肉和猪肉。他认为，我们的眼睛已经厌倦了脂肪和瘦肉的单调色彩，他似乎很想知道，为什么不能有一种带有品红色脂肪的天蓝色羊排？ 为什么不能用翠绿色的牛肉环绕紫色的羊腿，再在两侧搭配鲜橙色的肉饼和深红色的甜面包？[16]

到了 19 世纪 80 年代，染色的外国农产品受到持续的攻击。《乡村绅士》（*The Country Gentleman*）警告说，充满苯胺染料的廉价法国红葡萄酒是导致英国人健康不良的原因。《月光》（*Moonshine*）则在 1886 年异想天开地指出，在巴黎，"他们用浓硫酸、不纯的葡萄糖、海藻酸、苯胺和覆盆子醚制成了'相当不错的正宗覆盆子果冻'"。[17]1890

年，《谢菲尔德和罗瑟勒姆独立报》（*The Sheffield and Rotherham Independent*）提到了一篇关于博洛尼亚香肠的报道，这种香肠的颜色是"石榴红和俾斯麦红"。该报指出，"购买者'喜欢有一点颜色'，但人们不得不怀疑，这些苯胺染料是用来防止他们知道自己吃的是什么"。[18]与此同时，根据《良友：青年杂志》（*The Friendly Companion：A Magazine for Youth*）报道，佛罗里达州的橙子种植者通过"用细注射器刺穿普通橙子的果皮，注入苯胺染料，使其迅速渗透到果肉中"来"制造"血橙。[19]对外国食品的广泛批评，以及声称其掺假甚至可能有毒，与当时人们对城市化人口食品短缺的担忧息息相关。为了避免食品短缺并增加食品种类，人们进口了更多的粮食，但其来源和制造过程却越来越难以捉摸。此外，19 世纪 70 年代在经济和科学方面不断加剧的竞争和国际敌意也助长了此类对外来食品的攻击。

直到 1890 年，科学似乎还无法生产出安全的新物质来替代过去的有害毒物，只是简单地将那些可以欺骗并可能伤害不知情公众的物质，不断添加到之前的食品掺假清单中。这在 1890 年 8 月版《薯片画报》（*Illustrated Chips*）中的关于四只苍蝇的"现代寓言"中得到有趣的说明：第一只苍蝇"对着一盘牛奶喝了一口，但不久就因牛奶中所掺的白垩抽搐而死；第二只发现了一根香肠……香肠被苯胺染了色，于是它也很快被毒毙；同样的命运降临到了第三只苍蝇身上，它吃了含有明矾的面粉……"；最后一只苍蝇"充满了绝望"，试图通过吸食捕蝇纸上的液体自杀，但它非但没有死，反而精神焕发，活力四射——"连捕蝇纸都掺假了"。[20]正是从那时起，维多利亚时代的媒体将苯胺染料作为掺假物来报道。英国食品和药品制造商开始利用公众日益增长的不安情绪，宣传其产品不含人工食用色素，或者像伊诺盐（Eno's Salts）那样，声称能解除"糖以及粉色或其他化学色果汁饮料中有毒苯胺染料所带来的巨大风险"。[21]

公众对食用色素看法的这种转变，与一系列更广泛的运动不谋而合，比如手工艺运动。这些运动明确反对工业产品，主张回归天然之物。研究食品的历史学家注意到，从19世纪90年代开始，在维多利亚时期的奢华宴席上曾备受推崇的鲜艳食物，已逐渐被视为一种攀附上流社会的表现或是花招。[22]

因此，在合成化学染料发明后的短短四十年里，大众和专业媒体就将其从一种奇妙的科学新物质，转变为用于商业欺骗的有毒工具和需要纠正的失控危险。包括制造商、零售商、科学家和政治家在内的许多群体，都利用媒体来谋取自己的利益。然而同样清楚的是，媒体对化学和商业都采取了审慎的批判态度。新闻报道在一定程度上反映了公众舆论和其他利益相关方的观点，媒体报道问题的方式也有助于形成公众认知，使信息流动成为双向的过程。

有趣的是，在这个被媒体越来越多地报道和质疑的时期，人们仍然无法从大众媒体的文章或广告中确定究竟是谁在食品中使用苯胺染料。在19世纪，制造商们越来越倾向于宣传其食品是"纯净"无掺杂的，但来自公司档案和议会调查的证据表明，苯胺和其他煤焦油衍生染料实际上被广泛用于食品制作——尽管没有人声称这样做。一些历史学家认为，随着科学在19世纪70年代变得越来越专业化和以实验室为基础，它也变得逐渐远离大众。[23]然而，对新型煤焦油染料的报道表明，大众和各种媒体，尤其是在19世纪晚期，并不只是被动地报道科学进步。媒体不仅是简单的科学传播者，它也可以为不断扩大的读者群体创建讨论的平台，让他们能够表达对科学及其应用的洞察、不敬、质疑和批判。

维多利亚时代的媒体在这几十年中不断扩张，研究这些新合成物质在其中的演变轨迹，我们可以看到它们如何从科学家所决定的原始模样，转变为另一种存在和意义的事物，这种转变由广大的读者和作者促成，其中既包括科学家，又有科学"外行"。人们对苯胺染料及其在食品中的使用的看法发生了变化，这导致了物质本身及其用途的转变。19世纪食品中染料的媒体形象也帮助改变了科学职业，产生了诸如顾问科学家、公共分析师和食品化学家等新的角色，并通过法规和建立以政府、制造商和消费者为主导的机构及组织，推动形成了控制这些物质的新方式。

制造商为在食品中使用化学染料的行为辩护

19世纪80年代，在食品和饮料生产中广泛使用苯胺和偶氮染料成为公众关注的问题，针对媒体上的相关讨论，染料制造商的反应是辩护式的。化学公司和食品制造商们要么否认在食品生产中使用染料，要么辩称这些染料无害，尤其是在少量使用的情况下。这两个群体还开始利用科学家验证他们的说法。应巴斯夫公司的要求，霍夫曼和卫生学家鲁道夫·菲尔绍（Rudolf Virchow）公开保证该公司生产的许多苯胺和偶氮染料无害。当时，霍夫曼是德国最受尊敬的化学家之一，而菲尔绍作为德国研究细胞和癌症理论的顶尖医学家也同样闻名遐迩。后者还是一位著名的政治家和公共卫生活动家，他对猪肉中的蛔虫引起的疾病进行调查，促使柏林引入了肉类检查机制。[24]

1887 年，里昂医学院化学和毒理学教授保罗·卡泽纳夫（Paul Cazeneuve）与巴斯夫公司位于里昂索恩河畔讷维尔（*Neuville-sur-Saône*）的工厂联合出版了一份出版物，确认了这些著名的德国科学家在为食品中使用苯胺染料背书。该出版物包含由卡泽纳夫与其他生理和有机化学家提供的实验和科学证据，旨在证明苯胺和偶氮染料无害。除了转载霍夫曼和菲尔绍的声明外，它还收录了时任日内瓦大学化学教授、巴斯夫法国工厂顾问的卡尔·格雷贝以及其他著名化学家的声明，声明保证大多数化学染料是无害的。[25]

绝非巧合的是，巴斯夫公司于 1887 年委托出版了一份关于苯胺和偶氮染料安全性的出版物，并得到了知名化学家的认可。此时，整个欧洲的媒体都在担忧新型化学染料可能存在的毒性，德国和法国政府正在审查食品立法。如表 3.1 所示，除了英国，欧洲其他国家和美国也在不同程度上针对用于食品着色的新型染料开展立法。

早在这个世纪初，一些国家就已禁止使用特定的有毒矿物染料，随后又禁止了一些新的化学染料，特别是用砷分析法加工的染料。然而，化学家和染料行业为证明化学染料安全性所做的努力，使得数十种新型染料未被欧洲立法者禁止。例如，1887 年的德国法律区分了受污染的化学染料和纯净的苯胺和偶氮染料，巴黎警署则在 1890 年取消了对糖果生产中使用品红的禁令。[26]这些法律产生了双重效果。首先，它们导致了一些染料被禁用，如德国禁止使用所有含砷、铜、锌、锡、玫红酸、苦味酸和其他被点名的染料，这促使人们寻找替代色素。其次，禁用染料清单表明，任何由不在清单上的物质制成的染料都可以合法地用于食品和饮料生产，由此那些批发和零售药剂师们可以宣称其所销售的许多苯胺和偶氮染料"无害"，符合食品法规。这些化学家在针对食品行业和本国消费者的期刊上广泛宣传新的"无害"染料。甚至一些化学品生产商也决定将注意力转向食品行业，以此来吸引新的业务。

表 3.1　与合成染料使用相关的立法（基于 1908 年格林表 * 分类系统）

奥地利	1886 年 3 月 1 日的法律，禁止格林表第 483 号染料和所有苯胺染料。
	1886 年 5 月 1 日的法律，禁止格林表第 1 号染料和所有苯胺染料。
	1895 年 9 月 19 日的法律，只允许使用 16 种染料，禁止使用其他所有染料。该法律事实上允许了在格林表中新增 47 个条目。
	1896 年 1 月 22 日的法律，允许使用格林表中列出的 22 种染料。
比利时	1891 年的法律，禁止使用格林表中的 4 种染料。
法 国	1885 年 5 月 21 日的警察法令，禁止使用格林表所列的 489 种染料。
	1890 年 12 月 31 日的警察法令，禁止了格林表所列的 469 种染料，恢复了 23 种在 1885 年法令中禁止的染料。
德 国	1887 年 7 月 5 日的法律，明确禁止使用格林表第 1 号和第 483 号染料。该法律的一般性解释实际上意味着格林表中所有其他染料都被允许用于食品。
意大利	1892 年 2 月 7 日的法律，禁止除 9 种染料外的其他所有染料，实际上允许使用格林表列出的 32 种染料。
	1902 年 2 月 7 日的法律，明确禁止格林表中的 37 种染料，并允许使用 11 种特定染料。
	1893 年 6 月 29 日的法令，允许使用 7 种颜色，其定义具有足够的弹性，可涵盖格林表中的 34 种不同的染料。
	1895 年 3 月 24 日的法令，禁止使用格林表中的 4 种染料。
美 国	1907 年第 76 号食品检验决定允许使用 7 种染料，这些染料必须有制造商的保证书，说明这些染料不含副产品，可用于食品中。

注：* 得名于以阿瑟·格林（Arthur G. Green）命名的分类系统。
资料来源：Hesse，*Coal-Tar Colors Used in Food Products*，5；Green，Schultz，and Julius，*A Systematic Survey of the Organic Colouring Matters*。更多有关格林分类的信息，参见第四章。

总部位于柏林的布吕克纳食用色素公司（*B.R. Brückner Nahrung-*

smittelfarben-Fabrik）专门为食品行业提供新型染料。它在广告和传单中声称，其生产的染料系依据 1887 年德国食品法规制造，是可用于食品和饮料的"无毒"染料。该公司吹嘘道，它的染料仅需 15 克就能使 45磅肉看起来很"天然"。另有一则广告声称，香肠肉因加工不当和轻度熏制所产生的"灰色、黏稠和有点失真"等问题，"可以用布吕克纳公司的无害染料轻松、彻底地修复"。这些用于"美化和保存香肠"的染料有时会在出售时附带一份证书，使食品生产商能声称其行为符合法律规定。其中一份证书写道："我向消费者声明，我在每公斤盐中添加了 20 克布吕克纳浓缩香肠色素①（Wursttinctur）或粉末②（Carminsurrogat）以防止这些香肠变灰。这些代用染料符合 1887 年 7 月 5 日颁布的（法律）规定，不会损害健康。"[27]

然而，与当时欧洲蓬勃发展的纺织业相比，食品行业仍然是新型染料的次级消费领域，因此大多数染料制造商继续将销售和生产重心放在纺织染料上。这就导致直到 20 世纪，食品生产商所使用的几乎所有染料本质上仍是纺织染料。这些染料被批发商或零售商以自己设计的各种诱人名称出售，如此便向购买者遮蔽了它们的化学来源。

在最早的染料制造商中，专供食品业的是纽约市的科恩斯塔姆公司（H. Kohnstamm & Co.）以及纽约州布法罗的舍尔科普夫-哈特福德-汉诺公司（Schoellkopf，Hartford & Hanno），后者通过旗下的国家苯胺公司（National Aniline Co.）生产和销售食品染料。值得注意的是，美国有许多化学家是德国人，或是德裔，或曾在德国接受过部分化学训练。美国

---

① 一种香肠调味酊剂。
② 一种胭脂虫红的替代品。

政府开展立法，认定在市场上的数百种相似的成品染料中，仅有七种煤焦油色素可被安全地用于食品和饮料，此后科恩斯塔姆公司和舍尔科普夫公司便将其产品以"经认证的食用染料"的名义进行销售。[28]这些美国染料生产商与美国政府化学局密切合作，生产专门针对食品市场的更纯净染料。科恩斯塔姆公司进口德国染料，然后进行提纯，再送至该局进行检查。舍尔科普夫公司则选择自己生产专用于食品工业的纯化染料。事实上，在政府干预之前，科恩斯塔姆公司已经致力于生产专用于食品的染料至少二十年，它聘请了受过霍夫曼培训的美国化学家、美国化学学会杂志（*Journal of the American Chemical Society*）编辑赫尔曼·恩德曼（Hermann Endemann）来研发适用于食品的色素，这些色素早在1884 年就获得了全国糖果协会的批准。

然而，这些染料公司只是少数。作为一名受美国农业部委托负责确定如何更好地监管食品染料的化学家，伯恩哈德·赫西对大量煤焦油色素被用作食品染料感到震惊。其中很少有经过测试或是被证明为无害的。赫西指出，尽管这些染料被广泛用于食品和饮料着色，但大多数染料生产商既未像与纺织业那样与食品行业合作，也没有提供必要的测试或保证。在他看来，染料公司对其染料的使用方式缺乏关心和了解。一位化学家告诉他，染料的使用浓度经常达到1∶3 000，而另一位化学家却建议浓度不能超过1∶50 000。[29]几十年来，此类染料的使用缺乏标准始终是一个问题。

伦敦的威廉斯兄弟公司是欧洲最早专门为食品工业生产染料的公司之一。鉴于围绕食品中使用苯胺染料的负面报道越来越多，该公司决定选择一些可以不使用砷制造的染料，并委托化学分析顾问塞缪尔·里迪尔(Samuel Rideal)在动物身上进行测试。随后，公司将这些染料作为"糖果用无害色素"销售给食品行业。[30]

威廉斯公司后来解释说，不同国家分别颁布的法律为选择专门销售食用染料的染料公司创造了一个利基市场。该公司：

> 在糖果色素生产方面的一大特点是符合世界所有主要国家的法律规定，其中，需求量最大的色调都已经精准匹配并制成表格，因此可以参考并迅速提供满足任何特定国家要求的色素。这类色素的标准很高，必须严格遵守不含任何金属杂质、水分、沉淀物等的规定，这实际上已经使它们不属于苯胺染料的范畴，而是上升到了精细(即专业的)化学品的地位。[31]

威廉斯公司因此抢先一步，试图解决标准化、颜色识别和测试等问题。这些问题将持续困扰公共领域的化学家，相关内容将在后面的章节中有所阐述。然而，即使到了 1936 年，也就是威廉斯公司发布声明的时候，对于哪些染料可以被认为是安全的，哪些应该被禁止，人们仍然没有达成共识。该公司指出："这些在特定范围内允许使用的染料并非总是相关国家最明智的选择，但由于当局特别严格的执行，因此发货方有责任确保不使用其他色素。"[32]

食品生产商缺乏相关意识和信息公开

多年来，食品生产商一直不承认食品和饮料中添加了化学色素，部分原因是他们不知道或选择不调查所使用的染料是由什么制成的。食品生产商对用作食品色素的染料性质的了解程度，可以从他们在 1901 年对英国政府设立的议会特别委员会（该委员会负责调查食品中化学添加剂的使用）的答复中清楚地看出。当联合奶油有限公司（United Creameries Ltd.）的总经理罗伯特·麦克拉肯（Robert McCracken）被问及是否知道他的乳品厂在生产黄油或人造黄油时使用苯胺色素时，他说："我真的不知道那实际是什么东西。"这个回答揭示了食品生产商对其使用的染料的无知，以及整个供应链缺乏透明度。

你不知道它们叫什么名字？ ——不知道。我发现我们使用的一种黄油色素中含有苯胺染料……但数量很少，实际上不会有什么危害。

这些苯胺着色剂是从哪里来的？ ——它们大多来自欧洲大陆的制造商。

你不知道它们的化学名称或商品名称吗？ ——不知道。

也不知道关于它们的任何情况？ ——不知道，我们购买它们作为黄油着色剂……我们得到的是油溶液，就像我们买的胭脂树红一样。

只有你们知道这一瓶是胭脂树红而那一瓶是苯胺色素吗？ ——我们被告知是这样的。

瓶子上有说明吗？ ——没有，但制造商告诉我们，其中含有一定比例的苯胺色素和胭脂树红。

这些不同色素的瓶子上是否都注明了它们的成分？ ——没有。

你怎么知道它们之间的区别？　——制造商告诉我们的，他在调色时确实使用了一点苯胺色素。[33]

麦克拉肯的回答表明，他对染料供应商非常信任，食品生产商对实际使用的物质也不关心。他补充说，他的公司从未检测过染料，因为"我们希望我们正在与诚实的人打交道，他们会提供我们所要求的东西"。他告诉委员会，他认为自己使用的苯胺染料是荷兰产的，但承认对其性质一无所知，也不知道马休黄被用作黄油色素。当被问及用于给人造黄油和黄油着色的一些苯胺染料"是否真的是最有害的物质"时，他只是简单地回答："它们可能是。"[34]

苏格兰邓迪的蜜饯与糖果制造商詹姆斯·基勒父子有限公司（James Keiller and Son Ltd.）所雇用的化学分析师伦纳德·基吉尔·博斯利（Leonard Kidgell Boseley）的证词表明，他对食品制造中使用的煤焦油色素有更深入的了解。[35]博斯利曾与英国最重要的公共分析师之一、出生于德国的奥托·赫纳合作，并曾担任艾尔斯伯里乳制品公司（Aylesbury Dairy Co.）的分析师。他向委员会提供了一份详细的表格，列出了用于不同食品的不同类型苯胺染料以及通常的使用量。他还提到了韦伯（H. A. Weber）的着色消化实验。[36]然而，即使是这样一位训练有素的化学家，也表现出对供应商的高度信任，而对自己研究染料缺乏兴趣。

根据博斯利的说法，深红色果酱使用的着色剂"是洋红或品红，它是玫瑰苯胺的醋酸盐或盐酸盐"，每 100 英磅果酱中约添加 0.5 克染料。他补充道："还有一种着色物质，叫作朱红，是一种较浅的红色，果酱制造商也在使用。很抱歉，我不能告诉你它的实际成分，但我知道它是一种苯胺染料。"[37]

1874 年英国取消糖税后，人造果酱成为低收入家庭更负担得起的产品，面包和果酱成了贫困儿童的主食。到 19 世纪末，果酱市场竞争激烈，面向低收入消费者的果酱制造商不得不使用人工染料来降低成本。[38]当被问及染料可能对健康造成的影响时，博斯利告诉委员会，基勒公司从未使用过金属染料，它主要用在糖果产品中的苯胺染料"几乎不含砷和铅"。博斯利的评论表明，即使到 1901 年，分析师们仍然在关注化学染料可能存在的金属污染，而不是化学物质本身可能的毒性。当被问及是否亲自检测过染料时，博斯利回答说没有，他似乎完全信任他的供应商——总部位于伦敦的染料贸易商哈克-斯塔格-摩根公司（Harker，Stagg & Morgan），该公司从德国采购品红染料。博斯利告诉了委员会他从哈克-斯塔格-摩根公司化学家那里了解到的情况："一个我非常熟悉的人说，调配这些颜色和使用染色剂的人将大量染色剂粉尘吸入肺部，但他们的健康似乎从未受到损害。我指的是在那里工作了六年的人。我宁愿相信他所保证的几种色素绝对无害。"在英国皇家学会副主席托马斯·索普（Thomas Thorpe）教授的追问下，博斯利强调说，"哈克-斯塔格-摩根公司的先生们所出售的染料是绝对无害的，在我们的每一个记录中都是如此"，但他承认"没有核实过这种说法"。[39]尽管到 19 世纪末，一些食品制造商已经开始雇用化学家，但这份证词表明，虽然人们一直在关注苯胺和偶氮染料在食品中的使用，但是对它们的了解和调查仍然有限。

舌尖上的彩虹

来自卫生报刊的批评

然而，人们对日常食品化学化的担忧与日俱增，对食品中使用新型染料的最激烈抱怨来自一类新发行的关于社会卫生和防掺假运动的出版物。在这一时期，有几份这样的出版物发行，旨在倡导"纯净食品"和加强食品监管。[40]周刊《公共分析杂志和卫生评论》（*The Public Analytical Journal and Sanitary Review*）是其中之一，它又名《食品、药物和饮料》（*Food，Drugs and Drink*），于 1892 年创刊，1893 年更名为《食品与卫生》（*Food and Sanitation*），声称其宗旨是促进"《食品与药品法》的实施，这不是为了公共分析师的利益，也不是为了任何阶层或行业的利益，而是为了不掺假物品的销售商和消费大众的利益"。[41]该杂志向公共卫生和分析界以及独立杂货商征稿，谴责化学色素是一种新的掺假形式，生产商实际上正在慢慢使其合法化，而分析师却没有进行有效的抵制。[42]虽然匿名作者指出，所使用的大多数色素"完全无害，对消费者的健康没有任何影响"，但他（她）表示担心的是，已知的几种苯胺色素，包括马休黄、藏红、亚甲基蓝、二硝基甲酚和金橙黄，即使是纯净的也有毒，而其他色素在生产过程中受到砷、铜、锡或锌等杂质的污染后也会变得有毒。同时，这位作者声称，大多数制造商并不知道他们使用的是何种化学品，"即使一个人食用的色素量可能极少，但显然任何制造商都无权使用这样的色素"。[43]

这篇文章的作者还表达了困惑和担忧，为什么"几乎所有文明国家都通过立法措施来规范色素的使用，而英国，作为所有掺假法案的发源地却什么也没有做，而且在这一点上，以及在有关食品和饮料销售的许多其他问题上，仍然远远落后于大多数国家，甚至连争吵不休的南美各共和国都不如"。这里提出的观点与著名公共分析师赫纳两年前在公共分析师协会期刊《分析师》上发表的评论惊人地相似，这不仅表明赫纳意识到了分析师之间的争论，而且《食品与卫生》中的一些匿名投稿甚至可能就来自赫纳本人。[44]文章称，这种做法之所以屡禁不止，是因为消费者已经习惯了人工染色食品，但作者指出，这并不是允许"一种最初主要是基于欺诈的恶习"继续存在的理由：

> 让个体消费者使用他喜欢的任何颜色吧！ 让他像我们的祖母那样，用胭脂树红来做他的果冻和冰激凌，或者用藏红花来做他的馅饼皮，但要让我们远离业余染色者，因为他们坚持把我们必须购买的几乎每一种食物都染上色素，但他们自己却对这些色素一无所知，而不幸的消费者对这些色素更是一无所知。[45]

这清楚地表明了，在消费者自由、自主决定与期望、贸易自由、商业行为的高透明度和认知度、国家管控，以及消费者保护之间做出仲裁时，需要在种种利害关系中进行权衡。

这篇文章呼吁立法明确规定染料的使用限制，界定哪些色素可以使用，或者更好的办法是禁止在食品中使用所有人工色素。[46]到19世纪90年代初，一些欧洲国家已经开始禁止许多新型染料，而在1907年，美国政府只允许了七种特定的煤焦油染料用于食品和饮料。尽管维多利亚时代的媒体一直在批评新型染料，但英国直到1925年才通过了煤焦油染料的立法。[47]

"纯净食品"与卫生杂志、分析行业、健康行业以及食品行业之间的关系错综复杂。公共分析师们为多家刊物撰稿,其中一位主要分析师查尔斯·卡萨尔(Charles Cassal)还创办了自己的杂志,为提高食品纯度和加强监管大声疾呼。1899 年,卡萨尔和他的导师、伦敦大学学院卫生和公共卫生教授、卫生学家威廉·亨利·科菲尔德(William Henry Corfield)创办了《英国食品杂志和分析评论》(*The British Food Journal and Analytical Review*)。卡萨尔一直担任该杂志的编辑,直到 1914 年。[48]其他宣传刊物则力图与食品监管机构和食品行业保持距离。《食品与卫生》(前身即《食品、药物和饮料》)经常否认自己是医疗卫生官员或公共分析师的喉舌,"我们不为公共分析师做任何简报,无论是官方的还是半官方的,我们与他们也没有任何关系"。事实上,该杂志经常批评分析师在使用化学染料等问题上的不作为。[49]然而,《食品与卫生》的读者群和内容均依赖于公共卫生行业,并且在编辑工作中经常与公共分析师面临相同的挑战。[50]该杂志还试图扩大其在独立杂货店店主中的读者群,并呼吁改革《掺假法》,以确保食品生产商和批发商都对掺假的后果承担与零售商相似的责任。据该杂志称,"实施大规模欺诈的批发商或制造商"才是惩治行为应该触及的真正对象,但同时也指出:

　　　掺假芥末、可可、黄油或猪油的制造商比零售商有一个很大的优势——他们经常坐在议会中……零售商们不应忘记,《食品与药品法》是由下议院通过的,而下议院中没有一个零售商,它是由批发制造商、酿酒商和其他利益相关者组成的,他们中的许多人都通过欺诈发了财，因此他们有很强的动机维护它。[51]

虽然公众运动者甚至化学家本身都对食品中的合成化学物质迅速增多表示出担忧，但食品制造商却越来越多地聘请化学家担任顾问，以助其将新物质的使用合法化。

利用化学家和色素改造食物

在 19 世纪后期，食品工业本身正处于一场工业变革之中，这场变革改变了许多食品的生产和销售，从面包和牛奶等基本商品，到奶油冻、发酵粉和肉类罐头等全新的食品均是如此。随着成千上万的人涌入城市工作，储存和运输食品的需求增加，保存食物的方法也随之改进。巨大的结构变化导致品牌食品的增加、大型综合零售商的出现、大型食品制造商和进口商的数量增长——其中就包括了许多今天仍然知名的公司，如瑞士的雀巢（Nestlé），英国的克罗斯与布莱克威尔（Crosse & Blackwell）①、森宝利（Sainsbury），美国的亨氏，以及广泛的合作运动。到 19 世纪末，大型食品生产商、零售商和分销商已成为日益工业化和国际化的食品行业中的强大参与者。[52]例如，最近有关糖和发酵粉的历史研究就表明了在这一时期，工业化食品公司在政治和经济上变得多么有影响力。[53]

制糖业是最早聘用化学家担任分析师和工程师的食品行业之一。在整个 19 世纪中，欧洲和美国的制糖化学家通过甜菜、高粱、玉米和甘

---

① 又译皇牌。

蔗等越来越多的材料制糖。随着食糖需求的激增，各国政府，尤其是美国政府，开始对食用糖的进口征税。化学家们也受雇使用偏振镜和颜色测试来检验糖的纯度。[54]

化学家在食品行业的变革中发挥了重要作用，他们设计出新的食品生产和保存技术，并创建了食品监控专家系统。随着企业寻求巩固其在市场上的地位和权力，它们越来越多地求助于化学家和化学来规范流程和产品，防止供应链中的欺诈性掺假或污染，并为其产品的"纯净"和"卫生"背书。化学家以及化学防腐剂和色素，成为大型食品生产和销售公司为确保市场份额，确保其产品被视为可信、可靠、一致、无杂质和物美价廉而使用的武器装备的一部分。[55]

然而，虽然英国的阿尔弗雷德·伯德、美国的埃本·霍斯福德(Eben Horsford)和德国的奥古斯特·厄特克尔(August Oetker)等少数化学家在化学发展(如发酵粉的配方)的基础上为创建食品公司提供帮助，但在19世纪，除制糖业外，大多数参与食品工业的化学家主要是作为顾问受雇于国家，帮助识别食品掺假行为，或是受雇于食品生产商和零售商，帮助它们在被起诉食品掺假时进行辩护。[56]

从19世纪食品制造商的档案中，我们可以明显地看到围绕什么是掺假物(与食品改良剂相对)的复杂且相互矛盾的主张，以及食品行业与化学家之间冲突且多面向的关系。例如，朗特里的档案中包含了19世纪70年代食品制造商和化学家顾问之间的通信，以及批发化学家与化学品制造商[如伦敦的布什合股公司(W. J. Bush & Co.)、博克斯-罗伯茨合股公司(A. Boakes，Roberts and Co.)和埃伦费斯特合股公司(Ehrenfest & Co.)]之间不断增加的交易记录，这些公司都生产食品色素、调味剂和香精。[57]有证据表明，食品制造商和化学家密切合作，共同应对消费者的担忧和需求。

总部位于约克的巧克力制造商朗特里①合股公司（H. I. Rowntree and Co.）与包括哈索尔在内的多位分析师之间的信件，说明了他们之间互惠互利的关系。这些信件展示了食品公司和化学家是如何合作，使化学物质在食品中作为防腐剂和染色剂的使用合法化，并从总体上改善食品生产。例如，在一封来往信件中，巧克力公司表示愿意支付其巧克力产品的一份分析报告的费用，如果报告结果可以用于广告，它甚至建议哈索尔在必要时修改措辞，以便更好地宣传产品！

1888 年 10 月 2 日

朗特里致阿瑟·哈索尔博士的信，伦敦

亲爱的先生：

您说的 15.15.0 英镑（这里指 15 英镑 15 先令 0 便士，下同）的价格是高了点，但对于一份措辞如此得体、有助于发布的巧克力报告来说，我们并不排斥这个价格。当然，我们并不要求以任何方式预期您的咨询结果，我们对公司的代表性产品"精选可可"（Elect Cocoa）的一切都有绝对的信心。尽管如此，一份值得赞许的报告仍然可能因为措辞的原因而对贸易目的没有什么用处。因此，我们想询问一下，如果不违背贵方的调查结果，贵方是否可以根据我们的建议修改措辞，而无需额外费用？

---

① 又译罗恩特里。

1888 年 10 月 4 日

朗特里致阿瑟·哈索尔博士的信

亲爱的先生：

我们收到了您昨天的来信，感谢您对我们的咨询给予了令人满意的答复。随函附上 15.12.0 英镑的支票。由于我们刚启动在北方的广告宣传活动，我们将非常高兴尽早收到您的报告。[58]

在收到哈索尔的报告后，进一步的通信内容显示，分析师和食品制造商在添加某些物质是构成掺假还是应被视为改进产品的成分方面存在着分歧。

1888 年 10 月 16 日

朗特里致哈索尔和克莱顿先生的信

东部中心霍本高架桥 54 号

先生们，10 月 12 日的来信及随附报告已收悉，报告令人满意，感谢您们及早关注此事。

我们感受到了您们在信的结尾段所说的话的力量。但是，据我们所知，纯可可的苦涩味只能通过两种方法来克服，一种是添加糖或淀粉等外来物质，另一种是在生产过程中加入少量纯碱。我们是否可以这样认为：在饮食营养方面，我们的萃取物并没有因为可可中的酸被这一小部分碱中和而受到任何损害，反而是因此受益了呢？[59]

朗特里合股公司试图说服哈索尔，"纯碱"（一种碳酸钾）比添加糖或面粉更适合用来消除纯可可的"苦涩味"。添加钾盐或其他碱类的这种方法被称为"荷兰法"（Dutching，又称碱化法），因为一些欧洲巧克力制造商，特别是荷兰的巧克力制造商使用这种方法来中和天然可可的酸性，并赋予巧克力更深的颜色。[60] 然而，当弗莱（Fry's）、吉百利（Cadbury's）和朗特里等巧克力公司试图以"纯正"和"无掺假"来推销自己的产品时，钾盐的使用便引发了争议。

朗特里档案中的信件表明，该公司对其钾盐和漂白土(一种用于乳化可可的粘土)的使用保密到了何种程度。朗特里在寄给不同化学品制造商和批发商的标有"秘密"字样的信件中，要求巧克力生产过程中这些未公开成分的供货不直接发往工厂，而是寄到约克郡的其他地址，同时所有信件都要标明保密。显然，为了保持产品的纯正和无杂质，同时也为了防止其他巧克力生产商复制其技术和配方，朗特里希望确保不公开其使用这些添加剂的情况。[61]

档案中的信件还表明，公司经常向化学家咨询不同配料和工艺的使用和鉴定问题，以改进食品，并帮助公司免受掺假指控。分析师提供的其他有偿服务还包括对公司产品进行评估，评估结果可用于媒体宣传，如前所述。这些档案还包括了与欧洲各地以及远在新西兰的化学家的"机密"通信，向他们提供资金，以披露竞争对手巧克力制造商使用的秘密工业流程和配方。这类信件是双向的，有证据表明，化学家及其专利律师向朗特里合股公司提供有关新技术或成分的信息，以改进其产品，他们还主动出售有关竞争对手公司的制作方法及配方的信息。[62]

这些证据表明了掺假问题是多么棘手，同时也表明化学家们在多大程度上陷入了一场持续不断的论争，在究竟是操纵食品和使用添加剂的掺假行为还是改良产品的创新行为之间左右为难。在这个时期，食品制造商认识到，改变产品构成是提高利润和市场份额的重要手段。化学家作为食品工业的顾问，同时也作为公共分析师监督国家食品供应，成了整个食品工业化过程中不可或缺的一部分。

与用作防腐剂的化学品一样，新型色素在食品中的使用也受到食品工业内部的审视、争论和潜规则的影响。1892年2月12日，朗特里致信位于伦敦黑衣修士区（Blackfriars）的埃伦费斯特合股公司，该公司自称生产无害食品色素，朗特里在信中询问了埃伦费斯特先生声称能够提供的荷兰式可可制造配方详情，该配方"可产出与最佳品牌相媲美的产品"，同时还能提供"用于加深可可色泽的无害色素"以及"与荷兰制造商所使用的相同的浓郁且宜人的调味剂"。在第二天的信中，朗特里邀请埃伦费斯特先生参观工厂。[63]1893年6月，埃伦费斯特合股公司致函朗特里，推销一种新型可溶性可可色素，这种色素"用量极少——只需一两粒斑点大小的量就足以染出一大杯"，可用于加深可可精的颜色或"模仿荷兰货的深色调"。埃伦费斯特先生指出：

> 现在的英格兰，几乎没有一家不使用这种可溶性色素，因为它的使用成本极低，而且对可可的外观改善效果极佳。我们希望您即使不打算订购这种可溶性色素，也至少试一试它的效果：调制一杯您的可可精，然后在旁边再调制一杯，向其中加入一两滴这种色素，您就会看到两者之间惊人的差别。把它用在可可里，就像果冻、糖果中的着色剂，黄油中的胭脂树红等一样安全无害。[64]

从这种色素的描述和用量来看，埃伦费斯特合股公司推广的新型染料几乎可以肯定是一种煤焦油染色剂。到 19 世纪 90 年代，德国的生产和批发药剂师开始宣传苯胺和偶氮染料无害，整个欧洲的批发和零售药剂师也都采取了这一立场。如前所述，1887 年德国的食品法和其他欧洲国家的类似法律都禁止使用一些指定的煤焦油染料，从而使这种做法得到了认可，给人的印象是法律中没有禁止的染料就可以安全使用。在朗特里合股公司的巧克力和果胶食谱中可以看到化学色素的使用，其中提到的染料包括俾斯麦棕和罗丹明。由于药剂师出售的色素名目繁多，很难确定食谱中列出的其他色素(如奶油黄)有多少是煤焦油合成的，有多少是植物染料，但可以确定的是，煤焦油染料在这一时期被广泛用于食品制作，特别是糖果制作。[65]

当时作为商品的煤焦油染料包括：缬草紫、薰衣草紫和丹森蓝，它们都是霍夫曼紫苯胺的变种；巧克力棕，一种苯胺色素，用于纽扣形巧克力，比例在 1∶33 000 到 1∶17 000 之间；樱草黄和金胺；朱红和玫瑰红，均为苯胺色素；藏红花黄，也是一种苯胺色素，等等。[66]经政府实验室鉴定，可在食品工业中使用的其他煤焦油色素名称包括：用于节制饮料(即我们现在所说的软饮料)中的丽春红和柚子橙；用于水果、果冻和果酱中的藏花橙、柚子橙、金胺、玫瑰粉和品红；用于香肠中的刚果红、洋红和各种磺化偶氮红；用于模仿火腿烟熏色的偶氮红和俾斯麦棕混合物；用于糖晶体着色的酸性黄(在某些情况下与俾斯麦棕混合)。1901 年，向调查食品中色素和防腐剂使用情况的议会委员会提供证据的公共分析师指出，他们在食用果冻中发现了重氮色素(黄色和红色)，在甜食中发现了伊红和金莲橙，在香肠中发现了刚果红，在果酱中发现

　　　　　　　　　　　　　　　　　　　　舌尖上的彩虹

了一种类似苯胺黄的色素，在肉制品中发现了伊红染料和红色苯胺，在牛奶和乳制品中发现了越来越多的金莲橙类煤焦油黄。[67]这些染料中的一部分被冠以令人遐想的名称，如销售给牛奶行业的"银之搅拌"和"樱草黄素"，却没有说明它们的成分。[68]

朗特里合股公司的秘密笔记本显示，该公司花了一番气力来识别竞争对手使用的着色剂。但正如下一章将介绍的那样，这并不是一项简单的任务。市场上商业染料的数量迅速增加，不同染料（有时是同一种）的名称繁多，再加上测试技术上的困难以及缺乏严格的测试标准，使得识别染料几乎成为不可能的事情。朗特里合股公司的许多测试似乎都是由朗特里家族成员自己进行的，而不是公司的化学家顾问。约翰·威廉·朗特里(John Wilhelm Rowntree)的实验书籍中摘录了对格拉斯哥海氏兄弟(Hay Bros)公司口香糖的评估，例如，海氏兄弟公司的黑醋栗软糖被描述为"晦暗的人造紫色"，而克雷文(Craven)公司的口香糖则被描述为"拙劣的人造色"。其他经过测试的口香糖包括特里(Terry)、布坎南(Buchanans)、巴勒特(Barratts)、帕斯卡尔(Pascalls)、塔弗纳(Taverners)、布里斯托尔的塔克特(Tucketts of Bristol)等品牌，以及其他一些在巴黎和纽约采购的口香糖。[69]但是，笔记本中没有提供任何证据表明，朗特里合股公司能够准确识别其他糖果制造商所使用的任何染料。

有时，食品制造商会寻求顾问分析师的帮助，以确定竞争对手产品中使用的色素，甚至还鉴定自己产品中使用的色素。以下是雷丁公共分析师兼医务官阿尔弗雷德·阿什比(Alfred Ashby)写给当地饼干制造商亨特利和帕尔默的信：

雷丁市政厅沃金厄姆城区卫生局，1891 年 5 月 20 日。阿尔弗雷德·阿什比，卫生医务官。

亲爱的帕尔默先生，我只有两块深红色的饼干和三块黄色的饼干，所以无法像我希望的那样对它们进行完整的检验。因此，我很想得到一些与它们所用相同的色素。通常使用的大多数着色剂都是完全无害的，除非它们碰巧含有砷，但现在很少有这种情况了。不过，有两种黄色的煤焦油色素，我相信它们有时被当作藏红花染料出售，而且已被证明具有危害。我想鉴定一下这些黄色色素，看看它们是否被使用过，但我手头的样本数量不足以达到这个目的。（我已经寄出了关于饼干的报告。）[70]

这封信表明，公共分析师以及食品制造商在试图确定许多食品的成分时面临着困难。在此期间，数百种不同类型的染料，无论是煤焦油的还是植物的、动物的或矿物的，都被药剂师和杂货商当作"无害的"食品染料出售。

1897 年，朗特里公司开始聘用化学家，制备人工色素成为他们的首要任务之一。据公司聘用的首批化学家之一斯坦利·艾伦（Stanley Allen）称，本杰明·西博姆·朗特里（Benjamin Seebohm Rowntree）曾在曼彻斯特欧文斯学院完成了短期化学课程，并于 1896 年在工厂建立了一个基础实验室。次年，即 1897 年，朗特里聘请巴特西理工学院（Battersea Polytechnic）化学系主任塞缪尔·戴维斯（Samuel Davies）在公司设立化学机构。[71] 几年后的 1900 年，一个更大的综合实验室投入使用。据艾伦称：

供工厂使用的色素制备工作已在旧实验室开始，并不断添加新的色素。在此之前，所有的色素都是以糊状或液体形式购买的。我们花了很长时间才找到便捷、无毒、纯净的色素。最先使用的是金胺和罗丹明，最难的是找到昂贵的藏红花和胭脂树红的合适替代品，但这些最终也找到了。另一个难题是找到一种不会使嘴巴染色的紫色染料。当时雇佣了一个男孩来完成大部分的混合工作，最后由兰德尔斯(Randles)负责。当实验室开始生产调味品时，我们楼上的平顶被围起来又加盖了屋顶，于是它就成了第一个扩建部分，色素和调味品的工作也转移到了那里。[72]

上述食品制造商使用和试验染料的例子表明，化学家，包括公共分析师，都非常了解用于食品制造的新型煤焦油染料的经济和美学价值。不过，这些例子也表明，人们对这些染料的使用，对其难以捉摸的性质以及缺乏确定性仍然存在担忧，并且缺乏共识。

化学染料在食品中的使用，是新型科学工艺或技术产品以意想不到的方式融入社会的首批例子之一。苯胺和偶氮染料也是成千上万种化学合成品中最早融入商业和日常用品的。食品和染料生产商对在食品中使用合成染料的问题一直保持沉默，直到人们对合成染料的担忧开始公开化，这一点很能说明问题。此时，这两类生产商都求助于化学家，以帮助他们平息日益增长的担忧，并使新染料在食品和饮料中的使用合法化。

化学家们认识到有必要向公众保证新型化学染料的安全性，同时也将这场辩论视为一个机会，让化学家和化学界成为食品工业的重要贡献者和仲裁者。为了实现这一目标，化学家们必须设计并商定测试方法，以便更好地理解和评估染料。但正如下一章所述，这并非易事。

注释

［1］Engel，*Farben der Globalisierung*；Engel，"Colouring Markets"；Blaszczyk and Spiekermann，*Bright Modernity*.

［2］Detector，"Letter to the Editor".

［3］"Advertisement"，*The Leeds Mercury*，September 27，1865.

［4］尤塔·基塞纳(Jutta Kissener)，"公司历史"，巴斯夫公司2012年5月8日和2015年7月11日写给卡罗琳·科博尔德（即本书作者）的电子邮件内容。

［5］Bernhard C. Hesse，"Letter to Frederick Dunlap"（Washington D.C.，August 7，1907)，General Correspondence，Bureau of Chemistry，Record Group 97，US National Archives，cited in Hochheiser，"Synthetic Food Colors in the United States".

［6］Bernhard C. Hesse，"A Letter to Frederick Dunlap"（Washington D.C.，August 8，1907)，General Correspondence，Bureau of Chemistry，Record Group 97，US National Archives，cited in Hochheiser，"Synthetic Food Colors in the United States".

［7］Hochheiser，"Synthetic Food Colors in the United States".

［8］有关该时期食谱的更多信息，请参阅 Humble，*Culinary Pleasures*。

［9］"Some Very Ancient Things"，242.有关合成香料的更多信息，请参阅美国历史学家纳迪娅·贝伦斯坦(Nadia Berenstein)的著作 Berenstein，*Flavor added*（blog)，www.nadiaberenstein.com/blog；Berenstein，*The Inexorable Rise of Synthetic Flavor*。

［10］"Aniline Colours"，3.

［11］Ibid.

［12］"Poisoned Candies"，*The Health Reformer*，6—7，1871，131.在这段时期，我所能找到的唯一的另一种被称为氢博林的物质，是一种由两位纽约化学家在19世纪60年代中期制造的染发剂，以"肯德尔氢博林"

(Kendall's Amboline)为品牌进行销售。这一时期，苯胺和偶氮染料作为染发剂的使用越来越普遍。Fyke, *The Bottle Book*.

[13] Hassall, *Food*, 258.

[14] "Poisonous Ice Cream", 311.

[15] 关于人造黄油的着色问题，详见第六章和第八章。

[16] "Meat-Tints for the Million", 101.

[17] *The Country Gentleman : Sporting Gazette and Agricultural Journal*, 1076(1882):1322; "Talk about Depression in Trade".

[18] "Chit-Chat", 5.

[19] "Blood Oranges", 309.

[20] "How We Are Poisoned in 1890", 92.

[21] "Advertisement for Eno's".

[22] Albala, keynote address; Humble, *Culinary Pleasures*.

[23] Broks, *Media Science before the Great War*; Young, *Darwin's Metaphor*; Cantor et al., *Science in the Nineteenth-Century Periodical*, 24.

[24] Silver, "Virchow, the Heroic Model in Medicine".

[25] Cazeneuve, *Les Colorants de La Houille*; Paul, *From Knowledge to Power*, chap. 5.

[26] Hesse, *Coal-Tar Colors Used in Food Products*, 35, 76, 88.

[27] "BR Brückner Advertisement. Collection of Advertisements." (Berlin) Imperial Health Office R86/2255, Deutsche Archive.[对应的原文为："Daß ich, um das Ergrauen der aus rohem Fleische hergestellten Wurstwaaren zu verhindern, jedes zu dieser Wurst gehörige kilogramm Salz mit 20 gramm der von BR Brückner in Steglitz hergestellten conc. Wursttinctur oder Pulver(Carminsurrogat) untermenge. Diese surrogate entspricht ¶1 der reichsgesetzlichen Bestimmungen vom 5 Juli 1887 und ist der Gesundheit nicht nachtheilig."]

[28] Hochheiser, "Synthetic Food Colors in the United States"; H. Kohnstamm, "The Development of Certified Pure Food Colors"; "H. Kohnstamm & Co."; Powers, "The Early Industrial Achievements of

the Schoelkopf Family".

[29] Hochheiser, "Synthetic Food Colors in the United States", 23—24; Hesse, *Coal-Tar Colors Used in Food Products*, 55, 178.

[30] "60 Years of Dyestuff Manufacture by Williams (Hounslow) Ltd., Hounslow Middlesex" (London, 1936), Williams Bros Archives, Hounslow Library; Rideal, "An Investigation of Certain Substances Used in Colouring Foods".

[31] "60 Years of Dyestuff Manufacture by Williams (Hounslow) Ltd., Hounslow Middlesex".

[32] Ibid.

[33] 联合奶油有限公司总经理罗伯特·麦克拉肯在 1899 年 12 月 20 日的证词。*Report of the Departmental Committee Appointed to Inquire into the Use of Preservatives and Colouring Matters in the Preservation and Colouring of Food: Together with Minutes of Evidence, Appendices and Index* (London: H.M.S.O., 1901), 99—103。

[34] Ibid.

[35] 有关基勒的更多信息，请参阅 Atkins, "Vinegar and Sugar"。

[36] 伦纳德·基吉尔·博斯利 1899 年 11 月 17 日的法庭证词，他是基勒父子有限公司的分析师。*Report of the Departmental Committee Appointed to Inquire into the Use of Preservatives and Colouring Matters in the Preservation and Colouring of Food* (London: H.M.S.O., 1901), 30—37; Weber, *American Chemical Journal*, 18(1896):1092—1096。

[37] 伦纳德·基吉尔·博斯利的法庭证词，30—37。

[38] Drummond and Wilbraham, *The Englishman's Food*; Atkins, "Vinegar and Sugar".

[39] 伦纳德·基吉尔·博斯利的法庭证词，30—37。

[40] French and Phillips, *Cheated Not Poisoned?*; Phillips and French, "Adulteration and Food Law"; Atkins, Lummel, and Oddy, *Food and the City*.

[41] *Food and Sanitation, Formerly Food, Drugs and Drink*, December 16,

1893，387.

[42] "Forms of Adulteration"，5.

[43] Ibid.

[44] Hehner，*Analyst*，15(1890):221—226.

[45] "Forms of Adulteration"，5.

[46] Ibid.

[47] 有关德国监管的更多信息，请参阅 Hierholzer，"Searching for the Best Standard"。有关法国监管的更多信息，请参阅 Stanziani，"Information，Quality，and Legal Rules"；Stanziani，"La Mesure de la Qualité du Vin en France，1871—1914"；Dessaux，"Chemical Expertise and Food Market Regulation in Belle-Epoque France"。有关欧洲和美国的比较，请参阅 Spiekermann，"Redefining Food"。关于英国，参见 French and Phillips，*Cheated Not Poisoned?*；Atkins，*Liquid Materialities*；Miller，"Food Colours"。

[48] Collins and Oddy，"The Centenary of the British Food Journal"；Oddy，"Food Quality in London and the Rise of the Public Analyst，1870—1939"，95—96.

[49] "Editorial"，*Food*，*Drugs and Drink*，1，24(1893):3.

[50] "Editorial"，*Food*，*Drugs and Drink*，2，27(1893):1.

[51] Ibid.

[52] Atkins，Lummel，and Oddy，*Food and the City*；Barker，Crawford Mackenzie，and Yudkin，*Our Changing Fare*；Boswell，*JS 100*；Corley，*Huntley and Palmers*；Heer，*Nestle*；Petrick，"Purity as Life"；Zeide，*Canned*.

[53] Civitello，*Baking Powder Wars*；Warner，*Sweet Stuff*.

[54] Warner，*Sweet Stuff*.

[55] 有关维多利亚时代英国食品生产和分配结构变化的更多信息，请参阅 Fraser，*The Coming of the Mass Market*，*1850—1914*；Winstanley，*The Shopkeeper's World 1830—1914*；Jefferys，*Retail Trading in Britain*，*1850—1950*；Collins，"Food Adulteration and Food Safety in

Britain in the 19th and Early 20th Centuries"; Shaw, "Changes in Consumer Demand and Food Supply"。

［56］Atkins, Lummel, and Oddy, *Food and the City*; Grüne, *Anfänge staatlicher Lebensmittelüberwachung in Deutschland*; Hierholzer, *Nahrung nach Norm*; Horrocks, "Consuming Science".

［57］朗特里档案馆。

［58］H. I. Rowntree, "Letter to A. H. Hassall"（York, October 2, 1888）, H. I. Rowntree & Co. The Cocoa Works 1887—1904, HIR/1/15, Rowntree Archives, Borthwick Institute. 1888 年 10 月 27 日，一封几乎相同的信寄给了贝尔法斯特的霍奇斯(J. F. W. Hodges)。

［59］H. I. Rowntree, "Letter to Messrs Hassall & Clayton"（York, October 16, 1888）, H. I. Rowntree & Co. The Cocoa Works 1887—1904. HIR/1/15, Rowntree Archives, Borthwick Institute.

［60］Grivetti and Shapiro, *Chocolate*, 190.

［61］朗特里档案馆。

［62］Ibid.

［63］H. I. Rowntree, "Letters to Ehrenfest & Co. Blackfriars"（York, February 1892）, H. I. Rowntree & Co. The Cocoa Works 1887—1904 HIR/1/15, Rowntree Archives, Borthwick Institute.

［64］Ehrenfest & Co., "Memorandum to H. I. Rowntree"（York, June 21, 1893）, H. I. Rowntree & Co. The Cocoa Works 1887—1904, HIR/1/15, Rowntree Archives, Borthwick Institute.

［65］"Rowntree Recipe Books"（York, various dates）, H. I. Rowntree & Co. The Cocoa Works 1887—1904, HIR/7B/2, Rowntree Archives, Borthwick Institute.

［66］British Government, *Report of the Departmental Committee Appointed to Inquire into the Use of Preservatives and Colouring Matters in the Preservation and Colouring of Food*, 61.

［67］Ibid., 60—61.

［68］Atkins, *Liquid Materialities*, 181.

[69] J. W. Rowntree, "Private Experimental Notebooks" (York, various dates), H. I. Rowntree & Co. The Cocoa Works 1887—1904, HIR/7b/10, Rowntree Archives, Borthwick Institute.

[70] Alfred Ashby, "Letter to Walter Palmer Regarding Analysis of Colouring Matter in Biscuits" (Reading, 1891), HP/143, Huntley and Palmer Archive, Museum of English Rural Life.

[71] S. Allen, "Notes on the History of the Chemical Department" (York, 1947), R/DT/CC/6, Rowntree Archives, Borthwick Institute.

[72] Ibid.

第四章　设计测试以发现染料并评估其毒性的努力

为了能够以公权力缓解人们对使用化学添加剂及其长期生理影响的担忧，并为食品法的出台、修订或实施提供依据，分析人员需要一个可靠的机制来检测食品供应中的这些物质。然而，合成染料是一种完全陌生的新商品，既没有传统可循，也不被广泛认可，现有的分析仪器和方法必须加以调整和改革。尽管这些新型化学物质颜色鲜艳，并且越来越无处不在，但几十年来，它们却很难被检测出来。具有讽刺意味的是，虽然化学家们创造出了这些物质，但却无法对其在食品中的使用进行检测和评估。

这些新物质无孔不入地迅速渗透到人们的日常生活中，19 世纪的化学家们也曾尝试理解并裁决这些出自"科学之手"的新物质的使用，这便是今天科学家们面临的风险和监管困境的前身。[1]对新型化学物质的理解影响了设计测试方法的新思路，以及各种新旧实践和制度的组合。为了更全面地认识这些新物质并实现对其的规范化操作，来自不同社会和机构背景的化学家们希望通力合作，建立起合乎要求的规则和平台。然而，欧洲和美国的化学家们因其社会、政治、经济、制度、地位及所处环境的不同，对食品和饮料中的新型染料问题存在不同的看法。当职业食品化学家想要在公众、政治家与食品工业三者之间充当调解人时，难题也接踵而至，于是他们不得不研究用什么样的方法去评估和检测染料，以及如何将方法落地。

19 世纪末，德国化学家特奥多尔·魏尔（Theodor Weyl）认为，有两种可能的方法来控制食品中新染料的使用。第一种是禁止在食品和饮料中使用所有合成化学染料，但他认为这种做法不切实际，而且很可能遭到食品生产商和立法者的强烈抵制。另一种方法是指定一份已知无害的色素清单允许大家使用，只有经过适当的测试后才能将新的色素添加到清单中，并且所有允许使用的色素无论用量多少都必须能够检测。[2]后一项建议与美国最终采取的策略类似。卫生化学家和公共分析师共同期待通过检测和标准来建立秩序，确保科学和科学家能够在商业世界中维护权威和诚信，因为商业界有可能利用大量的新型染料来获取经济利益，从而危及消费者和公众对这些科学创造物的信心。

参与食品监测和生产的化学分析师们，从一开始就对在食品中添加合成染料这一举动争论不休。他们中的许多人认为，新型合成染料提供了一种用无害物质给食品着色和防腐的科学方法，公众借此能以更低廉的价格买到更多种类的食品。然而其他化学家则声称，新染料的安全性尚未得到证实，它们与之前的其他人造色素一样，被用来掩盖食品的质量与成分，从而欺骗消费者。除了围绕食品供应民主化和透明度的问题，化学家们在毒性问题上也各执一词，特别是对于食品中使用量极少的单一染料的情况。

19 世纪，德国、法国、美国和英国的科学杂志刊登了大量关于新型染料的讨论和实验信息，相互间也进行摘录。分析师和化学家们也纷纷奔赴海外了解更多信息。欧洲和美洲各地都有成功检测出合成染料的报道。来自阿根廷、美国、德国、意大利、西班牙和法国的化学家们纷纷投身于设计检测食品中煤焦油色素的实验。[3]这些期刊文章表明，到19世纪末，合成染料在整个欧洲和美国的食品生产中得到了广泛应用，同时也说明分析人员在跟踪合成染料使用情况时遇到了诸多困难。不过，人们对于需要进行多少染料检测显然并没有达成共识。即使是那些同意进行必要测试的人，也没有就哪种测试最好取得一致。实验者采用了一系列分析技术来鉴别这些新物质，从蒸馏、加热、过滤、酸性试剂处理、滴定到光谱和显微镜，他们广泛依赖于嗅觉、味觉和视觉，将传统分析化学的方法和技术与现有行业和工艺(特别是纺织和染色工艺)的方法和技术相结合，并融入了新的化学和工业技术，以及结构化学和合成化学的新兴概念。[4]就染料的测试方法达成共识，对于监督染料在公共领域的使用情况以及确保化学家及化学的地位至关重要。德国化学家，尤其是那些从事卫生学和生理学研究的化学家，在测试新染料、评估其是否适合食用以及最终使其合法化的过程中发挥了核心作用。生理学实验(如毒理学测试)以及组织学这门新兴学科，提供了具有不同学科历史的替代测试方法，这些方法自19世纪初就与化学紧密相连。

化学家们不得不检测和评估那些不断变化和扩散的物质，而这些物质的存在却很少被披露出来。我们可以检测已知的物质，却无法检测未知的新物质。正如20世纪工业污染的历史和当今有关环境污染的争论所表明的那样，这种情况在今天依然存在。[5]除了不知道食品中究竟添加了哪些新化学物质，化学家们也不知道这些未知化学物质与食品、人体或外部环境中存在的其他天然或合成化学物质之间是如何相互作用的。不同化学物质或化学过程之间的相互作用，即所谓的协同作用，在现在已众所周知的实验室之外极难评估。[6]

无论是染料本身的命名和分类，还是作为新物质被测量和指示的颜色的命名和分类，都远非清晰直观。正如实验描述所证明的那样，对色彩色调的微妙不同进行评估是"了解"新物质的关键。然而，由于没有公认的颜色测量体系，使用颜色对染料进行分类，或是通过滴定等分析技术对染料进行鉴别，都存在极大的问题。正如分类学的历史所告诉我们的那样，命名和分类是一个复杂的过程，需要人们达成共识，并从区分和分类的基础出发。[7]命名系统需要一套有凝聚力的、达成共识的惯例来创建和应用事物的名称，而分类学系统则需要一套完整的规则来定义如何构建分类。就命名法和分类法达成共识，涉及化学家如何看待这些新物质的转变。[8]埃文·赫普勒-史密斯（Evan Hepler-Smith）指出，19世纪晚期合成的数千种新有机物的命名问题在国际化学界存在很大争议。[9]这些染料的创造者、制造商、批发商、零售商、使用者和消费者都赋予它们不同的名称，导致许多同义词被用于同一种化学物质。甚至连化学家们自己也无法就新发现物质的化学名称达成一致，这促使他们努力建立一个统一的命名体系。法国化学家提倡基于化学品性质的系统，而德国化学家则在阿道夫·冯·贝耶尔的领导下，说服参加1892年日内瓦命名大会（Geneva Nomenclature Congress）的代表们采用基于化学品结构式和结构图的系统。[10]

就像很难在命名上取得一致一样，化学家们在评估染料所需的测试类型上也鲜有共识。最早的测试是基于经典分析化学中的消去技术，使用滴定等证明方法。分析化学家在使用已知添加剂的消除测试时遇到的困难是，19世纪80年代欧美市场上已有数百种染料，其中一些已知，还有许多未知，食品和饮料制造商经常在一种产品中添加几种着色添加剂，以增加检测单一种类染料的难度。检测一种已知物质或消除一种特定物质，比鉴别食品或饮料样品中可能存在的所有物质要容易得多。如果要检测是否含有几种未指定的染料，则需要进行一整套单独的检测。事实证明，这一新的测试体系是一种复杂的认识论策略，包括将旧的检测方法重新整合到新的环境中，并由来自不同专业领域和化学实践领域（包括手工业、技术和医药）的化学家们汇集成一整套检测组合。

此外，生理化学家利用动物和（或）体外实验设计的毒性测试方法也同样存在问题。在这些测试中，动物或试管的作用是替代人类消化系统。这类模型存在许多问题，包括变量多、不可转移、个体差异和耐受性等。其他问题还包括难以评估长期摄入的影响，难以在数百种染料中决定检测哪种染料，以及以何种形式检测。

化学品和颜色分类：玫瑰苯胺的其他名称

19世纪合成染料的数量之多、性质之复杂、名称和分类之混乱，在阅读这一时期分析师的报告时便可一目了然。英国公共分析师约翰·穆特（John Muter）在1885年访问巴黎后，描述了法国化学家所使用的检测方法，检测的对象有玫瑰苯胺、藏红、苯胺紫、间苯胺紫、苯胺黄、硝基苯甲酰胺、绕色灵、基础红、波尔多红和波尔多蓝、丽春红和丽春蓝、比布里希猩红、金莲橙、碱性橙Ⅱ、甲基橙、伊红B、伊红JJ、番红、乙基伊红和玫红酰胺等。[11]这还只是用于食品和饮料着色的新合成物质的一小部分，它清楚地表明了分析师所面临的困境。据伯恩哈德·赫西估计，到 20 世纪初，由九种粗煤焦油废品中间体制成的商用煤焦油染料有 921 种，而弗里茨·雷德利希（Fritz Redlich）认为总数在 1 200—2 000 种之间。约翰·彼得·穆尔曼（Johann Peter Murmann）认为，造成数字差异的原因可能是这些染料以不同的商品名称销售，数百种染料不断进入和退出市场。穆尔曼引用了赫西的观察结果，即到 1897 年，已有的染料以 8 000 种不同的商品名称出售。[12]

有些染料的名称来自其化学结构，有些描述其颜色，如"黄油黄"，还有一些则涉及其发明者或产地，如"马蒂乌斯棕"和"曼彻斯特棕"。有两种——洋红和碱性品红——甚至是为了庆祝拿破仑三世的胜利。①有些名称，如"里昂蓝"和"法国红"，在时尚界颇受欢迎，因为在挥金如土的消费者眼中，法国和巴黎就是时尚最前沿的代名词。同样，英国染料生产商也推出过诸如"女王紫""不列颠紫""帝王紫"等颜色。[13]许多早期的苯胺染料都是用古典术语来命名的，如颜色（黄素、黄色），花卉[番红（藏红花）、品红（倒挂金钟花）、苯胺紫（锦葵）、罗丹明（玫瑰花）]，矿物（金胺）或动物染料（红紫素）。后来的名称，如甲基紫罗兰或石油黄，往往表示其化学成分、用途或特性。随着染料数量的不断增加，表示颜色的字母也被添加进来，如 R 表示"*rot*"（红色），

① 两者是一对非常接近的姐妹色，通常都称为品红。品红染料是一种由法国化学家在 1859 年从煤焦油中提取的合成苯胺染料，因为与倒挂金钟花（fuchsia）的颜色非常相似，起初被命名为 fuchsine。1859 年第二次意大利独立战争期间，拿破仑三世指挥的法国军队与撒丁军队结盟，在意大利北部马真塔（Magenta）和索尔费里诺（Solferino）先后两次击败奥地利军队。为了庆祝这两场胜利，fuchsine 被改称为 magenta，另一种品红染料则被命名为 solferino。亲眼目击索尔费里诺战役的亨利·迪南（Henry Dunant）后来发起成立了国际红十字会。

G 表示 "*gelb*"（黄色）或 "*grün*"（绿色）等。有些染料是成组命名的，有时与制造或品牌名称有关。[14]化学染料存在如此繁多的名称，又拥有不同的起源和关联，这在许多方面与植物学在采用林奈分类法之前的情形类似。[15]

此外，化学成分相同的染料在不同国家或由不同批发商销售时也会有不同的名称。生产商通常会对新染料的化学配方保密，因此会出现不确定和混淆的情况，而生产商和零售商出于商业考量经常重复使用已有名称，又导致同一名称被用于几种不同类型的染料。例如，铬黄、特纳黄、氧化铅黄和一些偶氮染料等都曾被称为"新黄"，而"帝王黄"则用于黄赭石、镉黄、铬黄以及硝基染料金橙黄。[16]

根据魏尔的说法，"煤焦油颜色的商品名称大多是遐想的产物，因为科学名称烦琐难记"。金橙黄的科学名六硝基二苯胺即为一例。魏尔抱怨不同的供应商给颜色起不同的名字，他指出，藏花橙、酸性橙和亮橙都是同一种颜色，而俾斯麦棕、曼彻斯特棕、亚苯基棕和卡内拉也都是相同的染料。魏尔确信这种做法会导致市场混乱，而商人们正是利用了这一点：

> 不同的颜色经常被冠以相同的名称，特别是为了用便宜货代替昂贵品。这样……价格低廉的马休黄就被称为萘酚黄 S，后一个名称属于更昂贵的制剂。最后，一些熟悉的颜色还会被混合成特殊色调，并以具有欺骗性的新名称出售。例如，红衣主教红就是碱性橙Ⅱ(柯衣定)和品红的混合物。[17]

舌尖上的彩虹

这是一种可能损害健康、质量和商业本身的欺骗行为，例如魏尔的实验就表明，马休黄是有毒的，而萘酚黄 S 则可以小剂量安全食用。与魏尔等许多德国科学家一样，德国细菌学家费迪南德·许佩尔（Ferdinand Hueppe）在大量用新染料对组织样本进行染色后，也强调了这种情况，指出同一种制剂使用了不同的商品名。更糟糕的是，据许佩尔称，生产商对染料保密，并发表虚假声明，蓄意误导竞争对手。许佩尔曾在柏林学习医学，后来在柏林与细菌学家罗伯特·科赫（Robert Koch）共事（1880—1884 年，魏尔也曾在柏林工作过），之后又在威斯巴登的卡尔·雷米吉乌斯·弗雷泽纽斯研究所（Carl Remigius Fresenius Institute）工作。许佩尔参与了德国的卫生防疫运动，撰写了关于素食主义和体育锻炼重要性的文章，并成为德国足球协会的首任主席（1900—1904 年）。他还是激素学说的早期倡导者，该学说认为，在某些情况下，少量有毒物质会刺激细菌生长，而高剂量的相同物质则会抑制该种细菌生长。[18]

新型染料的分类

为了在食品染料检测以及染料毒性检测方面达成科学共识，化学家们试图建立一个对染料和颜色进行统一分类的系统。1888 年，两位德国化学家古斯塔夫·舒尔茨（Gustav Schultz）和保罗·尤利乌斯（Paul Julius）出版了《有机染料系统调查》（*Tabellarische Übersicht der künstlichen organischen Farbstoffe*）。这部著作后来被英国化学家阿瑟·格林翻译成英文并改编。[19]译本《格林表》（*Green's Table*）中的命名法、分类法和公式都有所改变。虽然化学家们越来越频繁地根据化学式对物质进行分类，但不同的化学家群体对结构化学的理解和所持理论也各不相同，从而产生了不同的化学式以及描述和编目方式。[20]

上述三位作者都曾在染料行业工作。舒尔茨曾是位于柏林的爱克发公司的研发主管。尤利乌斯是位于路德维希港的巴斯夫公司的高级化学家。格林曾担任位于曼彻斯特的克莱顿苯胺有限公司（Clayton Aniline Co. Ltd.）的首席化学家、利兹大学（University of Leeds）染色化学专业教授以及伦敦城市行业协会（the City and Guilds of London Institute）煤焦油产品审查员。作为在染料制造公司工作的化学家，他们都非常清楚染料分类和测定（分子层面）的困难。两位德国化学家都曾申请了多种染料专利。而在专利染料的成分、分类和生产方面，业界充满了分歧。此外，舒尔茨还参与了拜耳公司和爱克发公司在 1889 年进行的臭名昭著的刚果红专利审判。[21]

任何分类汇编的作者都要面对新染料不断出现和旧染料不断被淘汰的情况。[22]在 1894 年第一版《格林表》的 454 种着色剂中，有 59 种到 1904 年第二版时已经过时，1908 年又增加了 300 种新的着色剂，此时表中已包含 695 种人工着色剂。格林指出，"越来越多的染料，大多是最近才引进的，人们对它们的制备和构成知之甚少，而生产商自然不愿意提供有关它们的详细信息"，这进一步加剧了人工色素的泛滥。[23]他将合成染料分为 20 个不同的类别，其中包括：（1）硝基色素；（2）单偶氮；（3）重氮；（4）叠氮基……（9）二苯基甲烷；（10）三苯甲烷……（19）喹诺酮；（20）硫化物。[24]着色材料表中列出了每种染料的商业名和科学名、化学式、制备方法、发现年份和发现者、制造商、专利详情和应用。每种染料都有一个特定的编号，这后来被称为格林编号。书中对用于描述不同染料的化学式的评论表明，即使到了 1908 年，化学家们仍未就使用染料的标准化学式达成任何共识。

尽管 19 世纪出版了许多德国和英国的染料汇编，但使用最广泛的出版物仍然是舒尔茨和格林的指南。研究染料史的历史学家布赖恩·伯德特（Brian Burdett）认为，这两本出版物的全面性、所使用的表格形式和分类号都有助于它们的应用推广。[25]舒尔茨指南受到染工和染色师的欢迎，而化学分析师，尤其是英国和北美的分析师，则倾向于使用格林指南，因为它包含了更多关于化学反应的细节，可以对单种染料进行鉴定。然而，随着越来越多的新染料进入市场，关于如何分类以及是否应主要基于化学结构、颜色、用途、制造商、生产工艺、发明日期、色牢度或任何其他标准的争论，一直持续到 20 世纪。1922 年，英国染色工和色彩师协会（the British Society of Dyers and Colourists）根据每种染料的化学成分发布了新的颜色索引。该分类在 20 世纪 50 年代与美国染料协会使用的分类合并后，最终成为标准的分类参考。这两个组织的分类都以舒尔茨表格为基础。[26]

颜色测量的困难

一个摆在人们面前的极为棘手的问题是，大家要就如何测量色彩的渐变和区别不同色调达成一致。自 17 世纪以来，包括牛顿和歌德在内的自然哲学家和艺术家们，已经创造并使用了带有色阶和色度的色轮。然而，要建立起一个对颜色进行命名和分类的普遍认可的体系并非易事。即使在今天，不同的应用领域仍然会使用不同的颜色测量系统。[27]

1905 年，根据德国艺术家菲利普·奥托·伦格（Philipp Otto

Runge)于 1809 年创建的色球，以及法国工业化学家兼画家、同时也是戈贝兰挂毯厂染色主管的米歇尔-欧仁·谢弗勒尔在 1839 年创建的色彩半球，美国艺术家艾伯特·芒塞尔(Albert H. Munsell)编制并出版了一套广为采用的色彩分类系统。芒塞尔的色球是对早期色轮的扩展，后者仅测量色相和明度，而芒塞尔的色彩体系增加了色彩饱和度(或彩度)作为第三个维度。芒塞尔的测量基于数百人对不同色调、明度和饱和度的视觉反应。作为一名艺术教授，他设计这套分类系统的目的是将其用作教学辅助工具，但这套系统最终被用于许多不同行业的颜色测量，包括法医病理学中头发和皮肤的颜色、土壤颜色、牙齿修复，以及啤酒颜色和品质的评估。[28]

此外，包括美国印刷商路易斯·普朗(Louis Prang)和游戏机制造商米尔顿·布拉德利(Milton Bradley)在内的印刷商和染色商，都为自己和客户制作了专属的色彩图表和分类系统。[29]其他工业家也开始根据与标准样品的颜色比较，为自己的产品开发单独的测量系统。19 世纪80 年代，英国酿酒师约瑟夫·拉维邦德(Joseph Lovibond)设计了一种"色度计"，通过与一套分级的彩色玻璃滤光片进行对比来评估啤酒的颜色。[30]该系统被广泛采用，特别是在生产啤酒和油这类液体的饮食业。然而，这套系统也并非无可挑剔，其不足尤其表现在可复制和标准化方面。20 世纪 20 年代，包括美国石油化学家协会(the American Oil Chemists Society)在内的一些美国行业用户要求美国国家标准局(the US National Bureau of Standards)对色度计中使用的玻璃进行标准化规范。[31]

在 19 世纪，色彩科学成为一个新的研究领域，汇集了艺术家、色彩学家、物理学家、化学家、生理学家，以及心理学和人类学等新兴科学的从业者。[32]在20世纪的大部分时间里，色彩测量都是一个棘手的问题。今天，市场上仍有许多相互竞争的测量系统，包括芒塞尔色彩系统和拉维邦德分光光度色度计。美国国家标准局在1901年成立后不久，就开始着手解决颜色测量标准化的问题，并经常在争议中充当仲裁者，例如在1912年，黄油、人造黄油和棉籽油等行业请求美国国家标准局帮助对其产品进行颜色分级。[33]科学史学者肖恩·约翰斯顿（Sean Johnston）认为，事实证明，就颜色的测量达成一致意见要比测量光复杂得多。[34]事实上，正如19世纪的艺术家和科学家们所表明的那样，人对颜色的感知会受许多变量的影响，包括附近有哪些其他颜色、照射颜色的光线类型以及着色材料的类型。在20世纪的前几十年中，由物理学家、心理学家、工业家和艺术家组成的委员会就测量颜色的最佳方案展开了争论，每个用户群最终都挑选了自己偏好的分类系统。[35]科学社会学家注意到，在涉及更多人利益、更广泛的文化和众多学科的相关领域往往更难达成共识。雷蒙德·科克伦（Raymond Cochrane）在其关于标准局历史的研究中指出："毫无疑问，在该局的研究领域中，最初涉及行业最多、利益最广的是颜色标准化。"[36]因此，颜色的校准和测量成为分析化学家的难题也就并不令人意外了。

关于测量的本体论、认识论以及社会和技术环境，还有测量的概念，持续吸引着哲学家、历史学家和社会学家的关注。[37]经验和实验的限制都会影响测量标准和检测技术的选择，而所采用的测量形式则取决于人们的共识。[38]张夏硕（Hasok Chang）认为，构建量的概念并对其进行测量是相互依赖并需反复进行的，涉及对常规的不断调整。

化学分析

化学家通过分析技术，确定食品和饮料中是否含有合成化学染料及其种类，而分析技术的关键在于区分和评估颜色的能力。分析化学在18世纪已成为化学的一个重要组成部分，在19世纪上半叶，各种定量和定性技术不断发展。18世纪湿化学①或古典化学中的新分析技术和设备的发展，导致了19世纪化学实验室的变革。有抱负的化学家可以购买一个分析实验室，在家里、户外或商店里都可以搭建，这一变化促成了实用化学和教育的扩展，也成为化学专业的开端。化学分析师早在18世纪就开始对矿泉水和金属进行检测，现在越来越多的人要求他们检测一切存在的物质，从饮用水、食物、空气、河流到尸体。尽管化学家们通过分析化学的应用在社会中获得了认可和声誉，但他们的技术、实验和诊断即使在同行中也仍然存在很大争议。[39]

化学分析师识别合成染料的早期测试方法源自经典的分析和滴定方法，通过化学反应和颜色变化来确定溶液中的不同物质，这些技术在19世纪中叶便已非常成熟。滴定法或容量分析法发展于18世纪，是一种快速有效的化学品质量检测方法，用于纺织和其他行业所需的硫酸、盐酸和苏打等化学品的检测。如果要确定某种物质的存在、数量或纯度，就需加入与之发生反应的另一种物质，即试剂。反应需要产生某种标记或识别形式，如形成气泡或颜色变化。从16世纪开始，染料就被用作此类测试的指示剂，因为它们会根据被测物质的酸度或其他性质而改变颜

---

① 湿化学一般是指液态下进行的化学，在理论化学及计算化学问世之前，大部分化学领域的发现都是以湿化学为主，因此湿化学也被称为古典化学。

舌尖上的彩虹

色。[40]滴定法常用于分析工业化学品，但在检测食品和饮料中的染料时，该技术的应用却很有限。在怀疑食品掺假的情况下，所采用的检测类型往往取决于分析师自身的专业背景和知识基础，以及他们对染料的理解。

最早检测食品和饮料中是否存在合成染料的实验多发生在法国。这是一个有着悠久分析化学传统的国家，在那里，鲜亮的新合成色素，特别是品红，被证明是丰富葡萄酒颜色的廉价方法。[41]1876年，法国化学家阿尔芒·戈蒂埃（Armand Gautier）指出，在葡萄酒中使用人工色素的做法正变得"一发而不可收拾"。虽然使用的添加剂有甜菜根和接骨木果等植物染料，但添加苯胺染料的现象（尤其是品红和它的副产品石榴红）也越来越常见。[42]戈蒂埃密切关注着结构化学和合成化学（包括新型化学染料）的最新发展，他曾是法国结构化学先驱阿道夫·武尔茨（Adolphe Wurtz）的学生，后者先后担任过巴黎医学院和索邦大学的化学教授。[43]

戈蒂埃对使用品红、苯胺红和紫色染料（这些染料"被大量单独使用或与其他各种黄色或红色物质混合使用，以降低其色泽亮度"）进行掺假表示担忧，同时他还担忧"以'着色剂'、'焦糖'或'着色液'等离奇名称出售的物质"，这些物质由甜菜根中的品红残留物制成，用于掩盖其他掺假物的存在。他指出，当前检测葡萄酒中是否含有人工色素的常用方法依赖于染料的"易散性"。他回顾了其他化学家设计的使用不同试剂（如硫酸、过氧化钡、氨水或硼砂）检测葡萄酒中化学染料的各种方法，对这些方法全部予以否定，认为它们"毫无价值"。取而代之的是，他设计了一套系统的消除测试，这些测试需在葡萄酒经过稀释白蛋白（蛋清）、过滤和碳酸氢钠纯化后使用。

表4.1概述了戈蒂埃检测品红的测试顺序。这个简短示例展示了化

学家们为了检测和鉴定葡萄酒中是否含有一种着色物质而需采取的多种措施。它还展示了检测有机物的科学是如何可协商的，以及默契、技能和经验所起的重要作用——大部分诊断都是围绕着识别仅有细微差别的色调进行的。在没有标准化颜色术语的情况下，这是一个复杂而不确定的过程，比如描述一种液体变成淡紫色或是紫色，有时又是"只有酒的颜色，或是带有紫色"。许多测试方法都比较古老，用于检测葡萄酒中长期使用的天然染料，如欧洲越橘、洋苏木或黑接骨木。戈蒂埃提出的检测新型苯胺染料的方法是传统分析方法的延伸，结合了霍夫曼等新合成实验倡导者使用的分离法。消除实验在化学领域有着悠久的历史，戈蒂埃的方法结合了工业和手工操作中的传统化学技术，包括蒸馏和滴定。戈蒂埃指出他所提出的系统方法的价值，其依据是掺假葡萄酒可能含有不止一种掺假物，他建议"一旦发现葡萄酒掺假，就应在其中寻找品红"。[44]

表 4.1　戈蒂埃检测葡萄酒中品红的消除过程（省略了与品红检测无关的步骤）

A　如果洗涤后，沉淀物呈紫红色、淡紫色或褐红色，这表明它是天然葡萄酒或掺杂了除靛蓝外的常见掺假物的葡萄酒，因此请继续进行步骤 C。如果沉淀物颜色很深，呈深紫红色、蓝紫色或蓝绿色，则表明葡萄酒由颜色最深的葡萄酿造而成，或是用靛蓝染色的。请继续步骤 B。

B　用水清洗沉淀，然后用 25% 的酒精清洗，去除部分沉淀，再加入 85% 的酒精煮沸。如果滤液呈玫瑰色或紫红色，则用稀碳酸钾饱和处理一部分滤液。如果颜色变为棕色或黑褐色，则表明葡萄酒是天然的或掺杂了靛蓝以外的物质，继续步骤 C。如果滤液是蓝色的，用稀碳酸钾处理一部分。若深蓝色液体变为黄色，则表明使用了靛蓝。

C　将 2 毫升葡萄酒与 6—8 毫升的碳酸钠溶液（浓度为 1/200）混合。如果液体变为淡紫色或紫色（"有时液体仅保持酒红色，或带有紫色斑点"），则表明使用了巴西木、胭脂树、葡萄牙莓、品红……某些种类的葡萄酒、新鲜甜菜根、洋苏木、两种接骨木（指欧洲接骨木和美国接骨木）、覆盆子，进行步骤 D。如果液体变为蓝绿色，有时还带有淡淡的丁香紫，表明是天然葡萄酒，或含有蜀葵、女贞子、覆盆子、苏木、葡萄牙莓或品红，转到步骤 M。如果液体变为黄绿色，且不带有任何蓝色或紫色，这表明含有甜菜根、覆盆子或某类稀有的葡萄酒，转到步骤 L。

D　将步骤 C 中的液体加热至沸腾。如果液体仍为紫红色、玫瑰色或浅紫红，或变成更亮的淡紫色，则表明含有洋苏木、巴西木、胭脂树或某类葡萄酒，进行步骤 E。如果颜色消失或变为黄色、褐红色或浅红色，则说明含葡萄酒、品红、接骨木、覆盆子、葡萄牙根或新鲜甜菜根，转到步骤 F。

F　用明矾和碳酸钠处理 4 毫升葡萄酒，再加入 2 滴或 3 滴低浓度的碳酸钠溶液并过滤。如果滤液呈淡紫色或紫红色，说明含有葡萄牙根或新鲜甜菜根。如果滤液呈深绿色或略带红色的绿色，则表明含有天然葡萄酒、品红、黑接骨木、覆盆子或甜菜根，转到步骤 H。

H　如果从步骤 F(深绿)中得到的铝色淀呈蓝绿色、绿色或淡玫瑰色，则表示含天然葡萄酒、覆盆子、甜菜根或品红，转到步骤 J。

J　取 5 毫升澄清后的葡萄酒，加入稍过量的氨水，加热至沸腾，冷却后，与 10 毫升乙醚振荡混合，倾析后蒸发乙醚，将蒸发后留下的残渣用醋酸处理。如果液体变红，则表明存在品红。

资料来源："On the Fraudulent Colouration of Wines"，*Analyst*，7，1876，130—131。

识别数百种微量新物质中的任何一种时，由于没有已知的试剂或阳性测试，化学家们只能采用纺织业和食品业等领域已经确定了某些染料作用的测试方法。例如，在检测品红的简单独立测试中，戈蒂埃采用了一种完全借鉴自纺织业实践的技术：

> 添加了品红的葡萄酒会迅速分离。将一匹丝绸浸泡在掺有品红的葡萄酒中，丝绸会被染成玫瑰色，用盐酸处理后，其颜色会变黄，但如果葡萄酒是纯的，则会变成鲜红色。用稀醋酸铜处理并在 100 度下烘干，如果含有品红，则丝绸会变成美丽的深玫瑰紫；如果酒是纯的，则会变成略带灰白色的丁香紫色。上述反应的灵敏度很高。

戈蒂埃还描述了一种"相当成功的方法"，即把经过媒染剂(加入酒石的明矾、三氯氧化锡及氧化铝醋酸盐）处理过的丝线或羊毛线放入有待检测的葡萄酒中。在丝线被染色后，使用诸如"氨水，石灰水，锌、铁、钙的氯化物，铜盐和锡盐等不同的试剂，观察其化学反应，根据特征现象判断着色剂"。[45]在纺织业中，人们对染料的使用情况更为熟悉，戈蒂埃将经典的滴定分析方法与纺织业的实践相结合，建立并推广了自己的技术。

从对法国化学家设计的其他检测方法的描述中，我们也可以发现类似的不同领域知识和实践的结合。巴黎市政实验室是法国主要的食品掺假检测中心之一，1885 年英国分析师约翰·穆特参观了该实验室并公布了这些检测方法的细节。[46]穆特列出了用于检测葡萄酒中苯胺染料的三种不同方法：

1. 将"类似于黑板书写用的粉笔"浸入浓度为 10% 的蛋清水溶液中进行处理，再将两滴葡萄酒倒在其多孔的表面上，如果是普通葡萄酒，表面会变成灰色；如果是新酒，则会变成蓝色；假如出现绿色、紫色或玫瑰色的痕迹，则表明葡萄酒含有人工着色成分。

这项检测与戈蒂埃的类似，也是基于苯胺染料会附着在动物蛋白上这一事实，因此传统上使用蛋清来进行检测，而纺织业也熟知这一过程，因为苯胺染料对羊毛和丝绸等动物纤维也很有效。

2. 将葡萄酒与钡水混合，直到溶液变绿，加入乙酸乙酯（或戊醇）摇匀，再让其沉淀，注意混合物应呈弱碱性。纯葡萄酒在上层不显颜色，而具有"碱性"的煤焦油衍生物则呈现出各种颜色，这表明应该对诸如苯胺、品红、番红、橘红、柯苯胺、苯胺紫、甲基紫和贝布里奇红等染料物质进行研究。

这个实验很好地说明了，几个世纪以来滴定实验中获得的颜色变化实践，是如何与 19 世纪合成新物质的实践相结合的。

> 3. 在 10 毫升的葡萄酒中加入 2 毫升或更多的 5% 氢氧化钾，溶液会变为绿色。加入等量的 20% 醋酸汞溶液，振荡后过滤。对于纯葡萄酒，用盐酸处理后滤液本身是无色的，而含有任何酸性煤焦油衍生物的滤液则呈红色或黄色。

该测试表明，虽然分析师可以检测出"基础"酸性染料的存在，但识别特定化学物质是一项截然不同且更加困难的任务。

穆特没有对法国实验的效果发表任何评论，但他认为葡萄酒业的操作人员仍然比法国的市政化验员（法国版的英国公共分析师）领先一步。根据他的说法，新的合成染料让"老式的原木色和其他植物色……成为过去"，有两种新的混合物被出售来欺骗法国的分析师，一种是"胺基苯、甲基紫和品红的酸性磺化衍生物组成的混合物，另一种是亚甲蓝、二苯胺化合物和品红的酸性磺化衍生物组成的混合物。……在商业上作为'波尔多绿'出售"。[47]

历史学家指出，尽管到 19 世纪 70 年代，法国的地方大学、农业研究站、地方工业和农业生产者之间已经建立了广泛的联系，但法国化学家在试图鉴别葡萄酒业所用的染料时仍面临重重困难。1878 年巴黎成立了市政化学实验室(the Municipal Chemical Laboratory)，致力于葡萄酒的人工着色和食品掺假检测，但在整个 19 世纪，葡萄酒生产者和商人仍有办法逃避分析师对葡萄酒染色的检测。这个新实验室配备了用于偏振测量和光谱分析的暗室，也有传统的分析仪器。它与巴黎毒理学实验室(the Toxicology Laboratory of Paris)保持着密切联系，在 1911 年之前一直由圣日耳曼苯胺染料制造商福可馨的创始人夏尔·吉拉尔(Charles Girard)管理。法国市政化学家拥有先进的设备和良好的人脉，但仍然无法可靠地检测和确定葡萄酒中是否含有某类苯胺染料，这凸显了所有公共分析师所面临的困境。[48]

德国化学家约瑟夫·赫茨(Joseph Herz)在讲述维尔茨堡食品和饮料研究所进行的一系列人工色素检测实验时，描述了使用合成染料的食品和饮料制造商与负责检测合成染料的化学家之间的持续争斗。[49] 赫茨注意到，由于品红是食品分析师们最关注的色素，因此它也成为使用最少的色素。赫茨的实验通过使用过滤和一系列试剂来消除和检测一系列物质，包括碱性品红磺酸盐、苔色素、丽春红色素、卡西宁、维尼柯林波尔多液和波尔多红 B(粉末状)，通过观察所得的不同颜色来进行判断。与其他实验一样，他的实验主要依靠视觉观察和主观判断。然而，正如上文所讨论的那样，由于无法形成一个标准化的颜色测量机制，以鉴定为目的的颜色分级在很大程度上依赖化学家们的默会和经验技能，但这却是一种难以驾驭的区分 695 种染料的方法！[50]

德国化学周刊《贸易、商业和公共卫生保健分析化学汇编》(*Repertorium der analytischen Chemie für Handel，Gewerbe und öffentlich*

舌尖上的彩虹

Gesundheitsplege）发表了另一篇基于经验和隐性知识的检测文章。弗莱克在 1886 年的一份报告中指出，"许多淀粉类食品制造商习惯用二硝基甲酚或维多利亚黄来着色"。然而，由于通心粉等产品的制造商也有使用苦味酸（又称韦尔特苦味酸，化学名称为三硝基苯酚）的习惯，作者描述了一种检测有毒酸的方法，即把粉状食物与盐酸混合并加入锌。在整个过程中，检测员需要测试苦味酸的苦味。[51]

味道、颜色和气味仍然是检测内容的重要组成部分，甚至在合成新化学物质的实验中也是如此。戈蒂埃、武尔茨和霍夫曼的"异腈实验"被改用于检测食品和饮料中的化学色素。查尔斯·柯特曼（Charles O. Curtman）使用李比希的学生霍夫曼在 1867 年设计的"著名的异腈实验"来测量伯胺，以检测葡萄酒和果汁中的苯胺染料。根据柯特曼的说法，这种测试"对苯胺蓝、苯胺紫、甲基紫、品红、丽春红，以及多种黄、绿苯胺都很成功"。[52]柯特曼是德国吉森人，曾师从霍夫曼的导师李比希，后移居安特卫普，在那里担任工业化学家，从事醋酸生产。后来他移居美国，成为密苏里医学院的化学教授。[53]

就在戈蒂埃分离出异腈后不久，霍夫曼在武尔茨的指导下合成了异腈。[54]在实验中，柯特曼简单地逆转了霍夫曼的合成过程，将 4 毫升品红着色的葡萄酒与 4 毫升钾盐和 2 滴氯仿混合在一起。柯特曼说，"在温和加热一分钟后再将其煮沸，应该就能闻到异腈的特殊气味"，他还指出，加入硫酸可提高试验的灵敏度。[55]该实验证明了逆转过程和反应的价值，并表明这一时期的化学家在设计新合成化学品的检测时并没有区分合成和分析。

所有这些测试和方法都表明，化学家是如何采用和调整不同专家传统的各种实践形式，试图将现有的专业知识扩展到新的领域以检测未知物质的。这种情况类似于化学家在这个世纪早些时候试图确定生物碱性质时遇到的问题，这一策略同样依赖于将不同专业的不同形式的知识整合在一起。[56]

物理分析：果冻与显微镜

当法国和德国的化学家忙于将经典分析技术与新的合成实验相结合，寻找检测苯胺染料的方法时，英国的分析师们采取了一种弱分析、强务实的策略来解决食品中的化学染料问题。最常被提到的英国技术之一是使用显微镜，常用方法之一是根据果冻中不同染料的物理性质和特征进行检测。苯胺染料能迅速而牢固地附着在动物蛋白上，因此被用于丝绸和羊毛的染色，并成为组织学中的染料来源。明胶是从动物的骨骼和组织中提取的一种可食用蛋白质，在维多利亚时期，明胶实现了工业化生产，果冻模具得到了快速发展，色彩鲜艳、形状各异的果冻在餐厅中备受追捧。

1877 年，公共分析师协会主席奥古斯特·迪普雷在伯灵顿大厦发表演讲，驳斥了媒体关于"葡萄酒染色欺诈"的"耸人听闻的言论"，指出他从未见过一瓶含有苯胺染料的红酒。[57]然而，值得注意的是，如果没有检测品红和其他苯胺染料的统一方法，这类色素是不可能被检测出来的！ 虽然迪普雷淡化了葡萄酒掺假染色的问题，但他也承认，"必须设计出检测葡萄酒中外来染色剂的方法，这样才能消除公众的恐惧"。迪普雷建议将一块果冻放入可疑的葡萄酒中 24—48 小时，通过肉眼和光谱观察果冻的颜色和颜色的渗透性，以确定是否是人工染色。[58]

舌尖上的彩虹

例如，他观察到玫瑰苯胺"使果冻呈现出美丽的红色"，同时，稀氨水对果冻的作用"会产生特有的效果，比如使玫瑰苯胺脱色"，他补充道。未着色的葡萄酒向果冻传递颜色的速度很慢，而用玫瑰苯胺等添加剂染色的葡萄酒则向果冻渗透的速度更快、程度更深。迪普雷敦促其他分析师接受挑战，设计出更多的实验来检测葡萄酒的假色。[59]他的评论表明，到19世纪70年代中期，色素检测方法尚未标准化，分析师们还有广阔的空间大有可为。后来刊登在《分析师》上的报告表明，英国分析师在一段时间内高度重视迪普雷的果冻方法，穆特指出，"迪普雷博士用明胶块成功实现了对人工色素的初步检测"，而法国人似乎在近十年后才注意到这种方法。[60]与法国分析师设计的实验一样，迪普雷的测试结合了试剂的使用（化学家在分析和合成实验中使用的一种技术）以及合成染料黏附蛋白质的能力，这种结合不仅在纺织染料贸易中被工业化利用，也被越来越多的科学家（包括生理和卫生化学家）所青睐。在德国工作的组织学家，包括罗伯特·科赫、卡尔·魏格特（Carl Weigert）、约瑟夫·格利希（Joseph Gerlich）和保罗·埃尔利希（Paul Ehrlich），特别利用了染料（尤其是苯胺和偶氮染料）对基于蛋白质的动物组织和细胞进行染色的能力，在显微镜下研究组织物质时使用合成染色法。[61]事实上，正是生理和卫生化学家设计出了许多用于研究染料毒性的测试方法。

尽管荷兰显微镜学家安东尼·范·列文虎克（Anthonie van Leeuwenhoek）早在17世纪就开始用藏红花粉对组织标本进行染色，但19世纪末合成染料的问世，迅速扩大了染料在显微镜下对包括食物样本在内的组织物质进行染色的使用范围。[62]因此，使用染料作为染色剂使显微镜下不可见的东西"可见"由来已久，而显微镜本身也早已成为公共分析师的重要工具。例如，亚瑟·希尔·哈索尔就是利用显微镜鉴别食品掺假的早期倡导者。德国化学家奥托·施魏辛格(Otto Schweissinger)将这两种发展中的传统结合起来，主张同时使用分析技术和显微镜来检测香肠中的色素。根据施魏辛格的说法，品红染料"是通过将香肠切成小块，用酒精萃取，蒸发萃取液，将着色剂直接或用水提取后固着在羊毛上检测出来的"。如果这种源于纺织品染色的测试结果呈阴性，但仍然怀疑使用了合成染色剂，施魏辛格建议"对可疑颗粒进行显微镜检查"。他处理食品掺假问题的方法既借鉴了当地纺织品贸易的传统，又与当时德国组织学和合成实验的发展相吻合，同时还彰显了香肠在德国当地美食中的重要性。[63]

毒性检测

事实证明，人们很难就合成染料的检测程序、分类及标准问题达成共识，但更为棘手的是，在确认合成染料对消费者产生生理影响的问题上，人们如何达成一致意见。在 21 世纪，这个问题仍旧悬而未决，因为染料的安全性依然存在争议，并且不同地区的处理方式也不尽相同。[64]

19 世纪，随着对饮食和有毒物质对人体影响的研究不断深入，加之人们对人体消化过程日益了解，实验生理学的相关研究也随之开展起来，这些研究的实验对象多以动物为主。对 19 世纪晚期出版的科学期刊和书籍的详细回顾表明，英国科学家使用活体解剖的方式遭到了来自公众及政客的强烈反对，法国、德国和美国科学家则以更积极的姿态投入合成染料对动物影响的实验。[65]然而，在营养生理学这一新兴领域建立实验规范、达成共识并非易事。千差万别的地方文化，参差不齐的实验室设备，水准不一的实验技能和技术，阻碍了标准化测试以及解释测试结果的尝试。[66]

英国化学家甚至不惜亲自食用染料来进行测试。沃尔特·威廉·费希尔(Walter William Fisher)是牛津、伯克郡和白金汉郡地区的公共分析师，同时也在牛津大学担任化学助教，他发现糖果中含有罗丹明，于是说服助手们食用"两三粒"染料来测试其毒性，这些染料足以"给大量糖果染色"。幸运的是，他们"没有受到明显影响"。[67]《英国药典》(British Pharmacopoeia)编辑、英国药学会应用化学教授约翰·阿特菲尔德(John Attfield)也学会了如何使用胃管技术，定期服用染料来测试其毒性。这种做法，使他确信大多数染料是无害的：

> 糖果批发商经常向我提出的问题是：我们向您展示的色素样品是否对人体有害？直到十年前，我一直是这样回答这个问题的：我没有资格对此发表意见。但自从我使用胃管以来，我便努力用一种简单的办法来回答这个问题，这个办法就是摄入一定量的色素，其结果是我从没遇到过一种色素是有害的，或是明显有害的，以及明显会产生任何不适的。[68]

阿特菲尔德的证词显示，一些制造商至少在十年前就开始就其使用的染料向化学家寻求建议，而分析师们并没有真正肯定地宣布这些染料的安全性。阿特菲尔德的"尝尝看"方法和他自信地认为染料无害的观点，与下文概述的欧洲和美国的细致却无结果的消化实验形成了鲜明的对比。

在欧洲大陆和美国，化学家、生理学家、药理学家，以及对新有机化合物和物质在医学应用方面感兴趣的医师率先开展了研究，探究苯和酚及其衍生物（如苯胺和其他化合物）对人体生理机能的影响。在研究生理反应时，比如研究不同有机物对尿液的影响，这些科学家实际上是将动物和人体视作"化学试剂"，并利用新染料的染色作用使身体细胞发生的变化在微观水平上可被观察。[69]然而，尽管研究苯胺生理效应的化学家越来越多，但对这种染料的毒性却难以达成共识。弗里德里希·韦勒声称苯胺对狗没有毒害作用，但其他化学家却认为纯苯胺是一种剧毒，会影响血液、神经和消化系统。[70]

由于法国早期对葡萄酒中使用合成色素的关注，以及马让迪（Magendie）和贝尔纳（Bernard）的开创性工作，法国生理学家也毫不意外地最早开始专门研究在食品和饮料中使用新染料所造成的影响。[71]鲁昂工业协会（the Société Industrielle de Rouen）的乔治·贝热龙（Georges Bergeron）和克洛埃（J. Cloüet）的实验表明，狗能承受 20 克品红剂量而不受伤害，而人在一周内摄入 3.5 克也没有任何影响，这就促使化学家们得出结论：品红对人体无害。[72]然而，鲁昂医学教授费尔茨（V. Feltz）和里特尔（E. Ritter）随后进行的实验表明，苯胺染料对人和狗都会造成有害影响。其他化学家则否定了上述结果，声称危害来自染料中的砷污染。[73]保罗·卡泽纳夫（Paul Cazeneuve）等法国化学家认为，新型染料的主要危害在于砷污染和使用有毒物质作为媒染剂。19 世纪 80 年代中期，卡泽纳夫和里昂医学院的同事为研究合成染料的生理影响，在狗身上进行了大量实验。他们的大部分实验表明，少量食用新型人工染料不会对人体造成危害。他们认为，食品染料应该是纯净的，或是与已知无毒的物质混合或处理，并且不应用于葡萄酒、醋、啤酒或黄油等众所周知会进行人工着色的物质中。[74]

最有影响力的合成染料测试者是德国卫生化学家特奥多尔·魏尔。起初，他对苯胺染料的有害性持怀疑态度。他发表的许多评论表明，他接受这项任务是为了给这些染料正名，为了让德国化学、生理学和化学家的重要作用得到社会认可。魏尔通过引用威廉·格朗多姆（Wilhelm Grandhomme）的工作来说明品红和其他苯胺染料的无害性，而后者是首批受雇于染料厂的医生之一。格朗多姆曾对卢修斯和布吕宁的赫斯特染料厂工人做过调查研究，他发现有 52 名工人在 3—18 年的时间内从事过接触品红的工作，"尽管他们每天都会吸入品红粉尘，但没有一个人出现腹泻、腹痛或泌尿系统紊乱"。[75]格朗多姆还判断苯胺蓝、紫罗兰和孔雀石绿也都是无毒的。魏尔认为，格朗多姆的更广泛研究，以及染料厂工人没有出现伤害和疾病的事实，都证明了纯苯胺染料是无毒的。

然而，事后对格朗多姆在德国工厂的研究，以及对该厂工人的健康状况进行的深入分析表明，情况并非像魏尔所断定的那样简单或无可辩驳。19 世纪 90 年代，德国医生路德维希·雷恩（Ludwig Rehn）注意到并报告说，苯胺染料行业工人的膀胱癌发病率高于正常水平，1903 年巴斯夫工厂便有 50 多名工人罹患重病。1921 年，总部设在日内瓦的国际劳工局（International Labour Office）发表题为"苯胺厂工人患膀胱癌"的专文，确认了苯胺生产与癌症之间的联系。[76]20 世纪初，随着卡尔·皮尔逊（Karl Pearson）等人在流行病学方面的努力、医学统计的兴起，职业病与化学品使用之间的关联变得更加明显。[77]然而，最近的研究表明，苯胺与癌症之间的关系要更复杂，可能还涉及其他化学品。[78]因此，即使是苯胺染料与不良健康之间存在统计关联的结论，也可能因为从 19 世纪晚期开始人们将其更普遍地视为掺杂物这一观点的影响，而被质疑是人为造成的假象。

　　魏尔根据他本人以及其他化学家和医生的实验结果，判定品红在不含其他物质的情况下作为食用染料是无毒的。他总结道，"对现有文献的综述表明，目前尚不存在由纯苯胺色素引起人体中毒的可靠证据。所有怀疑纯苯胺色素中毒的情况，都可能与掺入了砷化合物或与使用了砷媒染剂有关"。[79]在谈到有关穿着用玫红酸染色的长袜而健康受损的报道时，魏尔指出位于利伯瑙的维尔茨工厂的工人们"健康状况良好"，因此判断纯玫红酸是无毒的，并得出结论："穿着这种长袜而引起的(皮肤)溃烂很可能是砷媒染剂所致。"魏尔提到，"在使用有害色素方面，德国的相关法律规定砷媒染剂的使用比例为，每 100 平方厘米成品上不超过 0.002 克"。他还指出，由于商用玫红酸中含有苯酚，1887 年7 月 5 日德国食品法禁止使用玫红酸等染料。[80]与当时的许多化学家一样，魏尔关注的焦点是染料在生产过程中受到其他已知有毒物质(尤其是砷)的污染。值得注意的是，尽管围绕新染料的不确定性和缺乏共识一直存在，但 1887 年德国食品法以及魏尔等人的大部分实验工作都使用了具体的数字、数字比率、关系和统计数据。西奥多·波特(Theodore Porter)、阿兰·德罗西埃(Alain Desrosières)和安妮·哈代(Anne Hardy)等历史学家和社会学家指出，在 19 世纪晚期，人们越来越多地使用数字和统计数据去描述和评估公共风险，并重新制定旨在安抚公众的政策。[81]越来越多地使用数字意味着一种从未得到保证的准确性和确定性。波特声称,科学家和政治家一样,经常利用数字来解决组织和沟通问题,用数字来暗示其客观性、严谨性和普遍性。[82]化学家们面临的问题尤其棘手,因为纯净的物质很少,有些染料还需要媒染剂来固色。因此,化学家们需要处理各种化学混合物,包括各种已知和未知的污染物。此外,虽然混合物中的单个元素可能没有毒性,但它们之间的反应或与人体内化学物质的反应却可能会产生有害影响。确定和评估反复接触(食用)小剂量有毒物质的长期影响并非易事。虽然这一时期流行病学日趋成熟,科学家们能够在某些疾病与病因之间建立联系,但将其用于评估食物或环境中长期存在的任何小剂量化学品的风险是有问题的,除非是在变量和特定污染物更易控制的职业环境下。

尽管魏尔认为大多数苯胺染料可能是安全的,但他也认识到为了人们在新化学染料的使用上达成共识,对它们进行测试是必要且有益的。这样的规划不仅能让合成染料和卫生化学家的地位更获认可,也能巩固德国在工业和科学领域的霸主地位。魏尔声称,"对现有文献的审查表明,几乎不存在具有明确目标的相关研究,在此情况下,人们不能判断也无法判断煤焦油染料是否真的有损人体健康或具有毒性"。[83]考虑到魏尔是一名卫生和生理化学家,他的这种探索新染料对人体影响的兴趣并不令人意外。[84]

魏尔和其他化学家面临的一个问题是,他们该从市场上数以百计的染料中选择哪一种进行测试。实验中,那些具有相似化学结构的染料对受试动物甚至会产生截然不同的影响,这引起了人们的关注,化学家选择检测何种染料也因此显得尤为关键。魏尔认识到,不可能对所有染料都进行测试。但究竟该选择哪一些呢？ 他指出，颜色受时尚和市场商业压力的影响。此外，供应商往往不愿透露染料的生产原料、规格（如果他们确实知道的话），甚至不愿透露哪些是畅销品。最终，魏尔决定对每一类化学组中最常用的几种染料进行测试，如亚硝基染料（基于亚硝酸对苯酚衍生物的作用）、硝基染料（基于硝酸对苯衍生物的作用）和偶氮染料。此外，他还面临着是测试纯染料还是商用染料的问题，因为商用染料通常包含许多已知的添加剂和未知的污染物。但即便是这样的选择也并不简单，因为在某些情况下，生产过程中引入的污染物（如砷）会增加染料的潜在毒性，在另一些情况下，商用染料中添加的物质能有效降低毒性。例如，纯二硝基甲酚（一种藏红花替代品，又称为维多利亚黄、维多利亚橙和苯胺橙）被魏尔判定为有毒，但他指出，大多数商用染料都含有 30% 到 40% 的氯化铵，而这种物质能够降低染料的毒性。[85]即使在实验室里，化学家们仍然难以了解这些新的化学物质，他们不得不根据染料的种类来采用有针对性的测试方法。要想选择少数几种染料去代表市场上的数百种染料，这几乎是一项不可能完成的任务。

魏尔和其他实验者面临的其他参数选择还包括：在哪些动物身上测试染料，给多大剂量、多长时间、间隔是多少，以及给药方式（通过口腔或食道、皮下注射或局部皮肤接触），还有测试哪些身体反应来判断中毒（体温、脉搏、呼吸等）。将动物躯体变成有用的材料，尤其是在 19 世纪成为人体的替代品，是科学史学者近期讨论的主题。[86]变数是多方面的，首先是商用染料本身的变数，这或许可以部分解释为何科学家们对认定哪些染料有害缺乏共识。

　　　　　　　　　　　　　　　　　　　舌尖上的彩虹

魏尔的大多数实验都是在体重不同但有特定重量的动物（通常是狗）身上进行的，并以若干不同的方式施用不同的剂量。例如，他对狗和兔子进行二硝基甲酚实验，使用的染料来自柏林的卡尔·马蒂乌斯和莱比锡的舒斯特公司（Schuster & Co.）。在通过食管给兔子注射 0.25 克溶于少量水的二硝基甲酚盐后，兔子开始呼吸急促，然后安静下来，接着倒下并拖着后腿，在经历了瞳孔放大、四肢抽搐后最终死亡。尸检显示其胃部有黄染，肺部和肝脏充血。同样通过食管给不同体重的狗服药，会使其产生呕吐和腹泻，在排出毒素后，狗的食欲会恢复，但残留的毒素最终仍会导致其痉挛和死亡。魏尔得出的结论是，狗的中毒剂量为皮下注射每公斤体重 7—10 毫克，而完全纯净的二硝基邻甲酚钾（potassium dinitrocresol）的致命剂量为 16 毫克，含有约 30%氯化铵的商用制剂的致命剂量则为 29 毫克。由于呕吐，无法准确测得口服致死剂量。魏尔认为，"这些实验表明了二硝基甲酚的毒性，它们证明，人们有理由希望国家能够限制销售如此危险的物质，并禁止将其用于给食品和饮料着色"。[87]

类似的实验结果让魏尔得出结论：卡尔·马蒂乌斯创造的马休黄也是一种有害的染料，应被广泛禁止用于食品和饮料。马休黄又称曼彻斯特黄、藏红花黄或金黄，化学名称为二硝基甲萘酚（dinitro-α-naph-thol）。[88]然而，同一种染料经磺化后却会产生截然不同的结果，因此魏尔宣称萘酚黄 S 或二硝基甲萘酚钙、二硝基甲萘酚钠和二硝基甲萘酚铵无毒。魏尔的样品由柏林的古斯塔夫·舒尔茨提供。[89]实验表明，对幼犬按每公斤体重重复注射 0.1 克的剂量，即使是皮下注射，也不会使其产生任何明显的不适：

鉴于萘酚黄 S 与剧毒的马休黄仅有一个磺基(HSO_3)的区别，而将该磺基引入色素会使其溶解，因此萘酚黄 S 的无害性就更令人感兴趣了。人们自然会认为，可溶性色素的毒性会比由其生成的不溶性色素的毒性更大。因此，很明显，除非通过实际研究，否则我们无法确定任何物质有毒或无毒，即使我们正确地知道了它的化学式。[90]

值得一提的是，魏尔早些时候曾说过，在市场交易中马休黄经常以萘酚黄 S 的名字出售。与此同时，正如人们关于金橙黄或御黄的安全性所产生的争议那样，盐的存在并不能保证染料无害。金橙黄是六硝基联苯的铵盐或钠盐，一些化学家认为它有毒，而另一些化学家则认为它是安全的。[91]由于缺乏足够的样本，魏尔无法对金橙黄进行实验，他认为金橙黄染料的无害性"值得怀疑"，并暗示它可能对不同的人产生不同的作用。[92]尽管魏尔和他的化学家同事们一直试图利用最新的生理学研究方法，通过一系列实验室试验来处理和控制合成染料，但染料在种类、名称和化学成分上的不稳定性，以及它们产生相互矛盾结果的倾向，一再使他们感到困惑。在 19 世纪，动物（或人体内）毒理学和生理学试验越来越多，魏尔的试验只是其中的一部分。然而，直到 20 世纪，针对人造物质在动物身上进行的标准化方法和系统性测试才得以发展。[93]19 世纪末，用动物代替人体并不是一种可靠的证明方法。康涅狄格州农业研究站（the Connecticut Agricultural Research Station）化学家温顿（A. L. Winton）认为，在动物身上进行的染料无害实验并不能证明什么，"虽然有证据表明，大多数煤焦油染料对一些低等动物无害，但就此认定它们对人类也完全无害是不安全的"。他指出，在魏尔的大

　　　　　　　　　　　　　　舌尖上的彩虹

多数实验中都使用了狗这种动物,"狗有一个众所周知的强壮的胃,对于许多会影响人类消化的东西,它们都不会出现明显的不适"。[94]

同时,面对越来越多的染料不断进入市场,魏尔承认他不可能对每一种偶氮染料都进行检测。到19世纪80年代,数以百计的新偶氮染料被制备出来,其中德国的卢修斯和布吕宁、赫斯特、巴斯夫以及柏林的爱克发在这一领域处于领先地位。1888年,化学家舒尔茨和尤利乌斯编制的合成染料表详细列出了120种偶氮染料,但据魏尔估算,已知染料的总数是该数字的"10倍"。[95]最后,魏尔总共测试了23种偶氮染料,确定其中只有两种是有毒的,即间胺黄和橙黄Ⅱ。虽然其他一些偶氮染料(如俾斯麦棕和牢固棕)会导致狗呕吐、腹泻或尿液中出现蛋白质,但少量用于食品和饮料着色则被他判定为是安全的。[96]

出生于波兰、在维也纳工作的奥地利生理化学家西格蒙德·弗伦克尔(Sigmund Fraenkel)和其他一些化学家认为,染料的生理作用取决于它们所属的化学基团。[97]同样来自奥地利的化学家古斯塔夫·沙切尔(Gustav Schacherl)也认为,可以去确定染料所属的整个化学基团的安全性,因此没有必要将允许使用的颜色仅限于少数几种染料。沙切尔曾在奥地利格拉茨大学化学研究所与利奥波德·冯·佩巴尔(Leopold von Pebal)一起研究有机酸,然而他指出,为了准确确定整类染料的影响,还需要做大量工作来测试不同染料对生理的影响。沙切尔建议允许使用格林表中第7—393号的所有偶氮染料(第86号除外),所有三苯甲烷染料(羟基衍生物除外),所有派洛宁、氧酮类(oxyketones)和吲哚类,以及萘酚黄S和亚甲基蓝。他建议禁止在食品中使用所有其他煤焦油染料,直到通过生理学测试确定这些色素绝对无害为止。[98]

然而，其他化学家对该做法持怀疑态度。出生于德国、居住在纽约的化学家胡戈·利伯（Hugo Lieber）认为，每一种生产出来的染料都应由生产商负责检测，只有经过详尽的生理测试被证明为安全后，才能作为食用染料出售：

> 关于某些染料是否适用于食品染色，人们或许可以根据染料的化学组成、生产方式和所用原料得出较为可靠的结论，但我认为，迄今为止最可靠的解决方法有赖于两方面因素。一方面，要以强制方式确保食品染料经销商销售的染料必须由经验丰富、为人正直且非常可靠的人员进行彻底详尽的生理学检测，通过检测后方可出售，保证市场流通的染料无害。另一方面，强制所有类别的食品制造商和罐头制造商仅购买、使用已通过上述详尽测试的染料。[99]

上述建议出自利伯为宣传自己在纽约的利伯公司（H. Lieber and Co.）所出版的一本书中。作为煤焦油染料的进口批发商，该公司主要从事食品染料的包装和销售。这本书涉及的大部分毒理学研究都来自魏尔公开发表的文章和书籍，看起来是作者从公共卫生角度对纯净食品染料的真挚呼吁，但其中有一些似乎是对魏尔著作的断章取义，可以说是一种染料进口商的营销策略。

敖德萨大学卫生学教授克洛平（G. W. Chlopin）也不同意根据染料的类别来评估其毒性。他认为，受试染料可分为三类：有毒的，即对受试动物造成严重伤害的染料；可疑的，即造成某种形式的刺激、呕吐和腹泻的染料；无毒的，即看起来未造成伤害的染料。克洛平故意不称任

舌尖上的彩虹

何染料为"无害的",因为他声称,无法判断染料是否会导致"机体和功能发生一些简单观察无法发现的更细微的病理变化"。[100]他对 100种染料的调查显示,30%的染料有毒,40%的染料可疑。然而,他得出的结论是:"不能说染料属于某一化学基团与它对动物机体的作用之间有任何明确的联系。"他认为,对动物机体的任何作用"更多地是由其分子内部结构的细微差异决定的,而不是由目前芳香族染料分类所依据的那些差异决定的"。[101]克洛平做出了以下"纯粹经验性的概括":最毒的染料是黄色和橙色,其次是蓝色、棕色和黑色,几乎没有发现有毒的绿色或紫色染料,只有一种可疑的红色染料。他总结说,煤焦油染料是"动物机体的外来物质,即使在没有明显毒性的情况下,也可能对生命机能产生有害影响",并指出,许多卫生学家建议不要在食品或饮料中使用煤焦油染料,无论动物实验是否证明它们有毒。[102]从克洛平的评论中,我们可以了解到染料的易变性以及化学家在评估它们时遇到的困难。即使测试表明这些物质没有毒性,但能否安全食用这些染料也不是一个简单问题。需向公众发出多少提醒,如何权衡公众健康与工业企业两者的利益等问题成为需要多方兼顾的难题,必须在商业、公众、化学家和化学的利益之间取得平衡。

使用人工消化液的实验

到了 19 世纪 90 年代,化学家们开始引入另一种检测方法——在人工消化液中检测染料。俄亥俄州农学院农业化学教授韦伯(H. A. Weber)测试了四种不同的煤焦油染料对消化酶、胃蛋白酶和胰蛋白酶的影响。这些实验表明一些染料对胃蛋白酶有影响,但对胰蛋白酶没有影响；另一些染料影响胰蛋白酶的功能，对胃蛋白酶则没有影响。尽管这些实验解决了一些问题，但它们所带来的问题似乎更多。韦伯发现，每种染料都会干扰一种或另一种消化过程，这让人们对在食品和饮料中使用这类染料产生了进一步的怀疑：

> 由此看来，就这四种染料而言，似乎没有一种能同时干扰胃消化和胰腺消化，但每种染料都会严重干扰其中一种。当然，我们无法从这些有限的实验中推断出其他煤焦油染料的作用，但可以肯定地说，对动物机体最重要的功能产生如此明显阻碍干扰的物质，绝不能在我们的日常饮食中占有一席之地。[103]

其他化学家对人工消化实验的有效性，以及实验结果是否表明合成染料有害，都表示出了不太肯定的态度。宾夕法尼亚博物馆、工业艺术学院和哥伦比亚大学的化学教授爱德华·古德曼（Edward Gudeman）指出，在动物身上进行染料实验和人工消化液实验都存在缺陷。出生于纽约的古德曼曾就读于哥伦比亚大学，之后又在柏林和哥廷根大学学习。1900 年后，他开始在私人诊所担任化学家顾问和专家证人。他提出了两个与在动物身上及人体外进行染料实验相关的重要问题。他认为，给动物喂食染料的主要反对意见是，进入动物体内的染料量远高于食品中的正常含量，因此，任何不良影响都可能是由于过量造成的。即使长期给动物喂食与食物中含量相似的剂量，这些剂量似乎也只相当于"无害的调味品"，如香料、糖、盐、醋或酒精，不会产生更大的影响。[104]根据古德曼的说法，人工消化实验面临的主要问题是它们能否再现消化的复杂过程。他写道，"反对人工消化实验的最强烈的理由是，这种实验并不能模拟有组织系统的复杂作用，因此根本无法得出结论说，染料、防腐剂或调味品在食品中或与食品一起消化的过程中会产生什么样的效果"。[105]

古德曼用未凝固的鸡蛋蛋白、马铃薯淀粉和高蛋白玉米麸质面粉来复制食物，进行了大量实验来测试染料与胃蛋白酶和胰蛋白酶的反应。根据他的说法，"没有发现任何一种以 1 份与 1 600 份蛋清的比例进行测试的染料，会影响胃蛋白酶或胰蛋白酶的体外消化"。这些实验不仅适用于合成染料（霍夫曼紫 3B、巴黎紫、俾斯麦棕、伊红、碱性品红、合成靛蓝、刚果红、萘酚黄、丽春红 2R、苋菜红、特默林黄），也适用于食品中使用的矿物色素（普鲁士蓝、群青、熟赭、铬黄及氧化铁）、动物色素（胭脂虫红）和植物色素（姜黄、胭脂树红、克拉东红）。结果表明，在所使用的色素中，只有群青、煅黄土（熟褐色）、铬黄和丽春红 2R 会影响胃蛋白酶的人工消化，其用量为 1 份或更少的色素兑入 400 份食物。结果还显示，合成色素的活性低于矿物色素和动物色素，也不高于植物色素。植物色素和合成色素都能被胃蛋白酶和胰蛋白酶直接消化，两者之间的差异很小。根据实验结果，古德曼得出结论：合成色素在延缓消化液作用方面的活性低于任何其他类别的色素，部分原因是它们的着色能力非常强，只需要微量的合成染料就能产生与大量天然色素相同的效果。[106]

缺乏共识

19 世纪的科学家们对哪些染料是安全的，甚至对如何检测染料都没有达成共识，而同样阻碍共识达成的还有染料的命名和生产缺乏统一标准，以及将生产和供应的相关信息视作商业机密。[107]染料本身越来越多地在最先进的大型工业研究实验室中生产，而检测食品中是否含有染料及其毒性的实验则在不同的环境中进行，从大学院系到国家资助的研究机构，再到私人实验室——它们通常都设在化学家的家中和商店里。

到了世纪之交，在食品中使用化学染料的问题备受关注，美国和欧洲的立法者都在努力解决其带来的日益严重的公共和政治问题。尽管对这一问题进行了一系列测试，但科学界却未就人工染料作为食用色素的安全性问题达成共识。1906年，作为美国在食品中使用煤焦油染料的法规证据收集工作的一部分，赫西审查了当时的科学文献，描述了化学家们对合成染料毒理学所持的不同立场。值得注意的是，他发现其时科学界对此缺乏共识。[108]例如，德国眼科医生雅各布·斯蒂林（Jakob Stilling）曾使用苯胺染料治疗眼睛，他认为苯胺色素无害，并声称动物实验中受试对象的死亡"证明不了什么"。同时，维尔茨堡大学卫生学教授、德国化学家卡尔·莱曼（Karl Lehmann）警告说，苯胺染料和偶氮染料的无害性尚未得到证实，尽管他承认生产工艺的改进已经通过除砷等方式降低了合成染料的毒性。[109]

其他化学家则认为，在通过公认的生理学实验检测之前，每种染料都应被视为可疑物质。[110]然而，由于市场上有数百种染料，而且每年还有更多的新染料出现，许多化学家认为对每种染料进行测试并达成全面共识是不可能的。当时的分析能力落后于合成能力也是一个问题。魏尔的研究成果被其他化学家在期刊和报告中广泛引用。例如，瑞士分析化学家协会(the Society of Swiss Analytical Chemists)建议禁止在食品和饮料中使用苦味酸、二硝基甲酚、马休黄、金橙黄、橙黄 II、间胺黄、番红精和亚甲基蓝,这些都是被魏尔认定为有害的染料。[111]

尽管缺乏全面的共识,但有害染料名单的反复公布使许多人误以为那些不在名单上的染料就是安全的,而事实却是市场上数百种煤焦油染料中的大多数都没有经过测试。1896 年,《食品与卫生》(*Food and Sanitation*)杂志上的一篇文章强调了这种误导情况,文章提到了宾夕法尼亚州乳制品和食品委员会专员发布的一份公告,其中指出七种煤焦油色素具有"明显的毒性"。几乎可以肯定的是,这份有毒染料清单来自魏尔的研究结果,其中马休黄、二硝基甲酚、苦味酸、间胺黄、橙黄 II、二硝基间苯二酚(dinitroso-resorinol)及萘酚绿被认定有毒,而金橙黄则被归入"可疑"。文章指出,虽然许多国家已经或正在出台防止使用危险染料着色的法律,但在大多数情况下,"所尝试的只是禁止使用的那些已知有害健康的色素",煤焦油色素仍然被广泛用于食品、糖果、酒和饮料的着色。同时,市场上不断出现新的染色剂,作者建议,"为了防止制造商拿公众做实验,在调查清楚这些物质对人体的影响之前,应禁止使用这些物质"。[112]

在食品生产商和消费者几十年来已经习惯使用煤焦油染料后,再禁止在食品中使用所有煤焦油染料,这在政治上和商业上都是一种困难的做法。有鉴于此,各国政府采取了各种措施,包括禁止使用某些已知有毒的染料,或建议限制在食品中使用无害染料。根据不同的国家文化和理念,采取的方法也不尽相同,有的国家将预防作为公共政策的原则,有的国家则倾向于自由放任、买者自负的做法。监管机构求助于化学家来选择禁止或推荐使用哪些染料，以及如何定期可靠地更新这些名单。由于在检测和评估染料方面没有达成共识或形成标准化检测方法，化学家和监管机构只能依靠魏尔等人的研究结果。然而，随着新染料的不断生产和新检测方法的不断出现，使用哪种检测方法也几乎没有共识。

化学家们努力认识和了解这些新物质，它们的使用方式多种多样，而且往往出人意料，其性质在与其他化学物质结合时也会发生变化。设计检测和评估数百种不断出现的新物质的测试方法是一项艰巨的任务，由于大多数物质对测试人员来说都是新的，而且其数量还在不断增加，因此难度更大。事实证明，来自不同国家和学科背景的化学家几乎不可能就哪种测试方法最合适或最有效，或就如何使测试及其结果标准化达成任何共识。

虽然 19 世纪化学家的分析技能使他们被任命为食品供应的公共监护人，但他们的分析技能始终落后于化学品制造商的合成技能，后者正在加速生产新型染料。监管机构和公共分析师们面临着针对不断变化和扩散的物质制定相关公共政策的困难。在这种情况下，染料作为认识对象的性质和化学家检测它们的能力至关重要。我们可以检测和禁止已知物质，但无法检测和禁止未知的新物质，更无法检测和禁止不同化学品之间无数相互作用所产生的无穷无尽的可能性。可以说，在整个 20 世纪以及 21 世纪，这种情况一直困扰着决策者。

由于没有能力对市场上不断涌现的新型合成染料进行可靠的检测，化学家调解在食品中使用新化学物质的能力便取决于他们的权威以及与他人的关系，在这一方面，各国的情况也不尽相同。

检测新型染料毒性的实验，以及检测其在食品中用途的实验，都清楚地表明了科学界在试图应对染料这个既缤纷多彩又难以捉摸的矛盾体时，所采用的人文态度和技术方法的多样性。关于如何理解、测试、操纵和使用合成染料的谈判非常复杂，不仅涉及化学家，还关乎政治家、生产者和消费者。正如博德维茨（Bodewitz）等人所言，"技术的稳定与人工制品的稳定，取决于它们是否被相关社会群体接受为解决其问题的可行方案"。[113]在评估这些新物质时，最棘手的问题之一是无法用标准化的术语对其进行识别和量化。

正如科学史学者在研究其他学科时所指出的那样，采用一种约定俗成的分类体系既是科学行为，也是政治、社会和商业行为。尽管化学家们一致认为有必要对染料进行统一分类和命名，但这项任务非常复杂，尤其是因为这一时期的化学公式缺乏标准化。19世纪下半叶，科学家们试图将时间、质量、长度和电气单位等测量标准化，以便在日益国际化的环境中创立一套共同的语言和价值体系。通过国际会议、期刊以及其他形式的国内和国际科学对话，科学家们在这一时期建立了自然科学和技术领域统一的测量、单位、命名和分类方法。其中许多标准化项目都有据可查，证明它们绝非简单易行的任务，涉及了复杂的协商过程。[114]而随着科学过程和产品的商业化程度越来越高，这项任务也变得更加复杂。虽然人们早在19世纪就对电学测量单位达成共识并施行了标准化，但直到进入20世纪后才统一了适用于消费者的供电系统和电器标准。特雷弗·平奇（Trevor Pinch）认为，决策群体和社会背景越广泛，达成共识就越困难。[115]在竞争激烈的市场中，标准化问题变得更加复杂，因为谈判对象包括制造商、零售商、公众、政治家和科学家。[116]对于19世纪的科学家而言，涉及身体的测试以及校准味觉和

视觉等身体感官的尝试尤为复杂和引人注目。[117]正如西蒙·谢弗
(Simon Schaffer)所言,"量化并不是一门学科发展中不言而喻或不可避
免的过程,它本身就拥有一段属于自己的非凡的文化史"。[118]就化学
染料而言,来自不同背景和学科、有着不同目的和目标的化学家们必须
利用各种不同的测试方法来制定新的策略。根据谢弗的说法,"实验人
员的测量值是价值选择的结果",而测量的现象和标准取决于当时所采
用的和可用的技术。[119]

　　谢弗和其他科学史与科学社会学学者,如哈利·科林斯(Harry
Collins),都证明了在创建普遍认同的测试方法时,在确定哪些实验和
"事实"适用而涉及社会协商时达成共识的复杂性。评估化学染料的情
况尤为复杂。化学家们无法就其命名或化学成分达成一致意见,却创造
出了这些难以检测的新型物质,而它们正以无形的方式迅速渗透到整个
社会,等待由来自不同学科、有着不同传统和目标的科学家进行检测、
分析和评估。正如科林斯在他的"实验者回归理论"(experimenters'
regress)中解释的那样,"通常,一项实验技能的成功实践会通过实验的
成功结果来体现,但是,当需要检测一种新现象时,就不清楚什么应该
被视为'成功的结果'了——是检测到该现象,还是没有检测到该现
象"。[120]在这种情况下,事实并不确定,寻求达成一致意见的各方却
广泛而分散。此外,即使就应该使用哪种类型和形式的实验形成了一致
意见,实验的可复制性也往往会出现问题。实验实践从一个人到另一个
人、从一种应用到另一种应用、从一种环境到另一种环境的转移,很少
是直截了当的,并且会因仪器、条件和材料发生改变而变得复杂。[121]

　　通过化学家对新型合成染料(作为研究对象)的研究,我们可以清楚

地看到实验实践与理论知识是如何相互促进的。[122]根据帕廷顿(J. R. Partington)和阿道夫·冯·贝耶尔等人的论述，这种相互促进对早期合成化学与分析化学的历史提出了挑战，他们强调合成化学和分析化学之间"渐行渐远"，并认为"第二次工业革命"的合成化学是可靠的，是建立在普遍认同的结构理论基础之上的。[123]这些以往的论述认为，基于物质分解与重构的实验与实践操作，18世纪的化学将分析与综合相结合，而随着凯库勒等化学家对合成与结构理论的发展，这种化学逐渐转变为基于理论理解与知识的化学。然而，凯瑟琳·杰克逊(Catherine M. Jackson)、厄休拉·克莱因(Ursula Klein)和艾伦·罗克等学者提出了一个更为细致和复杂的观点，他们认为，在这一整个时期内，人们还远未建立起对分子和化学结构的真正理解，化学家们在解释和操控有机化学时，采用了多种理论、实验方法和技术。[124]正如我们所看到的，化学家在检测食品中煤焦油染料的使用情况，以及理解和评估这些染料对食用者的影响时，采用了来自各种化学传统和发展的理论与实践，并结合了合成与分析两种方法。

注释

[1] 关于风险和监管的当代辩论，以及科学家(包括食品行业中的科学家)所扮演的角色，如需了解更多信息，请参阅 Demortain, *Scientists and the Regulation of Risk*; Adam, Beck, and Loon, *The Risk Society and Beyond*; Beck, *Risk Society*; Ferrari, *Risk Perception*, *Culture*, *and Legal Change*; Hutter, *Anticipating Risks and Organising Risk Regulation*; Hutter, *Managing Food Safety and Hygiene*。

[2] Weyl, *Handbuch der Hygiene*, 385.

[3] Arata, "Detection of Colouring Matters in Wine"; Belar, "Detection

of Foreign Colouring Matters in Red Wines"; Geisler, "A Delicate Test for the Detection of a Yellow Azo Dye Used for the Artificial Coloring of Fats"; Halpen, "The Detection of Foreign Colouring Matters in Preserved Tomatoes"; Micko, "Artificial Colouring of Oranges"; Rinzand, "Artificial Colouration of Wine"; Rota, "A Method of Analyzing Natural and Artificial Organic Colouring Matters"; Spaeth, "On Fruit Juices and their Examination"; Spaeth, "The Detection of Artificial Colouring Matters in Sausages".

[4] 所使用的各种重叠技术和方法表明，这一时期是化学家从依赖感官到更加"现代"地依赖定量实验室结果之间的过渡时期，历史学家莉萨·罗伯茨（Lissa Roberts）已经明确指出了这一区别，参见 Lissa Roberts, "The Death of the Sensuous Chemist"。有关此期间分析化学知识和实践的更多信息，请参阅 Szabadváry, *History of Analytical Chemistry*。

[5] Fagin, *Tom's River*.

[6] Fitzgerald, *The Hundred-Year Lie*; Carson, *Silent Spring*.

[7] 在科学史上，讨论最多的分类学领域之一是生物分类学。卡尔·林奈于 1775 年出版的《自然系统》（*Systema Naturae*）一书，介绍了一种详细且普遍采用的分类系统，这一系统在很大程度上一直未被质疑且保持完整，直到 DNA 和进化论领域有了最新发展才有所改变。Linnaeus, Stearn, and Heller, *Species Plantarum*; *Carl Linnaeus*; Anderson, *Carl Linnaeus*.

[8] 直到 19 世纪 50 年代，新合成的煤焦油染料才开始在工商业中广泛使用，引起了多种不同的认识和命名方式。对于欧洲范围内化学中语言和命名法的历史考察，请参见 Bensaude-Vincent and Abbri, *Lavoisier in European Context*。

[9] Hepler-Smith, "Just as the Structural Formula Does".

[10] Ibid.

[11] Muter, "On the Processes and Standards in Use at the Municipal Laboratory of the City of Paris".

[12] Hesse，"The Industry of the Coal-Tar Dyes"；Redlich，"Die volkswirtschaftliche Bedeutung der deutschen Teerfarbenindustrie"；Murmann, *Knowledge and Competitive Advantage*，248.

[13] Nicklas, "New Words and Fanciful Names".

[14] Jones, *German Colour Terms*；Schaeffer, *Die Entwicklung der künstlichen organischen Farbstoffe*.

[15] 有关林奈分类的更多信息，请参见 Blunt, *Linnaeus*；Linnaeus, Stearn, and Heller, *Species Plantarum*；*Carl Linnaeus*；Koerner, *Linnaeus*；Anderson, *Carl Linnaeus*。

[16] Jones, *German Colour Terms*，132.

[17] Weyl and Leffman, *The Coal-Tar Colors*，17，89—90.

[18] Hueppe, *Die Methoden der Bakterien-Forschung*，105.

[19] Erdmann, Review of Schultz and Julius, *Tabellarische Übersicht der Künstlichen organischen Farbstoffe*，767；Green, Schultz, and Julius, *A Systematic Survey of the Organic Colouring Matters*.

[20] Rocke, *Nationalizing Science*；Klein, *Experiments*，*Models*，*Paper Tools*；Klein and Reinhardt, *Objects of Chemical Inquiry*.

[21] Murmann, "Knowledge and Competitive Advantage"；Abelshauser et al., *German Industry and Global Enterprise*；Homburg, Travis, and Schröter, *The Chemical Industry in Europe*.

[22] 在1904年第二版的前言中，格林指出，自1894年第一版出版以来，"许多旧染料和旧制造方法已经过时，而新的工艺已被引入，新的中间产品被发现，并且大量的新色素被引入商业领域"。

[23] Green, Schultz, and Julius, *A Systematic Survey of the Organic Colouring Matters*，viii.

[24] 在整个19世纪，化学物质的分类一直是个有争议的问题，化学家们选择了许多不同的系统来对染料进行分类。除了格林的分类方法外，还出版了其他几本基于舒尔茨原始表格的分类著作，这些著作分别用英语和德语写成，并采用了与格林不同的分类方法。如需了解更多信息，请参阅 Clark, *Handbook of Textile and Industrial Dyeing*。

[25] Burdett，"The Colour Index"．

[26] Clark，*Handbook of Textile and Industrial Dyeing*；Burdett，"The Colour Index"．

[27] 有关食品工业中当前使用的各种颜色测量系统的示例，请参见 Good，"Methods of Measuring Food Color"；Caivano and Buera，*Color in Food*。

[28] 有关芒塞尔颜色系统的更多信息，请参阅 Cleland，*A Practical Description of the Munsell Color System*；Kuehni，"The Early Development of the Munsell System"；Munsell，*A Color Notation*；Munsell，"A Pigment Color System and Notation"；Nickerson，"History of the Munsell Color System, Company, and Foundation"；Landa and Fairchild，"Charting Color from the Eye of the Beholder"。

[29] Gaskill，"Learning to See with Milton Bradley"；Blaszczyk，*The Color Revolution*．

[30] Gibson，*The Lovibond Color System*；Lovibond，"On the Scientific Measurement of Colour in Beer"；Johnston，*A History of Light and Colour Measurement*；Bud and Warner，*Instruments of Science*．

[31] Gibson，*The Lovibond Color System*．

[32] Rossi，"Let's Go Color Shopping with Charles Sanders Peirce"．

[33] Johnston，*A History of Light and Colour Measurement*；Cochrane，*Measures for Progress*．如其他章节所述，黄油和人造黄油的颜色是一个有争议的问题，乳制品行业的相关人员经常抱怨说，将人造黄油染成黄色以使其看起来像黄油，是一种掺假和欺诈行为。

[34] Johnston，*A History of Light and Colour Measurement*．

[35] Ibid.

[36] Cochrane，*Measures for Progress*，270.

[37] Mari，"Epistemology of Measurement"．

[38] Tal，"Old and New Problems in Philosophy of Measurement"；Chang，"Circularityand Reliability in Measurement"；Chang，*Inventing Temperature*；Cartwright，*Nature's Capacities and Their Measurements*；

Chang and Cartwright, "Measurement"; Gooday, *The Morals of Measurement*; Schaffer, "Metrology, Metrication, and Victorian Values"; Schaffer, "Late Victorian Metrology".

[39] 有关分析实验室的发展和分析化学家的崛起，更多信息请参见 Gee, "Amusement Chests and Portable Laboratories"。关于不同领域的化学分析及其在法庭和其他领域的争议，更多信息请参见 Brimblecombe, *The Big Smoke*; Gerber, *Chemistry and Crime*; Hamlin, *A Science of Impurity*; Burns, "Analytical Chemistry and the Law"。

[40] 有关工业化学品滴定试验的更多信息，请参阅 Szabadváry, *History of Analytical Chemistry*。关于 16 世纪使用指示剂溶液，通过颜色变化来检测成分的证据，请参见 Boas, *Robert Boyle and Seventeenth-Century Chemistry*; Debus, "Solution Analyses Prior to Robert Boyle"; Debus, "Sir Thomas Browne and the Study of Colour Indicators"。

[41] Stanziani, "Information, Quality, and Legal Rules"; Stanziani, "Negotiating Innovation"; Stanziani, "La Mesure de la Qualité du Vin en France, 1871—1914".

[42] Gautier, "The Fraudulent Colouration of Wines"; Gautier, "Continuation of the Fraudulent Colouration of Wines".戈蒂埃的文章是基于他之前发表在《巴黎社会通讯》(*Bulletin de la Société Chimique de Paris*)上的作品。

[43] Fell and Rocke, "The Chemical Society of France in Its Formative Years, 1857—1914".阿尔芒·戈蒂埃(Armand Gautier, 1837—1920)曾在蒙彼利埃师从贝尚(J. A. Béchamp)学习化学，之后前往巴黎，成为阿道夫·武尔茨的学生。1874 年，戈蒂埃成为医学院新医学实验室的主任，并于 1884 年接任武尔茨的医学化学教授职位。1866 年，他在氰化银与简单醚或复合醚之间的双分解反应中分离出了异腈(亚硝酸酯的同分异构体)，他称之为碳酰胺。他还开发了检测和量化微量砷的方法，并证明在健康动物体内也能发现砷的痕迹。索普(Thorpe)在"戈蒂埃讣告"中对此有所记述。有关武尔茨及其结构化学学派的更多信息，请参阅 Rocke, *Nationalizing Science*。

[44] Gautier, "The Fraudulent Colouration of Wines", 109—112.

[45] Gautier, "Continuation of the Fraudulent Coloration of Wines", 130—135.

[46] 有关法国食品掺假检测中心的更多信息，请参阅 Stanziani, "Information, Quality, and Legal Rules"; Stanziani, "Negotiating Innovation"; Stanziani, "La Mesure de la Qualité du Vin en France, 1871—1914"; Atkins, Lummel, and Oddy, *Food and the City*; Scholliers and Van den Eeckhout, "Hearing the Consumer?"; Scholliers, "Defining Food Risks and Food Anxieties throughout History"。关于巴黎市立实验室的更多信息，参见第七章。

[47] Muter, "On the Processes and Standards in Use at the Municipal Laboratory of the City of Paris". 穆特是《分析师》杂志的创始人之一，并于 1877 年到 1891 年期间担任该杂志的联合编辑。他是伦敦南部几个行政区以及林肯郡的公共分析师，同时也是伦敦南部药学学校的校长。Obituary, *Journal of the Chemical Society*, 101(1912):691.

[48] Stanziani, "Information, Quality, and Legal Rules"; Stanziani, "Negotiating Innovation"; Stanziani, "La Mesure de la Qualité du Vin en France, 1871—1914"; Paul, *From Knowledge to Power*, chap. 5; Morris, *The Matter Factory: A History of the Chemistry Laboratory*, chaps. 9 and 10; Klein, *Experiments, Models, Paper Tools*; Simon, *Chemistry, Pharmacy, and Revolution in France, 1777—1809*; Tomic, *Aux origines de la chimie organique*; Tomic and Guillem-Llobat, "New Sites for Food Quality Surveillance in European Centres and Peripheries"; Tomic, "The Toxicological Laboratory of Paris during Jules Ogier's Direction 1883—1911".

[49] 该研究所是 1884 年 1 月根据皇家法令在慕尼黑、埃朗根、维尔茨堡和施派尔设立的四个国家考试中心之一。有关德国食品研究中心的更多信息，请参阅第七章。

[50] Herz, "New Methods for Detecting Artificially Coloured Red Wines", cited in *Analyst*, 1(September 1886):175.

[51] K. Fleck, "A New Test for Picric Acid and Binitrocresol", *Repertorium der analytischen Chemie* 48(1886), cited in *Analyst*, 12(January 1887):16.

[52] Curtman, "Test for Aniline Colours in Wines or Fruit Juices", *Zeitschrift für analytische Chemie*, H4(1887), cited in *Analyst*, 12 (October 1887):200—201.

[53] Goldstein, *One Hundred Years of Medicine and Surgery in Missouri*.

[54] Hofmann, *Liebigs Annalen der Chemie*, 144—214; Gautier, *Liebigs Annalen der Chemie*, 289.异腈(或称异氰化物)因其难闻的气味而臭名昭著, 霍夫曼和戈蒂埃都对此发表过评论。霍夫曼异腈合成法已经成为并且现在仍然是检测伯胺的关键化学测试方法, 其原理是伯胺与氢氧化钾和三氯甲烷发生反应。霍夫曼通过三氯甲烷和苛性钾作用于伯胺合成了异腈(亚硝酸酯或异氰化物的同分异构体), 而戈蒂埃则在氰化银与简单醚或复合醚之间的双分解反应中分离出了异腈(有时拼写为 "isonitriles", 或如戈蒂埃所称的 "碳酰胺")。

[55] Curtman, "Test for Aniline Colours in Wines or Fruit Juices", cited in *Analyst*, 12(October 1887):200—201.

[56] Klein, *Experiments*, *Models*, *Paper Tools*; Simon, *Chemistry*, *Pharmacy and Revolution in France*, *1777—1809*; Tomic, *Aux origines de la chimie organique*.

[57] *Analyst*, 1(1877):186.

[58] 有关光谱学的更多内容, 参见 Szabadváry, *History of Analytical Chemistry*。

[59] *Analyst*, 1(1877):186; Brears, *Jellies and Their Moulds*, 11.

[60] *Analyst*, 10(October 1885):179—181.

[61] 埃尔利希认识到了一些新型染料的毒性, 以及它们选择性地毒害细胞的能力, 他据此发展了化疗作为治疗梅毒等疾病的一种手段。化疗是使用一系列有毒物质杀死细胞的方法, 至今仍是癌症治疗的关键手段。Schweitzer, "Ehrlich's Chemotherapy".

[62] 有关在组织学中使用合成染料的更多信息, 请参阅 Travis, "Science as Receptor of Technology"; Cook, "Origins of Tinctorial Methods in Histology"; Collard and Collard, *The Development of Microbiology*;

Wainwright, "The Use of Dyes in Modern Biomedicine"；Wainwright, "Dyes in the Development of Drugs and Pharmaceuticals"；Clark, Kasten, and Conn, *History of Staining*。

[63] Schweissinger, "Microscopic Detection of Colouring Matters in Sausages", 53.

[64] 欲了解更多信息和当前规定，请访问国家和国际食品机构的网站：http://www.food.gov.uk/science/additives/foodcolours/#.U4LvXy_gLZs；http://www.efsa.europa.eu/en/topics/topic/foodcolours.htm（both accessed August 17, 2019）。

[65] French, *Antivivisection and Medical Science in Victorian Society*；Hamilton, *Animal Welfare and Anti-Vivisection 1870—1910*. 欲了解更多有关两人的工作，参见 Porter, *The Greatest Benefit to Mankind*, chap. 11。还可参见 Rupke, *Vivisection in Historical Perspective*；White, "Sympathy under the Knife"。

[66] Neswald, "Francis Gano Benedict's Reports".

[67] 沃尔特·费希尔 1990 年 1 月 17 日向国会特别委员会（Parliamentary Select Committee）提供的证词。*Report of the Departmental Committee Appointed to Inquire into the Use of Preservatives and Colouring Matters in the Preservation and Colouring of Food*, 163—169.

[68] 约翰·阿特菲尔德教授 1990 年 1 月 9 日的证词。*Report of the Departmental Committee Appointed to Inquire into the Use of Preservatives and Colouring Matters in the Preservation and Colouring of Food*, 223—227. 19 世纪 70 年代，德国医生阿道夫·考斯曼（Adolf Kaussman）等临床医生开始使用胃管评估胃内容物。欲了解更多关于胃管和消化实验的信息，请参阅 Rosenfeld, "Gastric Tubes, Meals, Acid, and Analysis"；Davenport, *A History of Gastric Secretion and Digestion*；Miller, *A Modern History of the Stomach*；Minard, "The History of Surgically Placed Feeding Tubes"。

[69] Conti and Bickel, "History of Drug Metabolism"；Chast, "Les Colorants, Outils Indispensables de la Révolution Biologique et

Thérapeutique du XIXe Siècle".

[70] Paul, *From Knowledge to Power*, 212; Cazeneuve, *Les Colorants de La Houille*; Schuchardt, "Ueber die Wirkungen des Anilins auf den thierischen Organismus"; Filehne, "Ueber die Giftwirkungen des Nitrobenzols"; Turnbull, "On the Physiological and Medicinal Properties of Sulphate of Aniline, and Its Use in the Treatment of Cholera"; Engelhardt, *Beiträge zur Toxikologie des Anilin*.

[71] Lesch, *Science and Medicine in France*.

[72] Georges Bergeron and J. Cloüet, *Note sur l'innocuité Absolue des Mélanges Colorants à Base de Fuchsine Pure* (Rouen, 1876), cited in Weyl and Leffman, *The Coal-Tar Colors*, 23.

[73] Paul, *From Knowledge to Power*, 213; Feltz and Ritter, *Etude Expérimentale de l'action de la Fuscine sur l'organisme*; Cazeneuve, *Les Colorants de La Houille*.

[74] Cazeneuve and Lépine, "Les Couleurs de la Houille", cited in *Revue des sciences médicales en France et l'étranger*, 31 (July 26, 1888); Cazeneuve and Lépine, "Sur les Effets Produits par l'ingestion et l'infusion Intraveneuse de Trois Colorants, Dérivés de La Houille". 正如斯坦齐亚尼(Stanziani)在关于法国葡萄酒的案例中所述，被单独列出的食品项目很可能是那些游说能力最强的生产商生产的。

[75] Weyl and Leffman, *The Coal-Tar Colors*, 24. 1874 年，格朗多姆被指定为赫斯特颜料厂(Hoechst Colour Works)评估所用原材料的毒性。Marquardt et al., *Toxicology*, 19.

[76] International Labour Office, *Cancer of the Bladder among Workers in Aniline Factories*.

[77] Hardy and Magnello, "Statistical Methods in Epidemiology"; Porter, *Karl Pearson*; Morabia, *A History of Epidemiologic Methods and Concepts*.

[78] 欲了解更多关于确定苯胺与癌症之间联系的研究历史，请参见 Kennaway, "The Identification of a Carcinogenic Compound in Coal-Tar"; Lacassagne, "Kennaway and the Carcinogens"; Waller, "60 Years of

Chemical Carcinogens"；Proctor，*The Nazi War on Cancer*；Case and Pearson，"Tumours of the Urinary Bladder in Workmen Engaged in the Manufacture and Use of Certain Dyestuff Intermediates in the British Chemical Industry"。同时，最近的研究表明，苯胺工厂膀胱癌的发病率实际上可能是由于萘胺（一种用于制造偶氮染料的芳香胺）引起的，参见 Kahl，"Aniline"。

［79］Weyl and Leffman，*The Coal-Tar Colors*，25.

［80］Ibid.

［81］Porter，*Trust in Numbers*；Desrosières，*The Politics of Large Numbers：A History of Statistical Reasoning*；Hardy and Magnello，"Statistical Methods in Epidemiology".

［82］Porter，*Trust in Numbers*，preface.

［83］Weyl and Leffman，*The Coal-Tar Colors*，53.

［84］魏尔的研究包括了对萜烯（植物产生的芳香烃）的研究，以及一项后来被称为"魏尔试验"的检测方法的开发，该试验用于检测肝脏和肾脏中合成的肌酐的颜色反应。Weyl，"Über eine neue Reaction auf Kreatinin und Kreatin"；Delanghe and Speeckaert，"Creatinine Determination According to Jaffe".

［85］Weyl and Leffman，*The Coal-Tar Colors*，55. 在慕尼黑化学教授、德国化学家威廉·冯·米勒（Wilhelm von Miller）的研究之后，二硝基苯甲醚染料被推向市场并被用作杀虫剂和农药。参见 Vaupel，"Vom Teerfarbstoff zum Insektizid"。

［86］Hopwood，*Haeckel's Embryos*；Latour and Woolgar，*Laboratory Life*；Gradmann，"Experimental Life and Experimental Disease"；Todes，*Pavlov's Physiology Factory*.

［87］Weyl and Leffman，*The Coal-Tar Colors*，80.

［88］Ibid.，85.

［89］如前所述，舒尔茨对数百种新型合成染料进行了详尽的描述和分类。Erdmann，Review of Schultz and Julius，*Tabellarische Übersicht der künstlichen organischen Farbstoffe*.

[90] Weyl and Leffman, *The Coal-Tar Colors*, 94—96, 92.

[91] 魏尔声称，格内姆（Gnehm）使用巴塞尔化学制造商宾德施德勒和布施公司（Binschedler & Busch）生产的一种制剂，认为橙黄染色剂是有毒的，并指出使用橙黄染色剂的印染工人会出现手和手臂肿胀的情况；马蒂乌斯则声称，其所在的爱克发公司生产的橙黄染色剂是无毒的。萨尔科夫斯基（E. Salkowsky）对兔子进行的实验也证实了橙黄染色剂的无害性。Weyl and Leffman, *The Coal-Tar Colors*, 94—96.

[92] Ibid.

[93] Rowan, *Of Mice, Models, and Men*; Trevan, "The Error of Determination of Toxicity".

[94] A. L. Winton, *Connecticut Agricultural Experiment Station Report* (Connecticut, 1901), 18.

[95] Weyl and Leffman, *The Coal-Tar Colors*, 96.

[96] Ibid., 115.

[97] Fraenkel, *Die Arzneimittel Synthese auf Grundlage der Bezeitungen zwischen chemischen Aufbau und Wirkung*.

[98] Schlacherl, *Fifth International Congress of Applied Chemistry*.

[99] Lieber, *The Use of Coal Tar Colors in Food Products*, 150, cited in Hesse, *Coal-Tar Colors Used in Food Products*, 47; Hochheiser, "Synthetic Food Colors in the United States".

[100] Chlopin, *Coal-Tar Dyes*, 114. 克洛平的论文摘要发表在 *Report of the Fifth International Congress of Applied Chemistry in Berlin*, IV (1903)：169—172。

[101] Chlopin, *Coal-Tar Dyes*, 219—221.

[102] Ibid., 224.

[103] Weber, "On the Behaviour of Coal-Tar Colors towards the Process of Digestion".

[104] Gudeman, "Artificial Digestion Experiments".

[105] Ibid., 1436.

[106] Ibid.

[107] 要了解更多关于当时德国染料生产中的保密情况，参见 Pickering，"Decentering Sociology"。

[108] Hochheiser，"Synthetic Food Colors in the United States"；Hochheiser，"The Evolution of U.S. Food Colour Standards，1913—1919"；Haynes，*American Chemical Industry*，vol.2，61.

[109] Stilling，*Anilinfarbstoffe als Antiseptica*；Lehmann，*Methoden der praktischen Hygiene*.

[110] *Forschungsberichte über Lebensmittel*，2(1895)；181.

[111] "Vorsätze der Schweizer Analytiker"，293.

[112] *Food and Sanitation*，November 28，1896，574.

[113] Bodewitz，Buurma，and de Vries，"Regulatory Science and the Social Management of Trust in Medicine"，251.

[114] Velkar，*Markets and Measurements in Nineteenth-Century Britain*；Hunt，"The Ohm Is Where the Art Is"；Krislov，*How Nations Choose Product Standards and Standards Change Nations*；Buchwald，*Scientific Credibility and Technical Standards in 19th and Early 20th Century Germany and Britain*；Schaffer，"Metrology，Metrication，and Victorian Values".

[115] Pinch，"Towards an Analysis of Scientific Observation".

[116] 要了解有关标准化历史，特别是电力标准化历史的更多信息，参见 Timmermans and Epstein，"A World of Standards but Not a Standard World"；Inkster，Gooday，and Sumner，*History of Technology*，vol.28，special issue，*By Whose Standards? Standardization，Stability and Uniformity in the History of Information and Electrical Technologies*；Gooday，*The Morals of Measurement*；Schaffer，"Metrology，Metrication，and Victorian Values"；Schaffer，"Late Victorian Metrology"；Hughes，*Networks of Power*；Hirsh，*Technology and Transformation in the American Electric Utility Industry*；Finn，*The History of Electrical Technology*；Schmidt，*Coordinating Technology*。

[117] Boddice，"Species of Compassion"；White，"The Experimental

Animal in Victorian Britain".

[118] Schaffer, "Astronomers Mark Time", 115.

[119] Ibid., 118.

[120] Collins, "Son of Seven Sexes", 34.

[121] Collins, *Changing Order*; Gooding, Pinch, and Schaffer, *The Uses of Experiment*; Shapin and Schaffer, *Leviathan and the Air-Pump*; Pickering, *Science as Practice and Culture*.

[122] 要了解有关分析与综合理论作为分析化学中对应策略的更多信息，参见 Klein and Lefèvre, *Materials in Eighteenth-Century Science*, 115—166, 220。

[123] Baeyer, *Ueber die chemische Synthese*; Partington, *A History of Chemistry*; Bensaude-Vincent, *A History of Chemistry*; Klein and Reinhardt, *Objects of Chemical Inquiry*.

[124] Klein and Lefèvre, *Materials in Eighteenth-Century Science*; Klein and Reinhardt, *Objects of Chemical Inquiry*; Klein, *Experiments, Models, Paper Tools*; Bensaude-Vincent and Simon, *Chemistry*; Rocke, *Nationalizing Science*; Rocke, *Image and Reality*.

第五章　英国公共食品分析师的任命

市政和国家化学家，或英国通常所称的公共分析师，是 19 世纪的产物，最早出现在 19 世纪 70 年代的英国。英国是最早实施全面食品监管并立法任命公共分析师以保障国家食品安全的工业化国家之一，但同时也是最晚就食品中使用煤焦油染料和其他合成化学添加剂进行立法的国家之一，这便使其成了一个特别有趣的案例研究对象。更多地了解这种新型职业化学家的产生过程，以及他们早期在建立权威或信誉方面遇到的一些困难，有助于解释他们是如何应对合成化学物质进入食品的。

如前所述，英国和其他国家的分析化学家都对使用矿物质和金属给食物着色提出了严厉批评。事实上，宣传糖果和其他食品中存在有毒金属色素对出台保护公众的措施起到了积极作用，也能帮助确立公共分析师作为食品安全守门人的角色。然而，尽管对来自铅和砷等矿物质的人工色素的担忧，在早期规范食品生产的尝试中起到了至关重要的作用，但就在公众分析师的地位和化学知识及检测技术都不够稳固之时，新的有机化学色素却开始进入食品供应，这让分析师们对于这些新的"科学奇迹"也无力提出疑问。

围绕专业管辖权的斗争和寻求公共权威的努力，是 19 世纪健康辩论的一个主要组成部分，在分析化学领域尤其如此。关于公共卫生、营养以及食品和饮料掺假的管理从一开始就充满问题和争议，与牛奶、水、肉类和其他食品相关的健康问题一起，成为挑战专业权威的战场。[1]在这些斗争中，化学染料进入了食品供应。

虽然从 18 世纪开始，食品掺假问题就日益受到关注，但直到 1855 年，有毒矿物色素的使用日益泛滥，才最终促使议会下院成立了一个专门委员会，就食品掺假问题举行听证会。在委员会上发言的专家包括：瓦克利、亨利·莱瑟比、哈索尔、约翰·波斯特盖特（John Postgate），于法国出生、德国求学、居住在伦敦的分析化学家顾问阿方斯·诺曼底（Alphonse Normandy），圣托马斯医院化学教授罗伯特·汤姆森（Robert Thomson），制药协会创始成员西奥菲勒斯·雷德伍德（Theophilus Redwood），药剂师协会的罗伯特·沃林顿（Robert Warrington），以及国内税收委员会化学实验室主任乔治·菲利普斯（George Phillips）。

几位化学家，特别是那些有制药经验的化学家，向委员会指出，有些物质可能不纯，但仍然是适合其预定用途且无害的。他们还试图区分有意掺假和无意掺假，以及为了金钱利益而欺骗和欺诈公众的掺假和可能造成身体伤害的掺假。雷德伍德、莱瑟比和菲利普斯都声称，有害掺假并不像哈索尔揭露的那样普遍。[2]然而，具有讽刺意味的是，一些在委员会上发言的食品制造商，特别是生产腌菜和蜜饯的托马斯·布莱克韦尔（Thomas Blackwell），却声称掺假现象十分普遍，需要加以控制。生产商和零售商普遍抱怨政府监管的介入，但大公司却认为对食品掺假进行更严格的限制和起诉，会使同他们竞争的小公司受到更严重的打击，从而使他们获得竞争优势。布莱克韦尔承认，他的公司使用铜盐让腌制蔬菜看起来更绿，并用铁化合物将肉酱染成红色，但他没有意识到这种做法会被人诟病。[3]其他生产商则将掺假与外国进口产品联系在一起，或者辩称，被视为掺假的行为实际上是为了满足消费者的预期。公司高管们表示，使用添加剂能让食品制造商以更低廉的价格生产出更多种类的食品。[4]

委员会的报告促使英国在 1860 年颁布了第一部食品掺假法。然而，与其后的 19 世纪英国食品立法一样，该法未能对掺假行为进行定义，也并未规定起诉时必须证明被告知晓自己的不法行为。因此，根据该法案提起的诉讼更多集中在食品的故意虚假陈述上，有利于把在现有食品中添加其他成分的贸易行为正常化。[5]1860 年的法案在打击食品掺假方面的不足，导致了 1872 年进一步的食品立法。1872 年的法案依旧没有对掺假做出定义，而是将重点放在了可能被证实是有害的添加剂，以及生产商或零售商是否向消费者披露添加成分上。虽然 1872 年的法案建议任命公共分析师，但它是非强制性的，于是直到 1874 年，在 171 个行政区和 54 个郡中，只有 26 个区和 34 个郡任命了公共分析师。对掺假问题的持续担忧，加上生产商和零售商的抱怨（他们认为自己受到了不公平的起诉），以及化学家们的游说（他们认为应该赋予公共分析师更多的权力和更好的培训），促使特别委员会在 1874 年再次召开听证会。里德特别委员会（the Read Select Committee）由地方政府委员会秘书兼南诺福克农业选区议员克莱尔·休厄尔·里德（Clare Sewell Read）担任主席。委员会听取了 57 位证人的证词，并讨论了公共分析师和政府消费税化学家①（government's excise chemists）作为食品纯度专业把关人的角色等问题。委员会的报告认为，在食品中添加无害的额外物质是合理的，如在黄油或奶酪中添加色素，只要这些物质是无害的，不是为了欺骗消费者。委员会还同意食品生产商的观点，即为了满足消费者的期望和提供他们负担得起的食品，添加剂还是有必要的，只要这些添加剂是公开的。[6]

1875年的《食品和药品销售法》（Sale of Food and Drugs Act）旨在实施委员会的建议，被普遍认为是英国现代食品掺假立法的基础。然而，该法案也没有对掺假做出任何定义。虽然它引入了严格责任原则，即只要引入有害掺杂物就足以被起诉，但起诉仍需要证明供应商的意图。与此同时，1875年法案允许使用获得专利并贴有标签的混合配料，只要这些混合配料无害，并使生产的食品"适合运输或食用"，这一法案有效促进了食品添加剂的合法化。通过1875年的法案，国家帮助实现了新食品配料和行为的合法化。[7]

塞巴斯蒂安·里乌（Sébastien Rioux）认为，19世纪英国的食品标准法规有助于推动"资本主义食品生产和合法掺假的兴起"。[8]本书则表明，在食品生产中，化学家对合成化学品的创造及其合法化方面发挥了重要作用，也导致了19世纪国家和公众无法预见的一定程度的合法掺假。

---

① 指专门负责执行与消费税相关的化学检测和分析工作的化学家。他们的工作通常涉及对烟草、酒精、燃油等应税商品进行化学分析，以确保这些商品符合政府的税收规定和质量标准。此外，他们还可能参与制定和执行与消费税相关的政策和法规，以及为政府提供有关税收征收和监管的专业建议。

1875 年法案中引入的一项重大变革是强制任命公共分析师。历史学家已经证明了"科学专业知识"在多大程度上影响 19 世纪下半叶的公共卫生立法及其实施。[9]公共卫生立法是维多利亚时期政府立法扩展的一部分，在此期间，维多利亚政府经历了从自由放任的自由贸易制度到许可性立法①，再到地方当局和中央政府加大执法力度的转变过程。[10]公共分析师与新的科学发明物之间的关系，以及这些物质融入我们食物供应的方式，进一步揭示了政府立法、风险管理和专业知识这三者在新食品添加剂合法化中的作用。

公共分析师协会的成立

公共分析师协会（以下简称"协会"）成立于 1874 年，以回应里德特别委员会和对公共分析师缺乏经验、决策矛盾以及缺乏掺假定义共识的批评。1874 年 8 月 7 日，药学会化学教授、米德尔塞克斯郡公共分析师西奥菲勒斯·雷德伍德博士主持了首次会议。他将会议的目标描述为："首先，驳斥不公正的指责；其次，反对干涉我们专业地位和独立性的建议措施；最后，成立一个旨在促进公共分析师之间互助与合作的协会。"[11]

这些话以及会议的通信和报告，揭示了这些新任命的公职人员认为有必要证明其立场的合理性并展示其知识的专业性。了解公共分析师在 19 世纪的工作环境，探讨他们与科学界同行（如医生和其他化学家）之间以及其内部的持续争论，有助于解释分析师们对食品中出现新化学物质所采取的摇摆不定的立场。

---

① 这里的许可性立法（permissive legislation）有别于强制性立法，指政府允许但不强制实施的法律框架。

公共分析师是几类新型科学家之一，他们试图在不断发展的新"专家"等级制度中确立自己的地位。围绕方法、薪酬和地位的争论，反映了当时著名化学家与执业化学家之间的分歧。前者中许多人都拥有学术职务，如爱德华·弗兰克兰（Edward Frankland）；后者则急于通过自己的附属机构和专业协会来维护自己的权威和地位，如公共分析师詹姆斯·万克林。[12]公共分析师们明显感到，他们是一个价值被低估的科学家群体，不得不努力争取认可和经济回报。1880 年，约翰·穆特将他们自己描述为"不是有钱的业余爱好者也没有研究基金资助，却要每天积极从事议会法案强加的繁杂工作"。[13]正如伊恩·伯尼（Ian Burney）、格雷姆·古迪（Graeme Gooday）和克里斯托弗·哈姆林（Christopher Hamlin）等科学史学者所指出的那样，在 19 世纪下半叶，"科学工作者"与其他人之间关于专业性和权威性的协商是复杂和有争议的。[14]都柏林首位公共分析师查尔斯·卡梅伦爵士（Sir Charles Cameron）在 1894 年向公共分析师协会发表的会长致辞中，对化学分析师要成为公认的职业科学家需经历的曲折而漫长的历程进行了评论。他指出，在他有生之年，化学分析已经从教授和讲师的实验室，扩展到执业化学家和公司的商业和私人实验室，这在很大程度上要归功于农业化肥工业和食品掺假辩论的推动。他还指出，二十年来，公共分析师的地位、能力和薪水都有了显著提高，已不复 1872 年《掺假法》才颁布时的低下待遇。[15]然而，直到 20 世纪，公共分析师们仍在抱怨他们资源不足，在保护公众免受欺诈性掺假行为侵害方面缺乏政府支持。[16]

在这一时期，化学家和医生一直在争论谁的技能和专业知识最适于打击食品掺假。甚至在立法设立公共分析师一职之前，哈索尔关于掺假问题的报告刚发表就引发了一场激烈而漫长的优先权之争，争论的焦点是：应该把多少功劳归于像瓦克利和波斯特盖特这样反对掺假的医生，又有多少归于哈索尔的显微技术，以及伦敦公共分析师兼医务官亨利·莱瑟比的分析技术。[17]

在食品分析的最初几十年里，许多地方当局的公共分析师都由医务官员兼任，这些人受过医学训练却几乎不具备化学方面的专业知识，因此被指责化学分析不力。而即使公共分析师职位不由医务官员兼任，对候选人的技能要求也可以协商。关于适合担任公共分析师的是化学专家还是医学专家，部分争议集中在掺假这一主要问题是被视为公共卫生问题还是经济欺诈问题，然而这也是一个被争论不休的问题。1860 年和 1872 年的《食品和药品销售法》主要关注的是食品中有毒物质的使用，如有毒金属染料。1872 年的法案将医学、显微镜和化学知识列为处理掺假问题的重要技能。1875 年的法案随后取消了对医学知识的要求，将重点放在经济欺诈的概念上，即如果出售的商品"不符合所要求的性质、质量和材质"，那么购买者就可能会受到损害。因此，阿特金斯（Atkins）认为，经济损害而非医疗损害成为"英国人在接下来的 100 年里对掺假的核心理解"。[18] 对食品欺诈的重视超过了对食品安全的重视，这有助于确保化学分析成为食品监测的首要工具。然而，人们对食品卫生以及对疾病通过食物和牛奶传播的担忧与日俱增，尤其是随着食品供应链的延长，这让医生和化学家在谁更有资格监督公共食品供应的问题上争论了几十年。1898 年，《英国医学杂志》抱怨道，为监督食品和药物法规执行情况而提议成立的参考委员会由五名化学家组成，但"医学人士"却只有一位。"考虑到食品和药品中杂质的生理作用是立法的真正依据，这似乎对公众很不公平，因为公众的体质需要得到保护以免患病。分析师的代表性毋庸置疑，但生物学家的作用也同样重要。"[19]为了延长食品的保质期，提升加工食品的味道和吸引力，防腐剂和色素等化学添加剂被越来越多地使用，这使得情况变得更加复杂。虽然这些化学品改善了食品质量和食品供应，但同时也被看作在食品质量和新鲜度方面欺骗消费者的一种手段。

新的掺假立法所依赖的公职化学家队伍不断壮大，但总体规模仍然很小，于是他们决定成立自己的协会，推动自己的事业并为自己的利益而战。1876年，公共分析师协会成立并出版了自己的期刊《分析师》。虽然英国科学促进会在1831年成立之初就设有化学分会，但直到1841年伦敦化学学会成立时，英国的化学家才有了自己的协会，并在同年为"化学家和药剂师"成立了英国药学会。正如彻恩赛德（Chirnside）和哈蒙斯（Hamence）所指出的，即使在19世纪70年代，化学学会的许多成员仍然是"业余的理论化学家"或"有兴趣的神职人员"。[20]独立社团和机构的建立使得化学界不同部门之间的区别越来越大，包括学术界、咨询界、业余人士、从事零售和批发的化学家和药剂师。[21]此时，职业化学家正试图确立自己的身份，并将自己与零售药剂师和其他执业化学家区分开来。甚至就算是零售药剂师也分为销售专利药物的药剂师和销售仿制药的药剂师，这与德国的情况很类似。[22]

19世纪的执业化学家，即那些既非受雇于学术界和工业界又不是药剂师的化学家，通常以私人执业的咨询和分析化学家身份谋生。这往往意味着他们要为不同商业领域的不同客户服务。正如威廉·布罗克（William Brock）在介绍威廉·克鲁克斯和当时其他执业化学家的情况时所指出的，要想取得成功，就必须随时随地接受工作，同时还要自我推销，并让公众认可整个化工行业。克鲁克斯是《化学新闻》杂志的创始人和编辑，也是众多利用维多利亚时代新兴媒体宣传化学的化学家之一。[23]事实证明，在新闻和化学共生关系的蓬勃发展中，掺假提供了完美的素材。例如，英国北部《每日邮报》的编辑查尔斯·卡梅伦（Charles Cameron）是一位具有化学分析经验的医生，他利用自己的出版物和一位年轻分析化学家的帮助，揭露了19世纪晚期格拉斯哥的威士忌掺假事件。[24]他与都柏林的查尔斯·卡梅伦非亲非故[25]，他在1874年成为国会议员，并于1894年提出了修订《食品与药品法》的法案。尽管该法案最终被撤回，但政府还是成立了一个专门委员会来审查食品掺假问题和相应的现行法律，并于1899年通过了一项修订法案，该法案要求公职分析师需具备相应资格证明。

回顾《分析师》从创刊到19世纪末的发展历程，可以清楚地看到公共分析师们在一个崭新而又拥挤的专业科学领域中，是如何艰难立足并积累专业知识的。

在成立初期，"协会"受到了来自各方的攻击，其中包括公众。公众抱怨向公共分析师缴纳的税款在防止掺假方面收效甚微。《分析师》认为，问题在于1872年新颁布的《食品和药品掺假法》将起诉责任推给了投诉的公众而非地方当局，后者的工作纯粹是分析。因此，"协会"敦促公众履行职责提出起诉，并承诺："如果他们能够清醒地认识到自己的责任，那么备受诟病的公共分析师将为他们提供一切帮助。"[26]消费者并不是被动的代理人，他们非常清楚掺假相关的问题，而"协会"则以消费者的喉舌自居。[27]

然而，在《分析师》的版面上，公共分析师与其他科学工作者，特别是与化学家同行之间的争论吸引了大量评论。[28]化学家在掺假案件中的地位既模糊又有争议。随着时间的推移，许多食品和饮料成分开始被视为掺假物，其中包括甘草、生姜、姜黄、明矾、绿矾和硫酸。这些产品由药剂师和药商供应给维多利亚时期的食品和饮料贸易。[29]

化学家和其他科学家的职业正经历着迅速的转变，许多化学家的经验和训练跨越了多个领域，而这些领域在下一个世纪才被视为独立的学科。化学家们既在学术界工作，也在商业界工作；既在公共领域工作，也在私人领域工作。他们互相认识，而且往往接受过相同导师的培训。[30]这在很多方面使他们之间的争论变得更加复杂和紧迫，因为他们要努力维护自己的观点以确保自己的职业利益，并寻求不同的盟友来帮助自己。[31]

诽谤出现在越来越多的专业和行业出版物中，职业纠纷和不满是其根源。《分析师》与《化学家与药剂师》(Chemist and Druggist)之间的交锋尤为激烈，这或许是因为新任命的公共分析师发现的许多掺假物的供应商正是《化学家与药剂师》读者群中的成员。杰贝斯(Jibes)嘲讽《化学家与药剂师》和其他行业期刊一样不懂化学，并持续在《分析师》上贬低药剂师动机不纯且能力有限。《分析师》经常批评其他期刊阻碍公共分析师的工作，还指责商业期刊为广告商谋利益。公共分析师和食品杂货行业之间的冲突还体现在《杂货商》(Grocer)与《分析师》之间持续不断的争吵中。《分析师》敦促《杂货商》停止污蔑分析师们无能，并与分析师合作杜绝掺假行为。[32]

食品工业和公共分析师之间一直在掺假的定义问题上存在争议。食品制造商通常认为，如果添加的配料无碍健康，那么就不应被视为掺假，特别是当添加的配料能使食品更加可口并为消费者所接受时。然而，分析师们对食品掺假所采取的是一种不那么商业化的态度，例如他们认为，如果食品是作为"可可"出售的，那么它就不应该含有可可以外的物质。区分"商业"纯度和"分析"纯度是许多法庭案件的核心，尤其是食品被当作"纯净"食品出售，却含有在生产过程中经常使用的无害添加剂的情况。[33]

《分析师》中的演讲、报告和文章清楚地表明，在维多利亚自由市场经济的泥潭中，公共分析师是如何将自己塑造为公正的食品纯度守门人，并将实验室的化学真相作为他们的理性武器的。[34]分析师不仅要与市场上的欺诈者作斗争，还要在同行中维护自己的权威。正如哈姆林在对 19 世纪水分析的研究中所表明的那样，由于如哈索尔、莱瑟比、万克林、弗兰克兰等著名化学家之间，就化学和显微镜分析的方法和相互矛盾的结果进行了公开且激烈的争论，这在执业化学家和咨询化学家中造成了相当大的焦虑。[35]

公共分析师们从一开始就感到自己遭受到了攻击，尤其对化学家奥古斯图斯·沃尔克（Augustus Voelcker）于 1874 年 6 月在里德委员会上提供的证据感到愤怒。沃尔克是英国皇家农业协会（Royal Agricultural Society）的成员，拥有自己的私人诊所。他表示，他"怀疑全国是否能够找出十几个能够正确履行公共分析师职责的化学家"，并毫不留情地批评了新的公共分析师机构：

所谓的分析造成了大量的恶果，食品分析师是《食品法》的最大敌人……很多分析师都不称职，他们既没有接受过足够的化学培训，也没有任何分析经验，因此，他们的言论有时非常轻率，毫无根据，这就使得《食品法》在实干者那里遭到了蔑视，影响极坏。[36]

沃尔克在德国出生并接受教育，那里的化学培训，尤其是有机化学培训要明显先进得多。他从法兰克福的药剂师助理做起，先后师从哥廷根大学的弗里德里希·韦勒、吉森大学的李比希以及乌得勒支大学的格拉尔杜斯·约翰内斯·穆尔德(Gerardus Johannes Mulder)。"协会"成员与德国有联系并不罕见，因为有几位公共分析师是德国人，比如奥托·赫纳，或在德国接受过培训，比如万克林和迪普雷。1863 年，沃尔克成立了一家私人咨询公司，就农业、污水、水和天然气等问题提供咨询，并对农业肥料和饲料进行掺假分析。尽管沃尔克早先曾对英国的化学分析现状提出过批评，他还是在 1901 年亲自担任了"协会"主席，并培养了包括伯纳德·戴尔(Bernard Dyer)在内的一批分析师，后者在 1897 年成为"协会"主席。沃尔克热衷于通过教育提高公共分析师的专业地位和声望。然而，他向里德委员会提出的意见，尤其是他建议任命政府消费税化学家作为掺假纠纷的仲裁者，引起了谢尔德的公共分析师阿尔弗雷德·艾伦、白金汉和什鲁斯伯里等区的公共分析师万克林的不满。艾伦和万克林等公共分析师与政府化学家之间的专业竞争十分激烈，甚至持续了几十年。[37]

萨默塞特宫：政府实验室

政府消费税实验室是英国的官方实验室，从 1852 年到 1897 年一直设在萨默塞特宫。它最初名为税务局化学实验室(1842—1894 年)，后来更名为政府实验室（1894—1911 年）和政府化学部（1911—1959 年）。在 19 世纪的大部分时间里，它被简称为萨默塞特官。[38]作为世界上最早的官方国家实验室之一，它最初是由税收办公室在 1842 年《纯烟草法》颁布后建立的，目的是确保国家在烟草和其他商品上的应纳税款，并减少由外部化学家分析样品所产生的费用。第一位首席化学家是乔治·菲利普斯，他于 1826 年开始担任消费税官员。菲利普斯自学了化学和显微镜技术，一直在实验室工作到 1874 年退休。他的副手詹姆斯·贝尔（James Bell）于 1867 年接替了他的工作。与两位负责人一样，实验室的许多工作人员最初都是税务官员，他们的大部分职业生涯都是在税务局度过的。[39]

实验室成立之初就受到了学术界和化学家顾问们的批评，这些人受雇于制造商和零售商，通过反对消费税为雇主争取立场。因此，外部化学家试图对政府官员的化学专业知识提出疑问也就不足为奇了。哈索尔等人还批评该部门的化学家不称职，缺乏分析食品掺假的经验，认为他们的工作重点只是烟草、茶和咖啡等应税产品。[40]

随着食品掺假成为一个日益严重的社会问题，消费税实验室的工作也迅速增多，每年分析的样本数量从 1842 年的 100 个，增至 1859 年的 9 500 多个[41]——这时的实验室已成为税务局内一个独立运作的部门。起初，该部门从日常工作的税务官中借调合格者担任化学师助理，同时继续使用外部的分析师。这些政府官员在伦敦大学学院接受化学培训（英国税务委员会主席约翰·伍德曾是该校校董会成员）。到了 19 世纪 50 年代末，为了节省培训费用、减少外部分析师的工作量，实验室决定在菲利普斯的领导下对部门内的化学家进行培训。菲利普斯的学生最初由皇家矿业学院的霍夫曼负责考核，从 1866 年起，爱德华·弗兰克兰

舌尖上的彩虹

成为霍夫曼的继任者。[42]

作为职业公务员，税务局的化学家与不断壮大的专业咨询化学家团体之间关系密切但互动有限，他们的工作目的和责任主要是保护国家的收入而非国民健康和免税食品供应的质量，因此被指出缺乏一般食品分析的专业知识而招致批评也不奇怪。不过，虽然这些工作人员可能首先是税务官，但实验室的笔记本和记录都证明了他们的化学能力，而且大多数政府化学家都会因为对化学分析感兴趣而特别要求调到实验室工作。事实上，许多税务官员的学生，如菲利普斯的助手乔治·凯（George Kay）和詹姆斯·贝尔，都曾在大学学院获得过化学奖。[43] 因此，他们作为化学家的资质是得到了证明的。

根据里德委员会的建议，政府实验室被指定对送交治安法庭的有争议掺假食品和饮料样本进行检测。虽然实涉案件不多，但这些案件仍然成为政府化学家和公共分析师之间日益敌对的冲突焦点，威胁到了双方的权威和公认的专业知识。万克林反对里德委员会的建议，即由萨默塞特官充当有争议掺假案件的上诉法庭：

> 消费税实验室在化学家中的声誉并不高……我认为在这些争议案件中设立官方裁判不会有任何好处。我自己也有过一些这样的经历，我可以向你们保证，如果你们选出任何这样的机构，并赋予他们这样的权力，你们就等于给了他们一个犯错的许可，让他们可以无视化学家们的普遍意见。[44]

万克林是一位特别直言不讳的公共分析师，他不怕与当权者对抗。"协会"主席伯纳德·戴尔这样形容他："(他)有一种好斗的精神，这似乎不可避免地让他迟早卷入个人争吵之中。"[45]万克林曾因水分析问题与著名化学家爱德华·弗兰克兰公开闹翻，随后又因另一起纠纷辞去了"协会"的职务。哈蒙德（Hammond）和伊根（Egan）认为，万克林之前与弗兰克兰的争执或许助长了他对萨默塞特官的强烈敌意。[46]分析化学家作为专家证人站在法庭的对立面并不罕见。1864年，这种情况就发生在弗兰克兰和万克林的身上，当时里昂的染料制造商勒纳尔·弗雷尔，起诉曼彻斯特的同行雨果·莱文施泰因侵犯其对品红（洋红或玫瑰苯胺）的专利权。[47]

与弗兰克兰和当时其他一些英国化学家一样，万克林也曾就读于曼彻斯特的欧文斯学院，之后在德国罗伯特·本生的马堡实验室接受了进一步的培训。在弗兰克兰的引荐下，他先为里昂·普莱费尔工作，随后于1863—1870年在伦敦研究所担任讲师，并在多个地方政府担任公共分析师，同时还是私人诊所的分析师，并在圣乔治医院担任讲师。[48]万克林的教育背景，以及私人、公共咨询和兼职讲学的工作组合，也是他在"协会"中其他同行的缩影。

政府化学家和公共分析师之间的争端成为行业和公众媒体评论和嘲笑的对象。《食品、药物和饮料》杂志的一位记者提到了"有良知的公共分析师与科学分析的笑柄——萨默塞特官"之间的斗争。[49]不仅是在媒体上，就连在议会听证会和法庭上，事实、方法和解释都存在争议，公司、政府、控方和辩方律师都聘请了独立分析师来支持各自的观点。1866年，一位法官在听取了三位化学家相互矛盾的证词后指出，由于科学本身的不确定性，这些证人总能根据其雇主（的利益）而"问心无愧"地提出科学论据。[50]

与其他专业的科学家一样，公共分析师在维多利亚时代的法庭上并不鲜见，他们经常被聘为专家证人。[51]19世纪下半叶，化学家在法庭上提出的相互矛盾的证据引起了许多非议，由此引发了一场关于科学家是否应被聘为专家证人的长时间激烈辩论。[52]1885年，《自然》杂志发表了一篇社论，批评化学研究所所长威廉·奥德林（William Odling）提倡科学的专业化和商业化，让化学家有偿成为企业和公共机构的顾问，并在法庭上作为控辩双方的证人。[53]事实上，到19世纪80年代中期，"骗子、大骗子和科学证人"等说法在法律界和新闻界广为流传。1891年的《旁观者》杂志严厉斥责科学工作者为了"物质世界的肥沃平原和山谷"而放弃了对纯粹真理和知识的追求。[54]塔尔·戈兰和格雷姆·古迪也都认为，19世纪后半期在法庭上争辩的科学"专家"成了一些人嘲笑的对象，这损害了科学的发展，削弱了科学家努力把自己塑造成公正的真理仲裁者的成果。[55]然而，奥德林和《化学新闻》的编辑、化学家顾问威廉·克鲁克斯声称，化学家和其他科学家作为顾问和证人发挥了宝贵的作用，并认为缺乏标准和不同的分析过程，以及所有案件都是不同的这一事实，导致了相互矛盾的观点和证据。[56]

法院成了与实验室、议会、市场和家庭并列的另一个决定食品质量的场所。[57]法院和专家证人所面临的困难是，对什么是"正常""天然"食品、什么是"掺假"食品缺乏共识。公共分析师认为有必要制定明确的参数和标准，以便在法律上区分"正常"和"掺假"食品，因为他们越来越发现自己不仅要在法庭上，还要在实验室里完成这项任务，而这两者需要的技能是截然不同的。与欧洲大陆的民法法庭相比，英国法庭的对抗性制度对专家证人更具挑战性，因为在英式法庭上，证人必须接受律师是或否的死板质询，而在民法法庭上，科学专家们可以更清楚地表达出科学证据的细微差别。[58]《分析师》的社论始终关注政府科学家在《食品和药品销售法》争议法庭案件中提供的不太严谨的解释。[59]"协会"敦促萨默塞特官官员与其会面，就共同的标准和方法进行协商，以克服缺乏共识的问题。[60]制定标准是维多利亚时代科学的一个重要特征，也是国家得以监督、保护和控制大众的一种手段。在19世纪，食品等天然产品越来越多地受到欧洲科学家的调查和分类，而统计数字的使用也越来越多，这有助于专家和政府监管食品。[61]通过标准来进行法典编纂，既是政治行为，也是科学行为。国家、机构和公司出于各种不同的原因(如贸易控制)而使用标准，因此标准或规范的制定需要经过长时间的谈判，并在众多参与者之间达成妥协。[62]

哈姆林观察了公共分析师们为建立水质和纯度的评估标准而进行的斗争，指出在一个"就技术问题达成共识具有深远法律影响的行业中，标准方法问题至关重要"。[63]与公共分析师的批评相反，萨默塞特官的化学家们并不反对标准本身，事实上，他们曾努力为烟草、啤酒和牛奶制定标准。[64]然而，根据实验室的记录，政府化学家们认识到，易腐产品的自然变化，往往使得制定严格的规定性标准作为确定掺假的手段具有误导性和错误性。[65]

政府分析师和地方当局的分析师之间的许多争议，都围绕着牛奶的脂肪含量和掺水问题展开。从19世纪60年代开始，英国大型工业化城市的牛奶贸易大大延长了供应链，这就为中间商用水稀释牛奶或撇去奶油以提高利润增加了机会。这种普遍的做法促使公共分析师们开发出更快、更经济有效的检测方法。万克林和其他公共分析师[其中最著名的是肯特郡的公共分析师马修·亚当斯（Matthew Adams）]开发了自己的检验方法。然而，根据在不同实验室的应用情况，这些测试的误差很大。分析师奥托·赫纳对分析结果不一致和分析师之间缺乏共识的情况进行了评论，他声称，分析结果不一致的部分原因是实验室操作规程的不同，例如加热温度和时间。[66]赫纳将沃尔克和万克林的牛奶检测技术，与政府化学家詹姆斯·贝尔和在德国出生的艾尔斯伯里乳品公司首席化学家保罗·菲特（Paul Vieth）的技术进行了比较。赫纳观察到，"每个分析师都按照自己的方式工作，得到的结果符合自己的工作方式，但无法与其他分析师相比较。我们都发现了脂肪和非脂肪固形物，但我们都对这些术语赋予不同的含义，这种情况已经持续了多年，还远未得到解决"。[67]他指出，"在过去的十年中，无论是在法庭上，还是在讨论这个问题的时候，分析师们见面时总会吵得不可开交。他们都认为自己才是无懈可击的，而其他人不止有错，甚至更糟"。[68]

政府化学家詹姆斯·贝尔认为，使用不同的分析技术来测量牛奶这种本身存在自然变化的产品，必然会产生不一致的结果。[69]他和萨默塞特官的化学家同事们使用的检测技术中包含了浸渍淡奶，公共分析师们认为这一过程过于昂贵和耗时，但浸渍法确实对已经开始分解的牛奶很有效。这就是萨默塞特官的政府化学家们经常要面对的问题，他们作为最终裁决者，在测试制度下收到样品的时间会晚于公共分析师。不同类型的测试产生不同结果，加上用不同的公式来比较不同的手段，这让情况变得更加复杂。安德鲁·皮克林提出的"实践的冲撞"①（mangle

---

① 可参见皮克林的《实践的冲撞——时间、力量与科学》一书，有中译本。

of practice)就是一个很好的例子。[70]的确,在不同的文化背景下,实验技术、仪器、科学理论和人类之间不断变化的相互作用被糅合在一起,这也形成了一条贯穿本书的主线:从有机染料的制造,到检测和评估有机染料的方法创造,到围绕食品质量的规章制度,再到食品工业本身。

公共分析师和政府化学家之间的意见分歧与标准和解释的差异有关,而这种差异是在一种充满敌意、缺乏相互尊重和透明度的氛围中产生的。[71]分析方法和解释上的差异源于化学家个体不同的兴趣和目标。公共分析师以执业化学家自居,声称要铲除掺假的奸商,保卫国民健康。赫纳曾抗议道,"如果我们这些追求真理的科学工作者不能就通用的测量方法达成一致,那将是一件丑闻"。[72]伯内特(Burnett)等历史学家认为,政府化学家的关注点与此大相径庭,因为食品法规是由海关和税务局出于税收原因而非出于健康和安全考虑而实施的。[73]与此同时,政府化学家对牛奶和其他食品的自然变化进行了广泛的研究和实验,得出结论:对随季节和地区而变化的产品制定严格的成分标准,可能会"给许多诚实的商贩带来严重困难"。[74]萨默塞特官的公务员们认识到牛奶等天然产品的"正常"范围很广,因此在制定和应用标准时采用了一种更广泛、更灵活的方法,这与公共分析师们所提倡的严格、规范和严谨的科学方法形成了鲜明对比。[75]斯蒂尔·威廉斯(Steere Williams)声称,贝尔和政府化学家们也"为了扩大其研究项目而回避了常规限制"。政府化学家将自己视为研究者而非监管者,前者有必要去了解食品的不同品质和变化,后者则需要确保食品符合固定的和既定的标准。[76]

在对彼此的批评中，这两类化学家对自己的定位各不相同。公共分析师将自己定位为专业顾问，利用化学来保护公众免受掺假或中毒之害，或为企业辩护，使其免受掺假指控。虽然萨默塞特官的副负责人理查德·班尼斯特（Richard Bannister）意识到反掺假立法的重要性，但对他来说，更重要的是养活英国人的能力。在班尼斯特看来，自由贸易、外国市场的开放，以及科学、技术、食品保存技术和食品运输方面的改进，能够让提供给民众的食品更便宜、选择更多、质量也更高更统一。他指责公共分析师在使用标准科学公式定义和规范"天然"食品时过于墨守成规。政府化学家的研究显示，由于存在着诸如不同烟叶之间差异很大这样的情况，因此检测蓄意掺假的工作并不简单。[77]但分析师们希望有统一的标准，以提高他们的权威性和在法庭上的辩论能力。在方法论和商品自然变异程度上的持续争论使得标准的探索备受争议。

两派化学家互相指责对方的技术过时且不准确。1894年，在一次关于食品立法拟议修正案的公开讨论中，海威科姆（High Wycombe）、肯辛顿、林肯（Lincoln）以及后来的威斯敏斯特公共分析师查尔斯·卡萨尔宣称，"萨默塞特官的官员"该被解职，"与这些法案没有任何关系"，其权力应移交给"一个完全熟悉最新科学成果和科学方法，并且能够获取最新信息的新权威"。根据卡萨尔的说法，"萨默塞特官的官员给人的印象是，作为一名政府官员，他们在任何意义上都是一个非常优越的人"。他怀疑政府的化学家们是否会有所改进，"他们现在和将来都会被繁文缛节所束缚，被一个历史最悠久也最懒散的政府部门所特有的死气沉沉所束缚"。[78]

公共分析师对政府化学家以及其他食品监测和生产行业相关人员的

不断批评，让我们了解到分析师自身的许多情况，以及他们为在同行中确立地位和权威而进行的斗争。1932 年，前"协会"主席伯纳德·戴尔在回顾公共分析师早期的几十年时指出，他们有时的好战与言辞激烈，部分是来自对改革的热情，"必须记住，我们都在经历动荡的时期"。[79]

在整个欧洲，分析化学家成为国家支持的可靠食品仲裁者，但他们也面临着巨大的挑战，这在英国即可略窥一斑。在他们那十字军般的热忱、科学能力以及精确性的表象之下，我们或许能看到一群正在努力打造自己职业生涯和声誉的新型化学家。公共分析师是一个小群体，他们当中，有些是自学成才，有些则是先在英国的新技术学院学习，然后前往德国拓展知识。他们中的许多人彼此相识，曾在同一位老师的指导下学习或工作。与政府化学家不同的是，他们没有政府的"铁饭碗"，只能向不同的公司、地方政府和公众"兜售"自己的技能。公共分析师们寻求更严格的标准和统一的方法来加强自己的权威性和可信度，并将自己的角色定位为国家食品供应安全和道德的保卫者。相比之下，政府化学家对食品生产采取了更加务实的态度，他们认识到天然产品和加工品都变化无常，因此其主要目标与政府的一致，即尊重自由市场，最大限度地增加税收，以及确保廉价食品的供应。政府的化学家们还将他们的科学研究视为加深了解食品成分的一种手段，而不仅仅是起诉掺假者的工具。

合成染料进入食品供应系统时，公共分析师显然正在为确保自己值得信赖的形象而奋斗，他们试图说服公众，化学是对卫生和社会最重要、最有用的科学。新染料是众多化学添加剂中的一种，这些添加剂迅速成为商品化且有价值的食品成分，而在当时的工业、商业和经济领域中，整个国家正围绕着自由市场与政府干预的利弊展开激烈的争论。[80]在任命公共分析师监督向大众供应的食品同时，自然哲学家和政治理论家赫伯特·斯宾塞(Herbert Spencer)等评论家警告说，要防止"监管机构的发展"对"自发的"和"有效的"供求系统强加规则和限制，"这样才能养活大城市"。[81]当乳制品行业为反对人造黄油着色进行游说时，作为政府首席化学家之一的班尼斯特认为，只要不冒充黄油，着色的人造黄油就不该受到歧视，相反还应作为廉价食品供应的重要补充而受到欢迎。[82]与以前用于食品着色的某些有毒矿物染料不同，对于使用新型化学染料的风险或益处都缺乏证据，当然也没有共识。事实上，正如上一章所述，几乎没有化学家能够检测出食品中的新染料，更不用说要确定其安全性了。

在努力建立食品标准，并针对长期存在的食品掺假行为确立公认的检测方法时，英国的分析师们发现很难维护自己的权威，也很难证明自己作为能够监管国家食品供应的专业专家的可信度。那么，是否是因为缺乏地位、权威、共识和技术专长，以及希望维护化学，特别是当时源自德国的有机化学的声誉，导致许多英国公共分析师不愿就食品中使用化学染料一事发表判断呢？

注释

[1] Hamlin, *A Science of Impurity*; Waddington, "The Dangerous Sausage"; Waddington, *The Bovine Scourge*; Eyler, "The Epidemiology of Milk-borne Scarlet Fever"; Eyler, *Sir Arthur Newsholme and State Medicine, 1885—1935*; Steere-Williams, "The Perfect Food and the Filth Disease"; Steere-Williams, "A Conflict of Analysis".

[2] Hamlin, *A Science of Impurity*, 161. 哈姆林指出，哈索尔和爱德华·

弗兰克兰一样，并不反对"夸大事实"，以便"引起公众的警觉"。

[3] British Government, *First Report from the Select Committee on the Adulteration of Food*, July 27. 要了解更多关于所提供证据的信息，参见 Steere-Williams, "The Perfect Food and the Filth Disease"; Royal Society of Chemistry, *The Fight Against Food Adulteration*。

[4] Paulus, *Search for Pure Food*; Rioux, "Capitalist Food Production".

[5] Paulus, *Search for Pure Food*; Rioux, "Capitalist Food Production".

[6] British Government, *The Report of the Committee of the Food Adulteration Act of 1872*(Read Committee)(London: H.M.S.O., 1874).

[7] 参见 Atkins, *Liquid Materialities*; French and Phillips, *Cheated Not Poisoned?*; Steere-Williams, "The Perfect Food and the Filth Disease"。类似的水质纷争，也可参阅 Hamlin, *A Science of Impurity*; Rioux, "Capitalist Food Production"。

[8] Rioux, "Capitalist Food Production".

[9] MacLeod, *Government and Expertise*; Hamlin, *Public Health*; Hamlin, *A Science of Impurity*; Eyler, *Sir Arthur Newsholme and State Medicine*, *1885—1935*; Atkins, *Liquid Materialities*; Atkins, Lummel, and Oddy, *Food and the City*.

[10] MacDonagh, *Early Victorian Government*, *1830—1870*.

[11] "Meeting of Public Analysts", 73.

[12] Chirnside and Hamence, *Practising Chemists*; Hamlin, *A Science of Impurity*.

[13] John Muter, *Analyst*, 5(February 1880):15—16. 有趣的是，仅仅五年后，穆特就指出，英国政府的高级化学家和成功的公共分析师的收入要高于他们的法国同行。见第七章。

[14] Burney, *Bodies of Evidence*; Gooday, "Liars, Experts, and Authorities"; Hamlin, *A Science of Impurity*.

[15] Cameron, "President's Address".

[16] Hehner, "President's Address", 8; "Remuneration of Public Analysts", 34.

[17] 要了解这场争执以及哈索尔和莱瑟比之间激烈争吵的具体情况，可参

见 Steere-Williams，"The Perfect Food and the Filth Disease"。

[18] Atkins，*Liquid Materialities*，180.

[19] "Food and Drugs(Adulteration) Bill"，778.

[20] Chirnside and Hamence，*Practising Chemists*，3.

[21] 要了解更多关于 19 世纪科学场所和概念变化的信息，参见 Fyfe and Lightman，*Science in the Marketplace*；Cahan，*From Natural Philosophy to the Sciences*。要了解更多关于化学家的学科归属和社会地位的信息，可参见 Inkster and Morrell，*Metropolis and Province*；Bud and Roberts，*Science Versus Practice*；Berman，*Social Change and Scientific Organization*。

[22] Homburg，"The Rise of Analytical Chemistry".

[23] Brock，*William Crookes(1832—1919) and the Commercialization of Science*. 工业化学家莱文施泰因从德国来到英国八年后，创办了《化学评论》(*The Chemical Review*，1871—1891 年)，这是一本面向"制造化学家和药剂师、染色师、印刷师、漂白师、上浆师、造纸师和过滤师等"的月刊。另一位在维多利亚时代媒体界更受欢迎的化学家是首席公共分析师伯纳德·戴尔，他是公共分析师协会创始人之一，其父则是《每日新闻》的新闻编辑。*Analyst*，890(1950)：240.

[24] Burns，*Bad Whisky*.

[25] 格拉斯哥这位国会议员对食品掺假问题的关注，经常让他被误认为是都柏林的公共卫生分析师查尔斯·亚历山大·卡梅伦爵士。卡梅伦爵士于 1994 年被任命为苏格兰公共卫生分析协会(SPA)主席，而这位国会议员的名字与他相同。

[26] "The Public and 'Public Analysts'"，155—156. 关于公共卫生分析师地位低下及其内心不安的更多信息，参见 French and Phillips，*Cheated Not Poisoned?*，39。

[27] 关于这一时期消费者角色的更多信息，参见 Daunton and Hilton，*The Politics of Consumption*；French and Phillips，"Sophisticates or Dupes?"；Kassim，"The Co-operative Movement and Food Adulteration in the Nineteenth Century"；Trentmann，*Empire of Things*。

[28] 《分析家》杂志 1876 年的第一卷引用了《地方政府纪事报》(*Local Government Chronicle*)和《医学检查官》(*The Medical Examiner*)上的几篇文章，文章声称，由于多位官员的辞职，公共卫生分析师协会陷入了混乱状态。

[29] 关于化学家向威士忌和啤酒行业提供的众多添加剂及其数量的更多信息，参见 Burns, *Bad Whisky*。

[30] 19世纪的顾问化学家与厄休拉·克莱恩笔下的 17 世纪"混合型专家"（那些既为国家与行业服务，又担任学术职务的化学家）颇为相似。Klein and Spary, eds., *Materials and Expertise in Early Modern Europe*.

[31] 关于化学家之间激烈争论的例子，参见 Hamlin, *A Science of Impurity*。

[32] "Organization Amongst Chemists", *Analyst*, 2, 19(1877):109—111; "Editorial", *Analyst*, 2, 22(1878):171—172; "Notes of the Month", *Analyst*, 2, 23(1878):205—206; "Notes of the Month", *Analyst*, 3, 29 (1878):316.

[33] "Pure Food".

[34] "Report of the Annual Meeting".

[35] Hamlin, *A Science of Impurity*.

[36] British Government, *The Report of the Committee of the Food Adulteration Act of 1872* (Read Committee), QQ 5589, 5861, 5600.

[37] 萨默塞特宫的理查德·班尼斯特和阿尔弗雷德·艾伦的通信内容，参见 *Analyst*, 19(1884):231—240, cited in Atkins, *Liquid Materialities*, 96。

[38] Hammond and Egan, *Weighed in the Balance*. 要了解英国海关与消费税的早期历史，参见 Ashworth, *Customs and Excise*。

[39] Hammond and Egan, *Weighed in the Balance*.

[40] Ibid., 13—30, 35.

[41] Excise Office, *Report of the Principal Chemist*, 36.

[42] Hammond and Egan, *Weighed in the Balance*.

[43] Ibid.

[44] British Government, *The Report of the Committee of the Food Adulteration Act of 1872* (Read Committee), 95.

[45] Russell, *Edward Frankland*, 376.

[46] Hammond and Egan, *Weighed in the Balance*, 88.

[47] Fox, *Dye-Makers of Great Britain 1856—1976*, 4. 弗兰克兰与霍夫曼、威廉·克鲁克斯、亨利·莱瑟比以及其他几位著名的化学家一同为原告出庭。与此同时,万克林为被告莱文施泰因辩护,声称莱文施泰因最初是在伦敦使用万克林在海德堡开发并获得授权的工艺制造染料的。由于未证明存在专利侵权行为,该案被撤销。

[48] 关于万克林及其与弗兰克兰之间备受争议的争执,更多信息参见 Hamlin, *A Science of Impurity*。

[49] "Editorial," *Food, Drugs and Drink*, 2, 27(1893):1. 关于报纸上更多评论的例子,参见 Steere-Williams, "Lacteal Crises—Debates over Milk Purity in Victorian England"。

[50] Burns, *Bad Whisky*, 87.

[51] Steere-Williams, "A Conflict of Analysis".

[52] Hamlin, "Scientific Method and Expert Witnessing".

[53] "The Whole Duty of a Chemist".

[54] "Editorial", *The Times*, April 4, 1882, 9, col. C; Huxley, *The Life and Letters of Thomas Henry Huxley*, 255, 257—258; *The Spectator*, 67 (1891):525, cited in Gooday, "Liars, Experts, and Authorities", 435.

[55] Golan, *Laws of Men and Laws of Nature*; Gooday, "Liars, Experts, and Authorities".

[56] Gooday, "Liars, Experts, and Authorities"; *Nature*, 33 (Nov 16, 1885):73—77; *Nature*, 33 (Dec 3, 1885):99; *The Spectator*, 67 (1891):525; *Chemical News*, 5(1862):183; *Chemical News*, 29(1874):216, 249; *Chemical News*, 47(1886):107; *Chemical News*, 53(1886):1—2, 39, 72. 有关化学家和其他科学家在法庭上担任专家证人的历史,更多信息参见 Hamlin, "Scientific Method and Expert Witnessing"; Kargon, "Expert Testimony in Historical Perspective"; Landsman, "Of Witches, Madmen, and Products Liability"。

[57] 关于评估风险和质量的不同论坛的更多信息,参见 Callon, Lascoumes,

and Barthe, *Acting in an Uncertain World*。

[58] Atkins, *Liquid Materialities*, chap.4; Hildebrandt, "The Trial of the Expert".

[59] "The Somerset House Court of Appeal"; "Report of Meeting".

[60] "Editorial and Exchange of Letters".

[61] Atkins, *Liquid Materialities*, chap.7; Porter, *Trust in Numbers*; Gooday, *The Morals of Measurement*; Velkar, *Markets and Measurements in Nineteenth-Century Britain*.

[62] Stanziani, *Rules of Exchange*; Stanziani, "Negotiating Innovation".

[63] Hamlin, *A Science of Impurity*, 224.

[64] 关于政府化学家对不同类型食品进行实验的更多信息，参见 Atkins, *Liquid Materialities*; Chirnside and Hamence, *Practising Chemists*; Hammond and Egan, *Weighed in the Balance*。

[65] Hammond and Egan, *Weighed in the Balance*. 关于公共分析师与萨默塞特宫之间争端的更多信息，参见 Chirnside and Hamence, *Practising Chemists*; Atkins, *Liquid Materialities*; Steere-Williams, "The Perfect Food and the Filth Disease"; Atkins, "Sophistication Detected"。也可参见 Steere-Williams, "A Conflict of Analysis"。

[66] Atkins, *Liquid Materialities*, 70; Hehner, "On the Relation between the Specific Gravity, Fat and Solids-Non-Fat in Milk, upon the Basis of the Society of Public Analysts' Method".

[67] Hehner, "Abstract of the Work of the Milk Committee", 3.

[68] Ibid.

[69] Bell, "Food Adulteration and Analysis".

[70] Atkins, *Liquid Materialities*, chap.2; Pickering, *The Mangle of Practice*.

[71] Allen, "Response".

[72] Hehner, "Abstract of the Work of the Milk Committee", 3.

[73] Burnett, *Plenty and Want*.

[74] James Bell, "Letter to Robert McAlley, Public Analyst for Falkirk" (Letter, London, March 1877), DSIR 26/118, National Archives,

cited by Steere-Williams, "A Conflict of Analysis", 291.

[75] 参见 Dyer et al., *The Society of Public Analysts and Other Analytical Chemists*; Chirnside and Hamence, *Practising Chemists*; Atkins, *Liquid Materialities*。

[76] Steere-Williams, "A Conflict of Analysis", 296.

[77] Hammond and Egan, *Weighed in the Balance*.

[78] "Proceedings of the Society of the Public Analysts", 110.

[79] Dyer et al., *The Society of Public Analysts and Other Analytical Chemists*.

[80] O'Rourke, "British Trade Policy in the 19th Century".

[81] Spencer, "From Freedom to Bondage", introduction.

[82] Bannister, "The Food of the People".

第六章 英国食品化学家对使用煤焦油染料的反应

美国政府于 1907 年制定了一份推荐使用的煤焦油染料清单,许多欧洲国家也早在 1900 年就禁止某些煤焦油染料用于食物,而英国直到 1925 年才禁止使用一些特定的煤焦油染料。同样是英国,直到 1957 年才将允许使用的煤焦油染料清单引入英国法律,这比美国的类似立法晚了 50 年。那么,作为最早对食品立法并任命公共分析师对食品进行评估的国家之一,英国为什么却是最后一个对这些新型化学物质进行立法的西方国家呢?

公共分析师之间的辩论以及提交给议会委员会的证据表明,1890 年以前,英国大多数公共分析师对在食品中使用合成染料持矛盾态度。只有在食品制造商和零售商故意使用染料欺骗公众,或是经证实少量使用就有毒的情况下,他们才会表示反对。虽然在 1890—1912 年间人们对在食品中使用合成染料的关注度有所提高,但对于是否需要制定法规来解决这一问题,公共分析师们意见不一。许多人仍然认为,煤焦油染料的危险性可能很小,并且肯定小于以前用作色素的许多矿物染料。分析师们认为,使用煤焦油染料的任何弊端都需要与使用它的好处进行权衡。这与消费者的选择和生产的实际情况有关。早在 1911 年,《大英百科全书》中的"掺假"条目就指出,在 19 世纪中叶,"与有毒且常常是剧毒的矿物染料相比,使用强力苯胺染料是一种进步"。

几乎没有证据表明,有很多英国分析师正在调查食品和饮料中合成染料的使用情况,更不必说设计检测方法和实验了。不过,有大量证据表明,他们在国内的专业报刊上看到了国外检测到合成染料以及评估其毒性的报道。其后,到 19 世纪 80 年代时,英国的大众媒体也开始报道衣服和食物中的"有毒"染料。

作为皇家外科学院(Royal College of Surgeons)的院长和都柏林市的公共分析师,卡梅伦爵士的观点能够反映大多数身处 19 世纪 80 年代中期的分析师对食品中使用合成染料的看法。他在谈及糖果中使用煤焦油染料时指出:

> 由于煤焦油染料中可能含有微量的铅、汞和砷,并且巴黎当局已经禁止使用这些染料为糖果着色,因此,看起来比较安全的做法是,不在任何供人类食用的物质中添加这些染料。不过,由于使用量极少,食用用这些染料染色的糖果应该不会造成严重后果。[1]

这代表了当时英国分析师的普遍观点:合成染料的毒性在于砷等有毒污染物,染料本身的使用量很小,不会对公众造成任何危害。然而,到了 1891 年,卡梅伦和他的一些同行开始对自己的观点进行修正。在爱尔兰皇家医学院(Royal Academy of Medicine)的一次会议上,他表示:

在苯胺色素中毒的案例中，一般认为毒性来源于制作煤焦油染料时经常使用的砷。不过，某些苯胺色素虽然不含砷，但也可能具有一定的毒性。我曾遇到过一些情况，比较倾向于这种推测。去年8月，一位住在都柏林莱森公园的先生给我寄来了一大包糖果，他认为这些糖果是导致他的孩子生病的元凶。据他所述，有三名幼儿在适量食用这种糖果后，出现了上吐下泻、身体虚脱的严重病症。这种糖果被裹成了深红色，而且裹色层比我之前预想的要厚许多。虽然没有在糖果里面检测到砷，但糖果使用了苯胺染料中的品红……大约在同一时间，有几名儿童到默瑟医院就诊，症状似乎是食物中毒，致毒物被怀疑是裹着厚厚苯胺色素的糖果。就在两周前，几个孩子也在吃了一些红色糖果后感觉很不舒服，他们呕吐、腹泻。在这个例子里，糖果也是用品红染色的。[2]

不过，卡梅伦并不主张进行更多的实验来检测食品中是否存在这类染料，或评估苯胺色素的毒性，而是建议分析师们对今后任何可能被怀疑为苯胺染料中毒的案例保持密切关注。他指出，上述病例不能被视为最终证明了食品中的苯胺色素有毒，但值得记录下来，因为如果发生更多的同类病例，可能会把对苯胺色素有毒的怀疑变成确定。[3]

如前所述，当时人们对食品中所使用染料的了解程度以及检测和评估能力还远远不够。在维多利亚时代英国自由放任和自由贸易的政治经济环境下，英国分析师也在努力维护自己作为专业专家的地位。[4]公共分析师由地方政府任命，代表了消费者的利益，但其中许多人也受雇于食品生产商和零售商。公共分析师、消费者、社会改革者、自由和公平贸易倡导者、制造商和零售商，都与经济和文化知识的形成息息相关，他们都援引公共卫生和消费者权益的论点来实现自己的目标。[5]

　　直到 19 世纪 90 年代末期，才有少数分析师开始呼吁禁止或限制包括色素和防腐剂在内的化学添加剂，其中代表性的人物是查尔斯·卡萨尔和奥托·赫纳。在这个问题上，卡萨尔比他的大多数同行都要激进。1889 年，他在维也纳国际卫生和人口大会后，辞去了公共分析师协会的职务，成为国际掺假问题委员会的一名活跃分子。1899 年，卡萨尔和他的导师、伦敦大学学院卫生与公共卫生教授威廉·亨利·科菲尔德一起，创办了《英国食品杂志和分析评论》(*The British Food Journal and Analytical Review*)。该杂志致力于提高食品纯度和监管强度，一直发行到 1914 年。[6]与卡萨尔同时代的赫纳是诺丁汉郡、西萨塞克斯郡、怀特岛和德比郡的公共分析师，也是在英国工作的数位在德国出生和(或)接受过培训的化学家之一。他通过层层晋升成为"协会"主席和化学学会副主席。赫纳最初在德国威斯巴登农业学院师从分析化学家卡尔·雷米吉乌斯·弗雷泽纽斯(Carl Remegius Fresenius)和卡尔·诺伊鲍尔(Carl Neubauer)，后转入格拉斯哥安德森学院，与古斯塔夫·比朔夫(Gustav Bischof)、威廉·拉姆齐(William Ramsay)共事，并最终成为哈索尔成立的咨询公司的合伙人。他是整个行业首屈一指的食品分析师，一直紧跟整个化学领域的发展，包括有机染料的工业生产。他对化学染料的态度颇为复杂，在其职业生涯的不同阶段，对使用化学染料的看法和评论各不相同，但在最后阶段，他对在食品中使用化学物质的批评渐趋激烈。[7]

　　能否在人造黄油中使用煤焦油染料是 19 世纪英国食品着色中争议

性最大的话题之一。在这一话题中，公众健康和经济争论交织在一起，在很多方面都是当时食品生产问题的缩影。虽然人造黄油被宣传为一种经济且卫生的新食品，为消费者，特别是其中收入较低的群体提供了更多选择，但它的新颖性也带来了不确定性，对既有利益和规范构成了威胁。

人造黄油是法国化学家伊波利特·梅热-穆列斯（Hippolyte Mège-Mouriès)在 1869 年发明的一种新型食品，为了响应拿破仑三世为军队和穷人寻找一种廉价黄油替代品的需求。[8]人造黄油最初以牛油为基础原料，天然呈白色，但制造商和零售商逐渐倾向于将它染成黄色，使其看起来更像黄油，从而更易被消费者接受。"人造黄油"一词用于描述人造黄油和其他黄油替代品，在 19 世纪的后几十年里，其产量急剧增加。

根据 1901 年关于食品防腐剂和着色剂的政府报告，广泛用于黄油和牛奶着色的胭脂树红和其他植物性色素(如姜黄和藏红花)"正在被煤焦油色素取代，而煤焦油色素对人体系统的副作用尚不完全清楚"。报告指出，"荷兰、澳大利亚和美国的黄油常常添加了煤焦油色素"，而"大量的人造黄油也被染色"。最常用的染料是二甲基黄(商业别名"黄油黄")和从煤焦油中提取的磺化偶氮衍生物。黄油黄一般溶解在油中后供应给贸易商，这些油包括了棉籽油、油菜籽油、亚麻籽油或芝麻油。[9]

同一份报告指出，食品中使用煤焦油色素最多的是人造黄油，在萨默塞特官政府实验室分析的 133 个样本中，有 100 个含有这种染料。人造黄油着色问题所引发的诸多担忧，主要是由势力强大的乳制品行业掀起的。但是，即使黄油生产商希望禁止人造黄油的着色，他们仍然需要使用胭脂树红、苯胺和萘酚染料等人工着色剂来确保自己的产品颜色一致，因为黄油的颜色在一年中往往会有变化。正如在食品生产和贸易中经常看到的那样，公共卫生方面的争论主要是为了解决商业纠纷。

在人造黄油问世后的几年内，从德国到美国，各国政府都在立法禁止这种新产品，其中大多数政府反对将其染成黄色。这些立法的基础不是保护民众免受其害，而是保护公众免受欺骗。新法律还有助于保护本土乳制品行业免受国内外竞争的影响。在英国，政府和分析师们对人造黄油被染成黄色采取了与美国、加拿大、澳大利亚以及其他欧洲国家不同的对策。虽然英国分析师担心染色的人造黄油可能会让消费者误以为他们买的是真黄油，但大多数化学家并不认为应该完全禁止染色，他们也没有区分使用的是植物染料（如胭脂树）还是煤焦油染料。[10]

在《黄油替代品进口、制造和销售管理条例》[1887 年《人造黄油法》(Margarine Act)]中，英国政府没有限制黄油或黄油替代品中色素的使用，只是要求所有人造黄油都必须贴上相应的标签。初犯者将被处以 20 英镑的罚款，再犯者将被处以最多 1 个月的监禁或 50 英镑罚款，多次违反者则将面临最高 6 个月的监禁。《人造黄油法》规定："'黄油'一词指的是通常被称为黄油的物质，完全由牛奶或奶油或两者与普通食盐制成，可添加或不添加色素……（而）……'人造黄油'一词是指所有模仿'黄油'制备的物质，不论是化合物还是其他物质，也不论是否与黄油混合。在市场中，这种东西只能以'人造黄油'的名义进行合法销售。"[11]

立法中包含的高度惩罚性措施显示出当时英国乳制品行业的话语

权。乳制品生产商以公共健康和经济欺诈为由,有效地实现了对人造黄油的贸易限制。然而,黄油生产商反对任何禁止使用人工色素的措施,转而以消费者选择权为由,为人造黄油和黄油中色素的使用进行辩护。这与美国黄油生产商采用的方法截然不同,反映出英国自由放任的商业和政治文化与 19 世纪美国的保护主义文化之间的差异。利默里克(Limerick)公共奶油市场的销售主管罗伯特·吉布森解释了食物口味如何因地而异,导致许多黄油生产商认为"绝对有必要添加色素以适应不同地区的口味"。他指出,利物浦、曼彻斯特和奥尔德姆的人们喜欢的黄油色泽都略有不同,"当你来到南方,他们根本不会接受你的淡色黄油",因此,"在东西南北都有分散贸易的生产商和批发商说,为了满足你们的市场,着色是绝对必要的"。[12]稍后我们将会看到,这种当地消费者口味与食品生产地域差异之间的张力,以及对通用的科学可衡量标准的渴望,并非英国所独有。

许多食品杂货商还认为,对食品着色的过度立法将剥夺消费者的选择权。杂货商联合会"反对干涉人造黄油的着色,反对禁止人造黄油和黄油的混合,理由是这两种做法都不一定能防止欺诈行为,而禁止混合则会提高黄油的价格,严重影响人造黄油的贸易,从而剥夺贫困阶层的健康和营养"。[13]1892 年,《公共分析杂志和卫生评论》在宣传《人造黄油法》以防止人造黄油以黄油色出售时,批评杂货商不支持这样的法案:

> 人造黄油被染成黄油的颜色是为了欺骗。这种物质应该像丹麦那样以本色出售,这样,想要人造黄油的人就会得到他们想要的,

而那些想要黄油的人也会避开人造黄油。在我们看来，反对《人造黄油法》修正案的食品杂货商们显然是不明智的，而且这也有损他们的诚信声誉。[14]

这篇文章还谴责了杂货商的行业期刊，声称它们充斥着人造黄油和黄油混合物以及"各种掺假物品"的广告，并宣称杂货商们应站出来反对这种做法：

> 鼓励任何形式的掺假都不符合他们的利益。杂货商作为一个整体，现在是时候认真探讨这个问题了。他们很快就会看清，他们所谓的行业期刊怂恿各种协会为不诚实行为辩护的卑鄙龌龊的动机。他们的行业期刊从掺假物品制造商的广告中攫取了巨额财富，这些制造商付钱给其商品的鼓吹者，而这些期刊则最终只会让那些出得起钱的人"当家作主"。一言以蔽之，这就是抵制《人造黄油法》修正案的全部和唯一的原因。我们重申，这完全不符合本国杂货商的利益。[15]

行业、专业和消费者媒体的社论经常指责其竞争对手的不当做法，尤其是在广告营销方面。许多杂志，甚至包括公共分析师在内的专业人士本身的部分收入都依赖于食品制造商，这种情况经常被诟病。"协会"经常就是否允许公共分析师代言食品和饮料产品并接受经济回报的问题进行辩论。尽管许多分析师认为人造黄油和其他工业化食品及配料，是有效解决快速增长和城市化进程中人口粮食供应这一棘手问题的手段，具有高效、实用、卫生和科学的特点，但事实是这些分析师是由生产商付费来评估并为其产品背书的，这破坏了他们代表客观的真正化学知识的资质，也损害了他们作为公众食品供应公正裁决者的声誉。

卫生报刊上的文章斥责公共分析师和"协会"没有开展反对销售有色人造黄油的运动，还通过宣传人造黄油的好处来赚钱：

> 不幸的是，一些知名科学家利用他们的权威来夸大任何物质的好处，还会为垃圾产品做广告并鼓吹它们"值得考虑"。这些人贵为科学家，却受雇于各种行业协会，身体和灵魂都出卖给了协会，无论诚实的公共分析师努力打击的掺假欺诈行为多么严重，他们都可以随时亮出他们的专业身份，依靠自己不容置疑的专业技能来保护其雇主免受惩罚。[16]

公共分析师们陷入了不同利益集团的争论之中，这些集团都援引公共卫生和经济欺诈的论点来促进自己的利益。许多公共分析师还认为，禁止在食品中使用人工色素会减少消费者的选择。威斯敏斯特公共分析师奥古斯特·迪普雷声称，公众已经习惯了食物被染色，而且在很多情况下更偏好这样："公众不喜欢变色的豌豆，这在很大程度上是因为人们不喜欢餐桌上的腌制食品。就像穷人不想买人造黄油一样，他们想买黄油，或者他们不想让邻居知道他们在买人造黄油。"[17]大多数分析师主要关注的是消费者被欺骗，误将人造黄油当作黄油购买，或者购买了低脂黄油。分析师们认为，如果相较于白色的人造黄油，公众更喜欢购买黄色的，那么在销售时标明是人造黄油，这就不成问题。然而，奥托·赫纳抱怨说，食品生产商正在利用消费者选择的借口，出于方便和成本的考虑，人为地给食品上色。他宣称，公共分析师们应该"无视民众的意愿，提高食物的纯度标准"，"多年来，诡辩者们一直利用民众的意愿作为一切可憎行为的借口"，"所有掺假行为都以顺应公众意愿为名"。[18]

历史学家弗兰克·特伦特曼（Frank Trentmann）展示了19世纪的公共卫生运动者、生产商和零售商如何利用"消费者"和"消费者运动"来达到自己的目的。[19]通过把自己塑造成食品供应的保护者，公共分析师们声称，他们是食品行业最合适的专家，可以决定关于合法与非法食品的规则和条例，以及如何识别和分类食品添加剂。然而，19世纪关于掺假和食品化学的争论表明，知识并不是确立权威"身份"的关键因素。缺乏对什么是掺假行为的共识，以及难以识别和了解合成染料及其毒性，专家们只能依靠自己的权威以及道德和政治观点来获得行业内的"通行证"。虽然已有许多历史研究工作探讨了科学家如何在计量学和电学等领域维护自己的权威以建构事实和共识，但分析化学可以说为实验者的妥协和"科学真理"的社会协商提供了更复杂、更富趣味的描述。[20]

化学家们在实验室里确定新染料的"事实"与"真相"时所面临的困难已在第四章中有所阐述。一旦这些神秘物质离开实验室进入商业市场，围绕它们的谈判和对它们的理解就变得更加复杂。部分问题出在公共分析师身上，他们在技术上和专业上的不安全感，再加上不得不为不同的老板工作，导致他们在处理煤焦油染料时缺乏一致性。正如我们将要看到的那样，即使是赫纳和卡萨尔这两位对使用煤焦油染料进行食品人工着色的最激烈的批评者，在根据不同受众和不同场合调整自己的言论和观点时，也经常自相矛盾。

染色的糖

我们可以通过研究公共分析师们对糖色的反应，来了解他们在多大程度上构建自己的真相，这取决于他们在哪里工作、代表谁做事。19世纪初，白糖是一种奢侈品，是从英国加勒比殖民地进口的外来商品，而到了19世纪末，白糖成了一种无处不在、价格低廉的食品，由英国本土种植的甜菜和殖民地的甘蔗制成。19世纪以前，精加工的白蔗糖是最受欢迎的糖类。然而，随着甜菜糖开始越来越多地在欧洲生产，这种与蔗糖化学成分相似、经过加工的白色结晶颗粒可以假冒白蔗糖，消费者开始转而青睐独特的金棕色德梅拉拉糖。"德梅拉拉糖"一词既指产地，也指生产方法。德梅拉拉糖（又称金砂糖）是加勒比海地区生产的几种红糖之一，不同于该地区精制的白糖，它们保留了更多从白糖中提取的棕色糖浆。与面包一样，人们对白糖或红糖的需求也在不断变化。在整个历史进程中，所有利益相关方都在利用科学说法为自己谋利。随着"红糖"越来越受欢迎，英国的甜菜糖精炼商开始往白糖中添加人工黄色染料，而在一个已经使用蓝色染料来增加白糖"白度"的行业中，这种做法并不罕见。甜菜糖生产商还发起了一场诋毁加勒比海地区红糖的运动，他们利用显微镜和摄影来展示这些加工程度不高的糖中存在着微生物。[21]

染色的糖很快成为英国法庭上一个令人头疼的话题。同一批职业化学家被聘为公共分析师、制糖业顾问以及控辩双方的专家证人。通过比较私人谈话和分析师在法庭上的陈述，以及他们在实验室中的实验，我们可以清楚地看到公共分析师是如何试图建构"知识"和"专长"的。证据还表明，掺假的不确定性恰好为公共分析师提供了赚钱机会，让他们可以在掺假诉讼中成为任意一方的顾问。

《分析家》杂志后来报道了 1890 年在伦敦召开的一次"协会"大会，大会清楚地表明，公共分析师们为何必须制定策略，以确保不确定性不会损害他们作为专家的信誉或化学的地位。[22]如前所述，由于分析人员无法准确检测这些染料，因此法庭对他们来说尤其是一个值得担忧的地方。在讨论过程中，卡萨尔告诉他的分析师同事们，在法庭上，确定是否使用了染料比确定哪种苯胺染料要重要得多。事实上，他认为，对所用染料的确切性质作出过于具体的说明是不可取且不必要的。因为如果分析师明确指出了确切的成分，那么制造商或零售商就很容易在法庭上发誓没有使用某种化合物或化学物质，而这种化合物或化学物质与公共分析师所声称的掺假物并不完全相同。奥古斯特·迪普雷也认为，"公共分析师将自己束缚在某种特定的成分中是一件非常危险的事情"。分析师们认为，分析师的职责是证明掺假，而不是详细说明掺假物的确切化学成分。这种谨慎的态度源于化学家们无法对染料提出可验证的说法。卡萨尔指出，由于法官们缺乏科学训练，在地方法官面前是不宜谈论技术细节的，大多数人"根本无法判断最基本的科学问题的是非曲直"。[23]这些观点或评论表明，化学家们已经意识到法庭和实验室所要求的证据标准不同，这些标准不是基于事实本身的可信度，而是基于法律专业的专业知识水平。卡萨尔为分析师未能检测出单个染料辩解道，这种复杂性超出了法官的理解能力或司法程序的需要。同时，分析师们也知道，在这些无处不在但化学性质难以捉摸的物质面前，他们的能力是有限的，而且在缺乏实验证明的情况下，他们的公开声明很有可能被轻易推翻。这次交流清楚地揭示了在实验失败时依靠社会形成专业知识的做法，也表明了分析师们对自己在法庭上的表现有多么担心，以及他们为什么需要不同的说辞。

然而，赫纳并不同意卡萨尔的观点。他告诉他的公共分析师同事们，他们有责任检查有毒物质在食品中的使用情况，因此，他们应该尝试鉴定所使用的单个染料。赫纳意识到，对食品中使用新化学物质的争论，将有利于公共分析师们塑造出一种有别于其他化学家的特殊角色，即拥有广泛生理学和化学等知识的无私分享者。他认为，包括二硝基甲酚(又称维多利亚黄，以及其他名称)和二硝基萘酚(马休黄)在内的几种苯胺色素"具有明显的毒性"，而"了解所用着色剂的确切性质"是公众分析师的责任和期望。赫纳明确地将公共分析师定位为中立的仲裁者和健康食品的专家："正如公共分析师可能不需要了解技术和生产过程的所有细节一样，参与食品生产的化学家也可能对其所添加色素的生理作用一无所知。"[24]迪普雷还主张公共分析师对食品添加剂的有效性拥有唯一的评定权，认为公共分析师协会"作为一个科学机构，不应该接受任何人的断言，不管他是谁。即使制糖商再怎么声称他们添加的色素是无害的，我们(指代科学机构中的成员)对此也不应该有丝毫的轻信，除非他们准备说明所添加色素的性质，然后让我们去判断是否有害健康"。[25]

赫纳的评论提到了对煤焦油染料可能具有的毒性的担忧，而不是欺骗问题。尽管卡萨尔也认为许多煤焦油染料在大量使用的情况下很可能有毒，但他认为大多数分析师主要担心的是（制糖厂商）使用着色剂来伪装食品或欺骗消费者。迪普雷声称，他经常收到人工着色的糖，但他指出，除非这些糖是假冒的，比如用甜菜糖冒充德梅拉拉糖（红糖），否则他不会说这些糖掺假。他还质疑，如果着色剂无害或无法证明有害，那么分析人员在多大程度上可以根据《食品和药品销售法》对使用纯粹着色剂的行为定罪。[26] 这些评论表明，染料等添加剂的功能是有争议的，将其归入"掺假物"类别也有困难。

公共分析师对人工色素的作用和商业欺骗问题所持的这些不同观点，在法庭上经常显现出来。事实上，在伯明翰维多利亚法院审理的一起备受瞩目的案件中，公共分析师的私下辩论被公之于众，该案凸显了食品成分的分析和合法性问题的复杂性。在这起案件中，问题的关键在于被着色产品的性质，以及所使用着色剂的性质。当杂货店老板托马斯·戴维斯被指控将染色甜菜晶粒作为德梅拉拉糖出售时，控辩双方各聘请了三位顶尖的公共分析师作为专家证人，这使得分析师们处在了事件的中心位置，并且相互对立。[27] 这些人除了作为公共分析师获得报酬外，每个人都有自己的私人咨询业务，而且都习惯于为雇用他们的人服务，无论是政府当局、消费者，还是食品零售商和生产商。

伯明翰公共分析师兼卫生医疗官、前"协会"主席阿尔弗雷德·希尔（Alfred Hill）代表控方出庭，他辩称，由于糖是用苯胺染色的，因此不可能是德梅拉拉糖。虽然希尔不能保证涉案样本不是德梅拉拉糖，但他告诉法庭，在过去九年里，他分析了121份他认为是德梅拉拉糖的样本，只发现一份有苯胺染料的痕迹。然而，如前所述，分析人员并非总能检测出食品中是否含有苯胺或偶氮染料。他们不可能在法庭上深究这个细节。卡萨尔也代表控方出庭，他从道德角度出发，声称天然的德梅拉拉糖应该"不含任何外来物质"，并警告法庭说，染色会让劣质糖冒充德梅拉拉糖出售。当被告律师提出可以在德梅拉拉糖中加入苯胺染料，使"糖的颜色均匀，更加赏心悦目"时，卡萨尔回答说，这"不是他认为的染色目的"。约克郡西区公共分析师阿尔弗雷德·艾伦也提供了类似的证据。控方还传唤了贸易专家，他们说，德梅拉拉糖不是加勒比地区任何糖的统称，而是一个特定的术语，被解释为"纯蔗糖，未染色，来自德梅拉拉"。他们认为，给劣质糖染色可以让零售商赚更多的钱。虽然化学家们无法通过化学方法确定蔗糖是德梅拉拉糖还是甜菜糖，但他们转而用"纯度"以及"欺骗"的道德论据来证明自己的观点。[28]

然而，杂货店老板的辩护律师团队（包括三名化学家）认为，给真正的德梅拉拉糖染色并不违法，因为染色并没有改变"糖的性质、成分或品质"，并指出没有证据证明这些糖不是德梅拉拉糖。辩方主张，只有当这种做法使食品有害健康时，给食品上色或染色才是违法行为。赫纳为辩方作证时声称，给西印度糖染色是一种常见的做法，而且他认为所使用的苯胺染料对健康无害。赫纳补充说，几乎每一种食品在制作过程中都会使用染料，就糖而言，染色的目的是使糖的颜色均匀、悦目并符合大众口味。有趣的是，这些庭审辩论并没有显示出赫纳对人工色素的反感。事实上，这与他在与其他分析师的私人讨论中以及在卫生报刊上发表的言论相矛盾，他在这些言论中对在食品中使用防腐剂和色素的危险性和欺骗性提出了批评。在他职业生涯的末期，赫纳对食品工业化以及添加化学防腐剂和色素的做法表现出彻底的失望。1923 年，他甚至被卫生部下属的防腐剂委员会除名，原因是他在委员会开会之前，曾致信《泰晤士报》直率地表明了他对这一问题的看法。[29]他后来与卡萨尔一样，成为反对使用化学色素的最热心、最直言不讳的宣传者之一。因此，赫纳在法庭上的言论表明，无论个人观点如何，咨询化学家都有能力调整自己的专业意见，以满足客户的标准。

本案的辩方专家本杰明·纽兰兹（Benjamin Newlands）是一名咨询化学家，曾与蔗糖精炼商密切合作。他的评论也昭示出一个问题，即专业知识是否能够在政治或经济上保持中立。纽兰兹证实了赫纳的观点，即苯胺染料经常被用来给糖着色，这一方面是因为消费者的偏好，另一方面也是因为苯胺被认为是一种比其他用于给糖着色的物质更安全的染料。纽兰兹声称，用苯胺染料给糖染色的方法是他引进的，因为有传言说用氯化锡给糖染色会使糖变黑并导致中毒，这一说法引起了轰动。[30]纽兰兹证实，他在伦敦用"红糖工艺"制糖，在这种工艺中，白糖被染成棕色，但他否认曾给白色甜菜糖染色。与当时的许多咨询分析师一样，纽兰兹与食品行业有着密切的合作关系。他和他的兄弟约翰拥有自己的分析咨询业务，并与制糖厂合作，共同撰写了一本为种植者和精炼商编写的糖类手册。[31]纽兰兹的女婿约翰·约瑟夫·伊斯蒂克（John Joseph Eastick）与他的两个兄弟在伦敦成立了一家糖类分析公司，后来在19世纪80年代初成为亚伯兰·莱尔（Abram Lyle）炼糖厂的化学家，并在那里开发出了第一个金色糖浆的配方。[32]

伯纳德·戴尔是第三位为辩方作证的分析师，与控方传唤的三位高知名度的公共分析专家形成了全面的抗衡。为了说明零售业的情况，辩方传唤了杂货商联合会副主席贾维斯议员来反驳控方的"贸易专家"。贾维斯表示，在零售业，人们认为德梅拉糖可以是来自西印度的任何蔗糖结晶，并且人们普遍认为对它进行染色是为了使它具有"肤色"。地方法官驳回了此案，认为虽然这些糖是染色的，但其质量与德梅拉拉糖相同，而且染色不会损害健康。

戈兰和哈姆林声称，在专业人士难以靠科学谋生的时代，科学界人士主要通过担任专家证人来增加收入。[33]虽然情况属实，但英国公共分析师参与食品掺假仲裁的目的远不止于经济利益。事实上，这些证据也支持了卡罗尔·琼斯(Carol Jones)的论点，即化学家和其他科学工作者作为科学专家出现在法庭上，作为政府委员会的科学顾问以及科学评论员出现在维多利亚时代的媒体上，是为了确保科学和科学家在社会和政治决策中发挥积极作用。[34]

议会调查

公众对食品中化学添加剂(包括合成色素)的使用日益关注，促使议会成立了食品掺假问题特别委员会来专门"调查防腐剂和色素的使用情况"，并确定其使用是否"有害"。委员会1896年的报告证实了化学染料被广泛用于食品中，并建议对其使用加以限制。然而，随后颁布的1899年《食品和药品销售法》将用于制作食品的防腐剂和色素合法化，却没有对其使用施加任何限制。这就产生了矛盾的结果，既进一步合法化了化学染料在食品中的使用，同时又引起了消费者对化学染料在食品中广泛使用的担忧。[35]

特别委员会由一群跨党派的议员组成，就某一问题(如食品添加剂的使用)向来自工业界、公众、健康和科学顾问的各方代表质询，这是政府试图在相互冲突的利益集团之间进行调解并取得平衡的一种方式。

新成立的委员会听取了 78 位证人为期 26 天的证词，其中包括几位著名的公共分析师和食品制造商。[36]委员会的成立反映了 19 世纪下半叶议员们越来越倾向于就公共健康问题寻求"科学建议"的趋势，新一代的专业科学人士也热衷于扮演这一角色，以提高自己和科学的地位和声誉。[37]弗伦奇（French）和菲利普斯在对 1875—1938 年英国食品法规的研究中指出，正是公共分析师们要求对化学添加剂（尤其是防腐剂）进行监管，并强烈反对在食品中使用这些添加剂。然而，虽然分析师中有一些直言不讳的化学食用色素的批评者，其中最突出的是卡萨尔、赫纳和希尔，但他们无法检测出食品中的煤焦油染料并评估其有害性，这就导致分析师之间缺乏共识，并阻碍了对其使用进行监管的尝试。

事实上，即便是那些对煤焦油食用色素持激烈批评态度的人，在专门委员会面前也减弱了抗议的声音。分析师们似乎在不同的场合讲述着不同的故事，以适应他们作为公共和政治顾问、食品监管者、科学研究者和商业顾问等的多重角色，而这些角色往往是相互冲突的。赫纳在特别委员会上的证词，就像他在早先伯明翰法庭上的言论一样，似乎又一次与他在同事间私下表达的尖锐观点，以及他在当时卫生学报刊上发表的评论（通常是匿名）相矛盾。赫纳告诉委员会，他注意到苯胺染料在黄油中的使用越来越多，但他并不担心，因为用量很少。当被问及马休黄的使用情况时，他表示从未见过，但同时也承认样本量太小，难以确定其是否存在。[38]这些评论与他在"协会"的观察结果形成鲜明对比——在"协会"，他说马休黄"极具毒性"。[39]尽管赫纳经常匿名在媒体上大张旗鼓地反对在食品中使用更多的化学成分，但在议会听证会上却采取了明显的和解态度，他告诉委员会，牛奶中的色素"持续存在于——甚至几乎无一例外地存在于——伦敦的牛奶中"。虽然提出了批评，但他并不主张禁止这种做法，他说："我认为这是一种欺骗行为，毫无疑问，最初是因为挤奶工急于掩盖牛奶的蓝色。同时，现在这种做法已经非常普遍，如果消费者买到天然牛奶，他可能会拒绝接受……我不喜欢这种做法，但我认为这不是一个亟须关注的问题。"[40]当时，知名的食品制造商也都在场，证人的证词被媒体广泛报道，人们不禁会想，赫纳的公开言论究竟在多大程度上是出于他想继续担任商业顾问的意愿，而不是他个人的观点。

根据政府化验所的资料，煤焦油染料越来越多地被用于食品和饮料，特别是人造黄油（在化验所化验的 133 个样本中发现了 100 个）、调味汁和番茄酱（10 个样本中发现了 5 个）、果酒（24 个样本中发现了 12 个），果汁糖浆（23 个样本中发现了 12 个），也被广泛用于香肠（226 个样本中发现了 72 个）、黄油（364 个样本中发现了 40 个）、果冻（28 个样本中发现了 9 个）、罐装肉（165 个样本中发现了 27 个）、无酒精饮料（769 个样本中发现 56 个）和糖（149 个样本中发现 24 个）。政府专门委员会指出，这些数字可能大大低估了煤焦油染料的实际使用量，因为这些染料在食品和饮料中的使用量很少，浓度也各异，很难识别。它们之所以更难识别，是因为"着色剂的特征反应经常被食物本身的有机物质干扰或掩盖，尤其是在开始分解之后"。[41]

广泛使用这些染料是一个严重的问题。它们的用量极少，几乎不可能被检测到，而且这些染料的广泛使用往往不仅使个别产品具有毒性，还会产生累积中毒的风险，这对监管者和分析师来说都是一个挑战。禁止所有食品着色会被视为限制了消费者的选择权，但确定多种不同染料

舌尖上的彩虹

的安全性和可接受阈值又超出了分析师的技术能力，也威胁到了他们的信誉和权威。分析师和政府化学家在试图为牛奶等主食产品的成分制定商业标准时遇到的问题已经足够棘手，确定食品中神秘且基本检测不到的煤焦油染料的影响更是难上加难，这就使得分析师们不愿意将他们的专业知识和信誉押在否定这些染料对公众健康的影响上。

化学家们创造了这些新颖易变的物质，但它们在实验室之外却难以识别且更难以管理。政府化学家、萨默塞特官负责人理查德·班尼斯特在 1894 年下议院食品掺假问题特别委员会的一次听证会上，描述了试图确定能否检测出使用了微量的某些成分，以及是否应将其视为掺假物的困难：

> Q.2686. 如果有着色或黄色晶体被当作德梅拉拉糖出售，您认为应该根据《食品和药品销售法》起诉卖方掺假，还是根据《商品标法》起诉卖方提供虚假商品说明？ ——我认为应该根据《商品商标法》起诉，只要着色物质很少，不构成掺假。
>
> Q.2687. 您认为只有在超过一定程度的情况下，着色才算是掺假吗？ ——我检查过一个着色的样品，使用的色素量非常小，不能算掺假。
>
> Q.2688. 您认为掺假由何而始？ ——很难讲从哪里开始，在哪里结束，这完全取决于商品本身。[42]

向 1899—1900 年议会委员会作证的分析师们一致认为，检测食品中使用的微量煤焦油染料非常困难，但他们也借此机会敦促政府为研究提供更多资源。[43]牛津、伯克郡和白金汉郡的公共分析师、牛津大学的化学演示师沃尔特·威廉·费希尔证实，合成染料的用量"非常少，通常不可能绝对确定任何特定的染料。比如说，只有十万分之一、二十万分之一或三十万分之一"。他告诉委员会成员，黄油中使用了苯胺黄等染料，果冻中也使用了伊红等已知有毒的硝基化合物，但他质疑这些染料的用量如此之小，是否会对人体有害。费希尔建议，"像比利时一样"制定一个附表来明确哪些物质被认为是有毒的，这将会很有帮助，他还指出，英国的"科学工作者"会很乐意为这些物质的毒性实验提供资金。[44]

亚历山大·温特·布莱思(Alexander Wynter Blyth)是英国最杰出的公共分析师之一，他也告诉委员会成员，由于煤焦油染料的使用量极小，而且分析师通常只能获得少量可疑食品样品，因此公共分析师很难识别食品中的色素。不过，对于在食品和饮料中广泛使用煤焦油染料作为以往使用染料(如胭脂树红)的廉价替代品所造成的累积影响，布莱思表示担忧。虽然他同意同行的观点，即任何一种食品中使用的染料量都不太可能产生有害影响，但他对这种色素的累积影响，尤其是对儿童的影响提出了质疑："即使假定苯胺色素是有毒的，我也不能说在我检查过的任何一种物质中，其用量足以对健康构成损害。但是，当你考虑到这么多东西都是以这种方式着色的时候，一个问题就来了，比如说，一个孩子一天中可能摄入的总量是否会产生一些有害影响？"布莱思还指出，德国和法国的化学家已经完成了确定某些苯胺染料毒性的工作，证明其中几种是有毒的，但他表示，目前不可能在英国编制一份有害和无害的色素清单，"我认为这是不可能的，但我认为应该这样做"。其他分析师也呼吁政府在化学品研究方面投入更多资金，以便立法者能够确定哪些有毒化学品应予以禁止。[45]

希尔建议英国效仿法国和比利时，禁止使用某些色素，并援引分析师的公共卫生责任："我认为，应该保护公众免于在违背其意愿或有害其健康的情况下被施用此类药物。"然而，与组织学、生理学和动物试验更为盛行的欧洲相比，英国投入检测食品中染料毒性的资源微乎其微。

卡萨尔认为，"立法机构的职责应该是确保政府出资并在政府的指导下获取必要的信息"，他声称，不该把判定特定染料使用量的致毒性的责任推给"个别公共分析师"，让他们在法庭上争辩。[46]卡萨尔指出，1875 年的《食品和药品销售法》中并没有毒药或药品的定义，而且通过证明某种物质或食品有害来执行该法是一件成本高昂且困难重重的工作。[47]一些欧洲国家已经禁止了某些被认为有毒的煤焦油染料，美国也将很快制定一份允许使用的染料清单，这些都相应地减轻了分析师在法庭上证明染料毒性的责任。

与此同时，消费者选择权和经济欺诈问题也在听证会上扮演了重要角色，分析师们认为，只要不被欺骗，英国公众就有权按自己的意愿消费。即使是卡萨尔，这个通常热衷于反对人工染料的人，也以"长期习惯"或"贸易连续性"为由，接受了在黄油中使用色素的做法。[48]

听取证词后，特别委员会得出结论：

> 关于源自现代的染色剂，虽然我们认为食品的本色非常可取，但我们无法从收到的证据中推断出食用这些染色剂会造成任何伤

害。毫无疑问，用于给糖果和甜食着色的某些物质本身就有剧毒，但它们的用量极小，在任何人摄入足够的着色剂致害剂量之前，很可能已经被这些着色的物质严重扰乱了消化（从而导致他不再吸收这些有毒物质）。[49]

委员会注意到，人工色素的使用在黄油和奶酪行业由来已久，因此决定，干涉这些行业习惯并不符合消费者的利益。然而，人造黄油的问题则不同，因为人造黄油是一种新产品，没有形成长期习惯。虽然委员会承认人造黄油有被冒充为黄油的风险，但还是认为其对公众健康造成的风险不足以阻止其被人工着色：

> 至于人造黄油，我们必须处理的是一种廉价且相对劣质的产品，它被染成类似于一种更昂贵和更高级的产品，保护公众免受欺骗的唯一手段可能是禁止在人造黄油中添加任何使其类似于黄油的色素。……但是，由于人造黄油可以被假定为一种完全有益健康的食品，因此，我们的职权范围并不包括对一种不会危及公众健康的做法提出任何建议。

就牛奶而言，委员会认为确实应该采取行动，建议禁止在牛奶中使用色素，"因为牛奶消耗量大，而且消费者期望牛奶是'天然'的"。

委员会的答复显示，在贸易自由、消费者选择、支持商业惯例与保护消费者和提高透明度之间进行了有节制的谈判。在为现状辩护的同时，委员会也认识到这个问题根本没有解决也不可能消失，于是得出结论：

在这个国家，控制食品和饮料的制作和保存的部门机制并不像人们希望的那样完备。几位证人都提到了一个显而易见的事实，即新的保存方法、新的保存剂和着色剂会不断出现。我们认为，为了公众的健康，应该对这些物质或工艺的性质进行严格审查，同时在可能的情况下考虑它们对人类经济的影响。[50]

英国的食品立法根本没有明确规定允许还是禁止使用煤焦油染料。英国在 19 世纪下半叶颁布的法律仅规定食品生产商和零售商不得损害或欺骗公众，并未明确规定可以或不可以使用的特定物质或添加剂。法律指定了公共分析师对该系统进行监督，任何争议则均由法院或萨默塞特官的政府化学家来解决。法院、议会和实验室都是对食品进行监督和管理的场所，这种专家系统是通过在不同的既得利益群体之间达成妥协而确立的。实际上，议员和化学家的联合行动非但没有控制合成化学品在食品中的使用，随着工业化食品加工的增加，这种联合行动反而有助于确保在食品生产中使用化学品的进一步正常化和合法化，从而不可逆转地改变了我们与食品的关系。

注释

[1] Cameron, "Address Given at the Meeting for the Society of Public Analysts", 175.

[2] *Transactions of the Royal Academy of Medicine in Ireland*, 9, 1 (December 1891): 447—449; *Lancet*, 12 March, 1891, 667.

[3] Ibid.

[4] Howe and Howe, *Free Trade and Liberal England*, *1846—1946*.

[5] 关于这一时期消费主义和政治经济的更多信息，参见 Trentmann and

Daunton, *Worlds of Political Economy*; Hilton, *Consumerism in Twentieth-Century Britain*; Okun, "Fair Play in the Marketplace"; Baudrillard, *The Consumer Society*; Benson, *The Rise of Consumer Society in Britain*, *1880—1980*; Chatriot, Chessel, and Hilton, *The Expert Consumer*; Howe and Howe, *Free Trade and Liberal England*, *1846—1946*。

[6] Oddy, "Food Quality in London and the Rise of the Public Analyst", 95—96; Collins and Oddy, "The Centenary of the British Food Journal".

[7] Natrajan, Dyer, and Clayton, "Obituary Notices".

[8] 人造黄油是应政府要求而发明的，可以说它也是受监管和控制最严格的食品之一。Stuyvenberg, ed., *Margarine*.

[9] British Government, *Report of the Departmental Committee Appointed to Inquire into the Use of Preservatives and Colouring Matters in the Preservation and Colouring of Food*, paragraph 57. 历史学家海科·施托夫(Heiko Stoff)对 20 世纪围绕黄油颜色的争议进行了一些有趣的研究，参见 Stoff, *Gift in der Nahrung*。

[10] Scott Elder, *Appeal Cases Under the Sale of Food & Drugs Acts*, *1875 & 1879*, *and the Margarine Act*, *1887*; Bartley, *Adulteration of Food: Statutes and Regulations*, *Including the Food and Drugs(Adulteration) Act*, *1928*, *and Dealing with Coffee*, *Tea*, *Bread*, *Butter*, *Milk*, *Margarine*, *Margarine Cheese*, *Milk-Blended Butter and All Other Foods*, *and Drugs*.

[11] "A Bill to Regulate the Importation, Manufacture and Sale of Butter Substitutes", 100.

[12] 罗伯特·吉布森于 1900 年 2 月 7 日代表爱尔兰南部黄油商人协会所述的证词，British Government, *Report of the Departmental Committee Appointed to Inquire into the Use of Preservatives and Colouring Matters in the Preservation and Colouring of Food*, 215, 218。

[13] "The Grocers' Federation: Report on Food Legislation", 45.

[14] "Public Analysts and the State", 9.

[15] Ibid.

[16] Ibid.

[17] 奥古斯特·迪普雷于 1900 年 1 月向特别委员会提供的证词，British Government，*Report of the Departmental Committee Appointed to Inquire into the Use of Preservatives and Colouring Matters in the Preservation and Colouring of Food*, 202。

[18] 奥托·赫纳于 1900 年 1 月 19 日向特别委员会提供的证词，British Government，*Report of the Departmental Committee Appointed to Inquire into the Use of Preservatives and Colouring Matters in the Preservation and Colouring of Food*, 193。

[19] Trentmann and Taylor, "From Users to Consumers", 53—59.

[20] 更多内容见第四章。

[21] Levenstein, *Revolution at the Table*, 32—33. 参见 Spary, Feeding France, 285—314，要深入了解甜菜糖如何在法国赢得政治和化学界的支持，从而成为甘蔗糖的替代品，这颇具挑战性，因为两者在化学上的相似性使得化学家们难以区分它们。而关于这两种糖的争议，至今仍不绝于耳。Greer, "Britain Doesn't Need Beet Sugar"; Morgan, "Sugar, Sugar".

[22] Cassal, "On Dyed Sugar".

[23] Ibid., 145.

[24] Ibid., 146—147.

[25] Ibid., 147.

[26] Ibid.

[27] "Birmingham Court Case".

[28] Ibid., 143.

[29] *The Times*, September 20, 1923, cited in French and Phillips, *Cheated Not Poisoned?*, 30.

[30] 更多有关氯化锡的使用情况，参见卡萨尔有关糖的争论的报道：Cassal, "On Dyed Sugar"。

[31] Warnford Lock, Newlands, and Newlands, *Sugar*.

[32] Hugill, *Sugar and All That*; Bender, *A Dictionary of Food and Nutrition*, 515.

[33] Golan, *Laws of Men and Laws of Nature*; Hamlin, "Scientific Method and Expert Witnessing".

[34] Jones, *Expert Witnesses*.

[35] Paulus, *Search for Pure Food*, 43; Rioux, "Capitalist Food Production".

[36] British Government, *Report of the Departmental Committee Appointed to Inquire into the Use of Preservatives and Colouring Matters in the Preservation and Colouring of Food*.

[37] MacLeod, *Government and Expertise*; Jones, *Expert Witnesses*.

[38] 奥托·赫纳于 1900 年 1 月 19 日向特别委员会提供的证词, British Government, *Report of the Departmental Committee Appointed to Inquire into the Use of Preservatives and Colouring Matters in the Preservation and Colouring of Food*, 191—194。

[39] Cassal, "On Dyed Sugar", 147.

[40] 奥托·赫纳于 1900 年 1 月 19 日向特别委员会提供的证词, British Government, *Report of the Departmental Committee Appointed to Inquire into the Use of Preservatives and Colouring Matters in the Preservation and Colouring of Food*, 191—194.

[41] British Government, *Report of the Departmental Committee Appointed to Inquire into the Use of Preservatives and Colouring Matters in the Preservation and Colouring of Food*, paragraphs 63, 65.

[42] "Bannister's Evidence", 283.

[43] British Government, *Report of the Departmental Committee Appointed to Inquire into the Use of Preservatives and Colouring Matters in the Preservation and Colouring of Food*.

[44] 沃尔特·费希尔于 1900 年 1 月 17 日向特别委员会提供的证词, British Government, *Report of the Departmental Committee Appointed to Inquire into the Use of Preservatives and Colouring Matters in the*

舌尖上的彩虹

Preservation and Colouring of Food, 163—169。

[45] 亚历山大·温特·布莱思于 1900 年 1 月 17 日向特别委员会提供的证词, British Government, *Report of the Departmental Committee Appointed to Inquire into the Use of Preservatives and Colouring Matters in the Preservation and Colouring of Food*, 115—120。

[46] 查尔斯·卡萨尔于 1900 年 1 月 15 日向特别委员会提供的证词, British Government, *Report of the Departmental Committee Appointed to Inquire into the Use of Preservatives and Colouring Matters in the Preservation and Colouring of Food*, 129—136。

[47] Ibid.

[48] Ibid.

[49] British Government, *Report of the Departmental Committee Appointed to Inquire into the Use of Preservatives and Colouring Matters in the Preservation and Colouring of Food*, 126—135.

[50] Ibid., 126, 128, 130, 131.

第七章 法、德化学家对食品中使用合成物质 诉诸仲裁

对于合成化学染料或任何特定添加物质作为食品成分是否有害或可否接受，英国的公共分析师们不愿做出定论，法国和德国的化学家则采取了不同的态度。与英国不同的是，化学在法国和德国的政治、教育和工业界都享有很高的地位。两国的化学家认为，在食品中引入化学染料，对化学的声誉和未来既是机遇，也是风险，需要谨慎管理。在确定合成染料的"黑名单"、"白名单"的讨论上，他们试图提升自己作为专家的话语权。

法国

巴黎是欧洲大陆最早建立市政实验室专门检测食品掺假的大城市之一。实验室成立于 1878 年，主要为贸易商服务，首要目标是规范市场。[1]法国对掺假问题的关注集中在通过添加化学物质等方式伪造食品，以及在食品中掺假。这所市立化学实验室建立的初衷主要是检测葡萄酒的人工色素以及其他食品掺假。[2]

斯坦齐亚尼(Stanziani)对法国葡萄酒掺假问题的大量研究表明，几个世纪以来，在葡萄酒中使用染料的现象一直很普遍，并且已经成为一

种常态。然而，葡萄酒生产商能够使用进口的干葡萄来酿造葡萄酒①，加之越来越多地使用合成染料等化学产品，在 19 世纪引发了一场关于什么是"天然食品"、"农业食品"和"人造食品"，以及如何确定食品质量的争论。[3]什么是"天然"和"正常"是一个反复出现的主题，分析师、生产商、零售商和公众争论不休。人们从未认为新型合成染料是天然的，这与之前被化学家和公众认定为掺假物的许多其他物质不同，因此，考察人们对它们的接受程度就为我们提供了一个历史性视角，让我们能够了解在食品生产中如何看待化学产品和科学创新。

如前所述，阿尔芒·戈蒂埃是最早设计实验流程来检测葡萄酒中苯胺染料的化学家之一。他特别关注一种名为"酒红素"的掺假物，这种物质"由品红、苯胺紫、甲苯胺金和一种名为'棕色酒红素'的不明物质混合而成"②，是生产品红及其他用于葡萄酒的苯胺染料的副产品。根据戈蒂埃的说法，"因为可用于葡萄酒掺假"，酒红素已经从一无是处的废料摇身一变为"一种高价货"。③这种现象表明，在葡萄酒中使用

---

① 这里作者标注引用第 273 页，实际上应是第 277 页。干葡萄在 19 世纪的法国卫生运动中被视为一种化学产品，并且被认为会引发"疯狂酗酒"问题，因此使用干葡萄作为酿酒原料的做法饱受质疑。

② 阿尔芒·戈蒂埃的原文为：Le grenat, matière secondaire de la fabrication de ces couleurs, qui était il y a quelque temps rejeté comme un résidu de nulle valeur ou à peu près, se vend aujourd'hui à un prix rémunérateur grâce à l'emploi, de jour en jour plus général qu'on en fait pour frauder les vins。

③ 戈蒂埃的原文为：C'est un mélange de fuchsine, de mauvaniline, de chrysoto-luidine, de brun de phénylène-diamine et d'une matière colorante indéterminée, grenat brun。作者在这里漏掉了一个物质"de brun de phénylène-diamine"（棕色的苯二胺）。参考文献：Reinke O., Machill S., and Hartmann H. "Analysis of Certain Samples of Phenazine Dyes from the Historical Dyestuff Collection of the Technical University Dresden by Liquid Chromatography-mass Spectrometry." *Journal of Chemical Research*，2022，46 (4)；哈特曼（Hartmann H.）的邮件回复（2024 年 4 月 21 日）。

新染料的做法在 19 世纪 70 年代中期已经非常普遍。因此，戈蒂埃警告说，"应该在所有被发现掺杂了其他物质的葡萄酒中检查是否有苯胺"，他还提醒化学家们在怀疑使用了苯胺的同时必须进行砷测试。[4]他认为，人工染料在消费者和公共分析师的视野中成功"隐身"了。与前面讨论过的其他化学家一样，除了砷污染的可能性之外，戈蒂埃对合成染料本身的内在安全性并不表示担忧。

皮埃尔-安托万·德索在对 1851—1906 年间法国食品法规的一项调查中，展示了在人们理解和接受食品化学添加剂的过程中，不同利益方之间错综复杂的调解历程，分析化学家也只是在"拥挤的博弈场"中自称为专家的一个群体，而这些"专家"还包括了食品生产商、零售商、其他化学家和消费者。他的结论是，法国化学家虽然对食品中的化学添加剂表现出了积极的兴趣，但他们对此的态度并不一致，他们意识到，必须与食品和饮料行业合作，才能获得相应的科学权威。[5]

到 19 世纪中叶，巴黎已成为世界上人口最稠密的城市之一，包括食品和饮料安全性在内的公共卫生问题日益受到社会和科学界的关注。[6]1876 年和 1879 年分别在布鲁塞尔和巴黎召开的国际卫生和人口学大会，促使人们在这两个首都城市以及法国各地建立了市政实验室，其中包括勒阿弗尔(1879 年)、兰斯(1882 年)、鲁昂(1883 年)、亚眠和圣艾蒂安(1884 年)以及波城(1885 年)。建立这些实验室是卫生计划的一部分，这一计划的理念与化学家和医生一致，都是通过统计数据的使用、食品安全、疫苗接种、良好的住房和教育来改善人们的健康状况。[7]

包括巴黎警察局在内的法国市政警察负责监督食品和饮料行业。然而，1851 年通过的法律并没有规定构成欺诈的标准，导致许多有争议的案件是由法院判决的。葡萄酒尤其容易掺假[8]，不久，法国葡萄酒生产商就看到了纺织品生产商手里新型苯胺染料的商业潜力，将其拿来为自己的产品增色并从中牟利。从19世纪中叶开始，一系列的农作物病害导致法国葡萄酒产量遭到重创，这促进了稀释葡萄酒或人工葡萄酒的生产。与此同时，公众和科学界都开始担心新染料是否适合饮用。1878年，在法国有机化学家兼巴黎市议员让-巴蒂斯特·迪马（Jean Baptiste Dumas）的建议下，巴黎警察局成立了市政化学实验室，为愿意支付检测费用的买家和零售商检测葡萄酒是否含有人工色素。该实验室除了揭露葡萄酒生产中人工色素的广泛使用外，还曝光了大量使用葡萄干酿酒以及添加葡萄糖来掩盖葡萄酒被水稀释的现象。

　　据1885年到访的英国公共分析师约翰·穆特称，市政实验室资源丰富，拥有最先进的设施和设备。他描述了这个复杂的机构由三个实验室组成，可容纳35名工作人员，另外还设有一个供首席分析师使用的私人实验室，内设两个偏振暗室、一个气体分析和真空操作室、一个显微照相和光谱分析暗室、一个有机分析和透析室，以及一个蒸馏室。

　　虽然穆特认为实验室人员配备充足，但他也指出，与公私部门经验丰富的英国分析师相比，法国资历较深的市政化学家薪水并不高。穆特介绍说，"首席分析师的年薪为400英镑，资深分析师的年薪为300英镑，25名助理的年薪从220英镑到100英镑不等，另外还有20名'专家检查员'，年薪从100英镑到150英镑不等"。根据穆特的说法，"与国内①同等地位的化学家相比，这些部门负责人的薪酬很低。例如，在

------

　　①　指英国。

萨默塞特官，贝尔博士的年薪为 1 000 英镑，班尼斯特先生的年薪为 750 英镑。可以肯定的是，在我们这里，真正有能力的人不可能为了低于这些金额的报酬而放弃私人执业"。[9]

对于有待检测的葡萄酒（或其他饮品和食品）样品，专家会先进行评估，然后再将其交给化学家进行分析。这说明，即使公众将样品交给了警察局并转到市政实验室，通过味觉、嗅觉和视觉等感官技能进行判断仍然是评估过程的核心：

> 样品首先由经过培训的专家进行检查（尤其是葡萄酒）。他们根据外观、味道等进行判断，然后将结果记入专门的登记簿，再交给化学家，后者必须在当天开始分析。化学家们都是某些特定食品或饮料的专家，有些人只负责分析牛奶，有些人负责分析葡萄酒，有些人负责分析油脂，还有些人负责显微镜分析。人们发现，只有这样才能保证工作的快速和准确。虽然所有人都是某个具体领域的专家，但如果有特殊需求，他们也有足够的综合能力参与其他部门的工作。[10]

圣日耳曼苯胺染料制造商福可馨公司①的创始人夏尔·吉拉尔在 1911 年之前一直担任实验室负责人，实验室的化学家与巴黎毒理学实

---

① 福可馨公司成立于 1863 年 12 月，它试图垄断品红及其衍生物，但最终失败，仅三年时间，到 1868 年就几乎完全破产。不过它仍然是 19 世纪 60 年代在染料领域最负盛名的公司。见 Henk Van Den Belt. "Why Monopoly Failed: The Rise and Fall of Société La Fuchsine." *The British Journal for the History of Science*, 1992, 25(1), 45—63. http://www.jstor.org/stable/4027004。

舌尖上的彩虹

验室的化学家合作密切。1883 年，吉拉尔作为市立实验室负责人提交的第一份报告清楚地表明，法国食品和饮料中的掺假现象十分普遍。这份报告遭到了商人们的猛烈抨击，他们担心这份报告会影响贸易，尤其是法国的优势产业——葡萄酒业。他们声称，批评和阻止使用煤焦油染料是对自由的侵犯，如果消费者愿意，他们甚至有权饮用苯胺染色的水。[11]吉拉尔在 1885 年发表的第二份报告中为他的实验室工作进行了辩护，断言用化学方法打击掺假行为有利于法国的商业发展，"现今的商业正迅速将科学发现变为欺诈工具。那些原本表现拙劣的造假行为已经变得科学化，如果我们不使用与之对等的武器来对付它们，那么就不可能取得成功"。[12]

德索将吉拉尔与美国农业部化学局局长哈维·威利（Harvey Wiley）相提并论，称两人都是为消费者而战的斗士，都提倡将化学作为监督和控制食品供应的重要工具加以推广，都热衷于建立自己的化学机构并将其作为食品监督的中心，同时也都毫不迟疑地将其认定的食品工业中的不良行为公之于众。当然，两人也都面临着来自食品行业、政客和卫生学家的坚决反对，最后发现自己不得不妥协。[13]

企业家们，尤其是葡萄酒生产商和贸易商认为，葡萄酒的质量不能仅靠科学来裁定，因为消费者对口味、气味和颜色有着个性化的偏好，而不同地区的葡萄酒也因种植的葡萄种类，以及气候、地形、土壤和生产方法等条件而各不相同。因此，食品的自然差异使得制定统一的监管标准变得困难重重。法国和德国等欧洲大陆国家越来越多地选择为某些食品成分制定"规范"，这些标准往往反映了生产和消费者偏好的地区差异，而不是采用规范性的限制和禁止添加剂或新的食品的做法。[14]

在 1905 年通过食品法之前的激烈辩论中，一名来自巴黎的食品和饮料零售业代表乔治·贝里（Georges Berry）曾警告说，将定义食品的权力交给一个由官僚和科学家组成的委员会是危险的。他声称，这样的制度将"赋予化学家们一种天然正确的优势，尽管他们的理论每天都会遭到来自同行的质疑"。这些新专家"将被赋予决定食品成分的权利，而自然和消费者的口味都不得不去遵守。说真的，要不是这群'无所不能'的化学家会危及未来，人们还是挺乐意看到他们称霸自然的"。[15]工业界和政界人士都指出，化学家们自己都在许多掺假案例中无法达成一致意见。事实上，正如我们已经看到的，有机化学领域的共识还远未达成。吉拉尔等法国化学家和著名法医化学家、公共卫生咨询委员会（*Comité consultative d'hygiène*）主席保罗·布鲁阿代尔（Paul Brouardel）认为，化学家应该是食品安全的最终仲裁者。然而，包括保罗·卡泽纳夫在内的其他化学家也认识到化学界缺乏共识。卡泽纳夫认为，科学家不应制定法律，而应支持政府和企业确保市场上的食品和饮料健康无害。作为罗讷河地区的参议员，卡泽纳夫既是一名政治家，也是一位咨询化学家，曾为包括染料制造公司在内的多家企业工作，他清楚地看到了化学家与企业密切合作的好处。

由于人们对葡萄酒中使用人工染料的担忧与日俱增，对其有害影响的看法也莫衷一是，因此总部设在巴黎的公共卫生咨询委员会委托化学家阿道夫·武尔茨撰写一份报告。报告的其他撰稿人包括市政实验室的化学家亨利·福韦尔（Henri Fauvel）、药剂师安托万·比西（Antoine Bussy）、卫生服务监察长兼巴黎药学院卫生学教授阿德里安·普鲁斯特（Adrien Proust）以及医学教授兼巴黎警察局法医乔治·贝热龙。报告认为，大多数染料在少量使用时可能是无害的，但要确保其在食品和饮料中的安全性，还需要进行更多的实验。[16]

卡泽纳夫和其同事莱皮纳(Lépine)同意卫生咨询委员会的意见，认为对新化学染料的测试还不够充分，无法准确评估它们对消化系统的影响。经过研究，这两位化学家建议制定一份明确有害和无害的色素清单，并建议用于食品和饮料的染料应该有生产商的质量保证标志和正式名称，而不是零售商编造的称呼。如前所述，他们的大部分实验表明，少量食用新型人工染料不会对人体造成危害。他们认为，食品染料应该是纯净的，如需混合，那么与之混合或一同被加工的也应是已知无害的物质。[17]如前几章所述，人们对苯胺染料的担忧主要围绕其可能受到的砷污染。1885 年，巴黎警察局长颁布法令，禁止在食品和饮料中使用品红和其他煤焦油染料。[18]但法国化学家卡泽纳夫等人寻求制定一项明晰的法国食品法，类似于德国在 1887 年 7 月颁布的那样，明确区分纯净的苯胺染料和偶氮颜料，与含有锑、砷、铅和汞的有毒染料。卡泽纳夫认为，他和其他化学家的实验已经表明，许多人工染料在毒理学方面的性质，与植物染料以及其他公认的合法食品添加剂（如食盐）相似，特别是在化学染料用量很少的情况下。他在里昂的同事莱皮纳和生理学教授萨蒂南·阿卢安(Saturnin Arloing)指出，在葡萄酒和高汤中使用人工色素的有害性，没有超出食盐或其他可接受的添加剂的有害性范畴。戈蒂埃和阿尔弗雷德·里什(Alfred Riche)则声称，许多人工色素可能并不比天然染料更有害。[19]由于这些声明以及食品和饮料制造商的反对，1890 年巴黎警方颁布了一项法令，其中包括一份禁止使用的煤焦油染料清单和一份可在食品和饮料中少量使用的煤焦油染料清单。[20]

法国的情况更凸显了当时"食品改良"与"食品掺假"两者定义的模糊性，以及化学家之间共识的缺失。吉拉尔等化学家被任命为国家食品供应的监管者，他们敦促对新染料采取更严格的措施，而其他化学家，包括生理化学家和有机化学家，则认为大多数新型染料在少量使用的情况下是无害的，并且在某些情况下还能为食品生产带来好处。

最终，包括化学家和食品行业在内的所有利益方之间妥协的成果就是1905年法国出台的食品法。它关注食品的来源，为不同地区生产的不同产品寻求定义和标准，提高了市场的透明度和规范性，同时也建立起一个标准化的专业知识体系，该体系依托于化学家定义的量和测量方法。此次立法是以法国风土条件为基础在法律进程上迈出的第一步，法国农业部于1935年创立了"原产地名称控制"（*Appelation d'Origine Contrôlées*），这是一个按产地来划分的质量控制体系。[21] 法国的食品监管和专业知识体系被许多欧洲国家效仿，其后还被改编为欧盟的食品法规，该体系重视不同地区的生长条件、种植习惯和偏好带来的食品生产的独特性，并承认天然食品缺乏统一性。虽然法国法律承认食品的地区差异，但根据1906年的一项部长令，政府在农业部设立了一个打击欺诈行为处，使负责食品监督和安全的行政、官僚机构变得更加集中化。这项法令将法国各地的市政实验室置于农业部的控制之下，将官僚控制的平衡从地区转向国家。[22]

尽管食品化学家在新的法国食品监管体系中扮演着重要角色，但食品生产商仍占据着上风。事实上，正是法国的食品监管，帮助确立了新型染料在食品生产中的存在并使其合法化。

舌尖上的彩虹

德国

和法国相似，新成立的德国也在掺假问题的争论以及在食品中使用新型化学染料的过程中，在不同的地区口味、原本对立的制度、科学和经济利益方面实现了趋向一致的"大同"。在一个由具有不同历史和传统的自治州组成的国家里，各区域的口味和食物种类各不相同，这并不奇怪。日新月异的生产技术和让人眼花缭乱的食品配料，加之人们对生理学和食物类别重要性的认识也在不断变化，这些都给消费者带来了困惑和焦虑，由此人们呼吁生产更多"天然"食品，并希望杜绝掺假。然而，什么是非法的食品加工和配料，什么是合法的食品加工和配料，一直存在争议，也成为食品生产商、零售商、消费者、化学家和政府官员之间争论不休的话题。[23]

1871 年，即德国统一之年，德意志帝国在柏林成立了帝国卫生局（Imperial Health Office）。德国历史学家薇拉·希尔霍尔策（Vera Hierholzer）将帝国卫生局称为"一个永久性的科学咨询机构"，并将 19 世纪末描述为国家与科学"交织"的时期，化学家被要求作为食品谈判的重要证人和决策者。[24]到 1879 年，为了建立统一的食品控制体系，国家出台了食品法，其中包括禁止使用有毒染料。[25]针对那些减少食品营养价值和损害消费者经济利益的食品替代成分，德国以英国 1875 年《食品和药品销售法》为基础出台法律，以保护消费者权益。

在德国，政府新建立了食品监管和监测体系，化学家在其中扮演了关键角色，到 1907 年，国家食品监管体系包括了约 180 家私人、州立和大学食品实验室。[26]然而，各地区在执行和解释国家食品法方面仍然存在很大差异。1879 年，马克斯·冯·佩滕科费尔（Max von Pettenkofer）在慕尼黑成立了卫生研究所。佩滕科费尔是李比希的学生，他采集了 8 万份食物样本，而在一年前的 1878 年，他只在多特蒙德、科隆和明斯特分别采集了 7 份、15 份和 3 份样本。[27]

帝国卫生局于 1899 年开展了一项调查，以评估香肠中使用化学色素和防腐剂的情况。调查证据表明，当时德国各地的食品做法和监测存在很大差异。柏林的化学实验室在答复卫生局关于提供化学染色剂和防腐剂使用情况的要求时指出，大多数被检测的香肠都含有苯胺染料。然而，奥芬巴赫化学研究所在答复同一项调查时称，过去三年中只发现过一种染色香肠，据说这种香肠来自法兰克福，是用一种从甲虫身上提取的动物性染料来染色的。来自普劳恩化学研究中心的食品化学家阿图尔·福斯特（Arthur Forster）报告称，自从 1897 年一名屠夫及其供应商因人为给香肠染色而受到严厉处罚后，他所在的地区就再也没有出现过染色香肠。不过，汉堡医药局提供了各种香肠中使用的不同染料的详细清单，包括伊红、玫瑰红和其他煤焦油染料，而莱比锡大学卫生研究所则指出，在香肠中经常会有偶氮染料。帝国卫生局在从德国各地的公共和私人实验室收集证据后，确认苯胺和偶氮染料经常被用于香肠和其他许多肉制品。报告认为，1887 年 7 月 5 日颁布的德国食品法"为寻找替代色素提供了机会和动力"，用新的化学染料取代传统染料（如胭脂虫红）已成为常态。该法禁止了几种已知有害的染料，主要是金属染料，从而促使生产商寻找替代品，并有效地使任何不含该法禁止物质（如砷）的染料合法化。[28]

作为一个刚统一的国家，德国在建立食品生产"规范"方面面临着特殊的问题，这使得欺骗和掺假问题变得棘手。不同州的食品生产商、零售商和消费者，对什么是合法成分、什么是欺诈成分持有不同的看法，而化学家、营养学家、监管者和食品行业对某些成分，尤其是化学染料和防腐剂的允许限量也无法达成一致。虽然德国的化学家、营养学家和生理学家队伍在不断壮大，但在如何科学地评估染料方面，从柏林到巴伐利亚和巴登，消费者们对食品的味道、颜色、气味和质地的评价也各不相同。评估食品生产中应在多大程度上使用化学添加剂，既取决于消费者对标准颜色和风味的感官认识，也取决于食品生产商和零售商的商业限制、化学家的意见，以及因需要经济、安全地养活不断增长的城市人口而施加的政治限制。[29]

德国的食品立法对什么是掺假没有明确的定义，这就为热衷于专业化和提高政治地位的化学家们提供了一个广泛的立法和监管框架。德国是培养化学家的主要国家，在 19 世纪最后 25 年，德国劳动力中的化学家队伍不断壮大。涉足食品化学、技术和营养科学领域的化学家人数不断增加，为了监督和管理食品，他们开始形成并发布自己的观点和指导方针。[30] 19 世纪 90 年代，德国食品化学家自由协会（*Freie Vereinigung Deutscher Nahrungsmittelchemiker*，其成员相当于英国的公共分析师和法国的市政化学家）开始编制一系列有关食品内容和制作的统一规范和准则。这些标准被政府采纳，并由帝国卫生局发布。[31] 然而，随着食品日益工业化、商业化并受到政治控制，食品生产商、零售商和消费者也成立了自己的游说团体。1901 年，德国食品生产商和零售商联盟（*Bund Deutscher Nahrungsmittel-Fabrikanten und Händler*）成立，代表食品生产商和零售商的立场，他们认为食品市场越来越多地受到化学家和政治家的监管，却缺乏从食品工业本身出发的考虑。[32] 1905 年，该联盟出版了自己的食品规范和指导手册——《德国食品手册》(*Deutsches Nahrungsmittelbuch*)。

食品行业与国家和私人资助的独立化学家之间经常发生激烈的争执。从 1883 年起，由于食品行业抱怨化学分析人员在处理食品掺假问题时不够务实，帝国司法大臣规定，国家法院在判定食品是否掺假之前，必须咨询食品行业专家以及独立和国家食品化学家的意见。食品生产商在法庭上质疑食品化学家的权威，并辩称食品如果是安全、"正常"且经济的，那就不是掺假。这激怒了那些坚信食品标准和成分需要更严格监管的食品化学家。[33]慕尼黑研究实验室负责人卡尔·诺伊费尔德(Carl Neufeld)教授反对轻视食品分析师专业知识的行为，认为食品化学家不仅仅是一个分析者，而是任何判断的关键贡献者。[34]1907年，在柏林召开的第十四届国际人口与卫生大会上，明斯特农业研究站负责人约瑟夫·柯尼希(Josef König)宣称，如果工业习惯不受惩罚，那么任何关于伪造或掺假的指控都将无法成立。[35]诺伊费尔德和柯尼希承认，化学色素在食品生产中被广泛使用，而且大多数色素在少量使用的情况下是安全的。但是，两人也都认为，不应该用这些添加剂来欺骗消费者，也不应该在食物中大量使用它们。[36]他们和其他食品化学家继续敦促进行更多的独立分析，并指责食品工业利用专业顾问和巧妙的宣传来藐视法规。1910 年，德国政府通过了一项新法律，强调独立食品化学家专业知识的重要性，同时允许代表食品行业的商业专家证人只在有疑问的情况下出庭，同时还要证明他们的专业性和公正性。[37]在 19世纪，咨询化学家对法庭并不陌生，他们经常被聘为专家证人。然而，化学家和其他所谓的专家证人在法庭上提出的相互矛盾的证据往往会引起更大的争议，这一点在英国分析师的案例中已经有所探讨。

独立食品化学家和德国食品工业都制定了各自的食品标准，但对于什么是标准，尤其是在使用化学防腐剂和色素方面，他们经常意见不一。食品公司声称，新的化学防腐剂通常更可取，因为它们对风味的影响较小，而且与现有的和长期使用的防腐方法（如盐渍和熏制）相比，危害性也不大。他们争辩说，许多新食品，如人造黄油，没有长期的标准，并声称使用人工色素是为了迎合消费者的喜好，而消费者的喜好往往因地而异。食品生产商还指出，即使是家庭食谱也推荐使用水杨酸和人工色素等化学防腐剂。[38] 虽然公共分析师们试图禁止使用化学色素，或至少限制其使用，但食品工业手册《德国食品手册》却宣布："以营养生理为目的的食品着色，逻辑上应视为一种物质改进，而从纯粹的生理角度看，它也应该与调味同等重要。"食品工业声称，巴甫洛夫的实验表明，食物的颜色是食物心理的一部分，既然食物的颜色能增进人的食欲，那么为了提高食物的吸引力而对食物染色，也应该被视为对食物的一种改进。[39]

与有机化学家和公共分析师一样，德国生理和卫生化学家也希望维护化学及其产品的声誉。特奥多尔·魏尔和他的德国化学家同事们深知不断发展的化学工业对德国经济的重要性。他们认识到扩大化学产品范围（无论是在科学领域，还是在社会中）的好处，同时还认识到新化学物质正以无孔不入的方式渗透到日常生活中，因此有必要让公众放心。卫生化学家和生理化学家将新染料的毒性测试视为扩大其研究范围和提高其地位的一种方式，这与这一世纪初公共分析师将食品掺假视为提高其地位和专业工作的一种方式相类似。

魏尔的同事欧根·塞尔(Eugen Sel)在为魏尔关于煤焦油染料的出版物所写的序言中指出，德国的煤焦油色素工业已经"征服了世界"，由于德国化学工业的"稳定工作"，越来越多的产品进入了市场。塞尔强调了卫生化学家在该项目中的重要作用，认为只有通过他们的专业知识才能确保化学染料作为食用色素的安全性。[40]

伊红：一项德国案例研究

伊红是一种由溴作用于荧光素而产生的红色染料，对在动物饲料中使用伊红的争议，说明了德国化学家在确定新型染料用于食品的适当性时，所面临的物质、实践和社会方面的复杂性。[41]这场争议表明，在围绕如何在食品中适当使用染料的讨论中，政治和商业与科学发挥着同样重要的作用。该案例还表明，到20世纪的第二个十年，人们仍未就化学染料对动物的毒性测试达成共识。

19世纪70年代早期发现的伊红，是德国学术界和工业化学家成功合作的典范。伊红是从煤焦油碳氢化合物石脑油中提取的邻苯二甲酸缩合而成的，是最早的酞菁染料之一。伊红Y(四溴荧光素的二钠盐)和伊红B(二硝基荧光素的二溴衍生物的钠盐或铵盐)的发现，是巴斯夫首席化学家海因里希·卡罗(Heinrich Caro)和时任斯特拉斯堡大学教授的阿道夫·冯·贝耶尔合作的成果。[42]在爱克发的卡尔·马蒂乌斯购买了巴斯夫的产品样品并将其交给柏林大学的顾问霍夫曼后，伊红染料的应用变得更加广泛。[43]人们不禁要问，伊红之所以成为公众关注的焦点，是否是因为它与当时食品中使用的数百种未知的、难以检测的染料不同，它的生产和构成秘密暴露在公共领域，更加广为人知。

1909 年，包括《柏林地方晨报》（*Berliner Local-Anzeiger Morgenblatt*）在内的多家报纸对廉价动物饲料（其中大部分为进口饲料）被伊红染色表示担忧。[44] 正如其他章节所述，将外国食品与掺假和毒性联系在一起是一个反复出现的问题。这篇文章提到了"国会走廊"中的一些报道，称伊红已经在动物身上进行过试验，发现其会扰乱肠胃。对这些问题的广泛报道引发了政府各部门和科学委员会之间的一系列书面交流和报告，其中包括内政部、帝国卫生局、普鲁士皇家医学专家委员会、国家作物局，甚至财政部也对销毁大量动物饲料可能造成的经济影响表示担忧。

1910 年 5 月 14 日，帝国卫生局局长弗朗茨·布姆（Franz Bumm）致函内政大臣，对报纸的报道进行了反驳，并附上了几份实验报告，证明伊红作为食用染料并无害处。这些实验报告包括 1904 年 6 月由帝国医学专家委员会委托编写的实验报告，该报告显示，用一定量的伊红染色大麦喂养兔子对兔子无害，还包括了帝国卫生局化学家进行的一系列实验结果。该办公室主席还指出，法国公共卫生高级委员会和巴黎医学院已于 1908 年 8 月同意立法，允许在法国使用伊红作为酒和糖浆的色素。[45]

帝国卫生局成员的随附出版物和国家化学家罗斯特（E. Rost）概述了该办公室所进行的实验，其中包括对兔子、狗、猫、鱼甚至人类的一系列试验。实验结果表明，伊红一般不会被生物体吸收，只有一小部分残留在生物体内。罗斯特发现，大多数受试动物不会因伊红产生生理紊乱，狗不可能因胃中的伊红而死亡，并且这种染料不会对神经系统产生干扰。在谈到外来产品的危害时，他声称伊红只有在使用剂量非常大的情况下才会有危害，比如在外来饲料中常出现这种情况。[46]

然而，欧洲爆发战争后，争议仍在继续。1915 年 10 月 9 日，德累斯顿的眼科专家弗里茨·尚茨（Fritz Schanz）写信给帝国卫生局，声称政府允许使用伊红的规定对动物和人类都是危险的，因为曝露在阳光下的动物摄入伊红可能会致命。尚茨说，他的研究表明，强烈的光线会改变血液中的蛋白质，如果血液中还存在某些被称为光触媒的物质，这种变化就会加剧。他声称伊红就是这样一种物质。在附上其论文《中暑》（Sonnenstich-Hitzschlag）和《光对生物体的影响》（Die Wirkungen des Lichtes auf die lebenden Organismen）副本时，尚茨警告说，即使剂量很小，伊红也会对曝露在阳光下的人体和食用者造成伤害。此外，他还声称帝国卫生局所做的实验是在圈养动物身上进行的，因此排除了光的影响。[47]

报纸对这些指控进行了报道，发表了关于阳光对伊红毒性影响的文章，并质疑既然柠檬水和果汁饮料都贴有不含伊红的标签，为什么还要给动物喂食这种化学物质。罗斯特对尚茨不断提出的批评，特别是指责帝国卫生局的实验前提存在缺陷感到非常愤怒，他在行业和专业媒体上发表了自己的文章，指出尽管进行了大量实验，但没有发现任何问题。他还声称，在他看来，除了尚茨的研究之外，其他所有文献都认为伊红是无害的，并补充说，在战争时期，还有更重要的事情需要担心，比如德国军队中的糙皮症发病率。[48]

1915 年 10 月 11 日，德国国家作物局（Reichsgetreidestelle Geschäftsableitung Gesellschaft）致函内政部，敦促其解决此事，担心尚茨的指控可

　　　　　　　　　　　　　　　　　　　舌尖上的彩虹

能导致即便是含有少量伊红的饲料也会被全部销毁。帝国卫生局局长在1915年11月9日给国家作物局局长的回信中称，尚茨在德累斯顿深受公众好评，是最好的眼科医生之一，拥有私人诊所，作为眼科医生和萨克森州卫生委员会成员享有良好的声誉。尚茨研制出了减少紫外线对眼睛影响的眼镜，并用荧光素物质就阳光对眼睛蛋白质的影响进行了生理测试。局长注意到，正如其自己经常承认的那样，尚茨主要是自学成才，并非训练有素的化学家。虽然他指责尚茨批评帝国卫生局，但他承认尚茨的抱怨是出自对人民福祉的关心。局长还指出，他勉为其难地向内政部提交了一项决议，这是他以前从未采取过的措施，他询问，如果该决议回到国家卫生部门进行同行审查，他与尚茨的交流是否可以保密。[49]

德国一家权威的医学周刊以特别增刊的形式报道了尚茨和罗斯特之间的争论，两位科学家都有版面发表自己的观点。罗斯特声称，尚茨"毫无根据的说法在这个严肃的时刻使民众感到不安"，尚茨应该"为了祖国的利益停止他的猜测"。尚茨则声称，自1909年以来，德国各地的动物（包括宠物）都出现了伊红中毒的症状。尽管由此引发的抗议风暴促使政府委托进行更多的测试，但尚茨声称，这项研究是在1910年1月3日开始的，当时光照水平很低，因此实验无效。帝国卫生局局长布姆博士于1916年3月致函国家作物局，提到了这两篇文章，并解释说他已要求尚茨提供证据来证明其说法。战争结束后，双方的争论仍在继续，此时尚茨向政府申请资金以证明其主张是合理的，但未能成功。[50]

这段插曲概括了达成共识所涉及的许多问题。在实验和理论尚未达成一致的领域，两位科学家试图用实验证据来证明他们各自的假设。事实上，如前所述，围绕煤焦油染料毒理学的实验共识直到现在仍然没有达成。两位科学家在不同的学科框架内，在不同的社会和专业背景下开展工作。当无法达成一致意见时，在确定事实真相（包括获得这些事实真相所需的实验参数和条件）之后，科学家们又回到了个人信誉的问题上，每个人都试图通过媒体，游说同行、公众和政客来为自己的假说争取支持。在这一问题始终悬而未决的困局中，社会、经济和政治因素与科学因素同样重要。

注释

[1] Atkins and Stanziani, "From Laboratory Expertise to Litigation"; Atkins, Lummel, and Oddy, *Food and the City*; Dessaux, "Chemical Expertise and Food Market Regulation in Belle-Epoque France".

[2] Stanziani, "Municipal Laboratories and the Analysis of Foodstuffs in France under the Third Republic"; Tomic and Guillem-Llobat, "New Sites for Food Quality Surveillance in European Centres and Peripheries".

[3] Stanziani, "Information, Quality, and Legal Rules", 273.

[4] Gautier, "The Fraudulent Colouration of Wines", 110.

[5] Dessaux, "Chemical Expertise and Food Market Regulation in Belle-Epoque France".

[6] Zylberman, "Making Food Safety an Issue".

[7] Atkins and Stanziani, "From Laboratory Expertise to Litigation".

[8] Huet-Desaunay, *Le Laboratoire Municipal et les Falsifications ou Recueil des Lois et Circulaires Concernant la Vente des Produits Alimentaires et Hygiene Publique* (Paris, 1890); Paul, *From Knowledge to Power*, 211—220; Dessaux, "Chemical Expertise and Food Market Regulation in Belle-Epoque France".

[9] Muter, "On the Processes and Standards of Food Analysis in Use at the Municipal Laboratory of the City of Paris", 144.

[10] Ibid., 145.

[11] Denys Cochin, *Revue des Deux Mondes*, June 15, 1883, cited in "Adulteration in Paris", 239—240.

[12] Charles, *Documents sur les Falsifications des Matières Alimentaires et sur les Travaux du Laboratoire Municipal: Rapport à Monsieur le Préfet de Police: Deuxième Rapport* (Paris, 1885), cited in Paul, *From Knowledge to Power*, 215.

[13] Dessaux, "Chemical Expertise and Food Market Regulation in Belle-Epoque France"; Coppin and High, *The Politics of Purity*.

[14] Hierholzer, "Searching for the Best Standard"; Dessaux, "Chemical Expertise and Food Market Regulation in Belle-Epoque France"; Spiekermann, "Redefining Food".

[15] Testimony of Georges Berry in *Journal Officiel*, Assemblée Nationale (1904), 2356, 2358, cited in Dessaux, "Chemical Expertise and Food Market Regulation in Belle-Epoque France", 354.

[16] Bergeron, *Rapport sur les proprieties toxiques de la fuchsine non arsenicale* (Recueil des travaux du Comité consultative d'hygiène, 7, 321), cited in Cazeneuve, *Les Colorants de la Houille*, 14; Henri Fauvel obituary, *Lancet*, 1886, 1001. 关于普鲁斯特（指小说家马塞尔·普鲁斯特的父亲）的更多信息，请参阅 Bogousslavsky, *Following Charcot*, 68。1885 年，普鲁斯特创立了国际卫生局，这是世界卫生组织的前身。关于比西的作品，可参见 Wehefritz, *Bibliographie zur Geschichte der Chemie und chemischen Technologie. 17. bis 19. Jahrhundert*, 664。

[17] Cazeneuve and Lépine, "Les Couleurs de la houille", cited in *Revue des sciences médicales en France et l'étranger*, vol.31, July 26, 1888, 517; Cazeneuve and Lépine, "Sur les effets produits par l'ingestion et l'infusion intraveneuse de trois colorants, derives de la houille"; *Bulletin de l'Académie de Médecine*, 16, 2nd s.(1886):310. 正如斯坦齐亚尼在论及法国葡萄酒时所指出的那样，被特别挑选出来的食品名

录很可能是那些游说能力最强的生产商的产品。

[18] 关于法国及其他国家的立法情况，欲了解更多信息，参见表3.1。

[19] Cazeneuve, *Les Colorants de la Houille*.

[20] Lieber, *The Use of Coal Tar Colors in Food Products*.

[21] Atkins, "The Material Histories of Food Quality and Composition"；
Gade, "Tradition, Territory, and Terroir in French Viniculture".

[22] Atkins and Stanziani, "From Laboratory Expertise to Litigation".

[23] Teuteberg, "Adulteration of Food"；Hierholzer, "Searching for the
Best Standard"；Ellerbrock, "Lebensmittelqualität vor dem Ersten
Weltkrieg"；Hierholzer, *Nahrung nach Norm*；Grüne, *Anfänge
staatlicher Lebensmittelueberwachung in Deutschland*.

[24] *Denkschrift über die Aufgaben und Ziele, die das kaiserliche Gesundheits-
Amt sich gestellt hat*, Berlin, 1878, 2, cited in Hierholzer, "Searching for
the Best Standard", 305.

[25] Buchka, *Die Nahrungsmittelgesetzgebung im Deutschen Reiche*.

[26] König and Juckenack, "Preußen".

[27] Ellerbrock, "Lebensmittelqualität vor dem Ersten Weltkrieg".

[28] "Verschiedene Arbeiten zur Untersuchung der künstlichen Färbung
von Würsten in Deutschland" (Berlin), Imperial Health Office R86/
2255, Deutsche Archive.

[29] Ellerbrock, "Lebensmittelqualität vor dem Ersten Weltkrieg"；Hierholzer,
Nahrung nach Norm；Grüne, *Anfänge staatlicher Lebensmittelüberwachung
in Deutschland*.

[30] Bujard and Baier, *Hilfsbuch für Nahrungsmittelchemiker*；Hasterlik, *Die
praktische Lebensmittelkontrolle*；Neufeld, *Der Nahrungsmittelchemiker als
Sachverständiger*；Rupp, *Die Untersuchung von Nahrungsmitteln*.

[31] *Vereinbarungen zur einheitlichen Untersuchung und Beurtheilung von
Nahrungs-und Genußmitteln sowie Gebrauchständen für das Deutsche
Reich*；Hierholzer, "Searching for the Best Standard".

[32] 食品行业专业期刊有: *Zeitschrift fur Untersuchung der Nahrungs-und*

舌尖上的彩虹

Genussmittell wowie Gebrauchsgegenstände (ZUNG), *Deutsche Na-hrungsmittel-Rundschau*, *Konserven-Zeitung*, *Monatsschrift für die volkswirtschaftlichen*, *gesetzgeberischen und kommerziellen Interessen der Margarine-Industrie*, *Pflanzenfett-und Seisolbereitung*。

[33] Ellerbrock, "Lebensmittelqualität vor dem Ersten Weltkrieg", 141.

[34] Neufeld, *Der Nahrungsmittelchemiker als Sachverständiger*, 4.

[35] *Bericht über den XIV Internationale Kongress*, 321; Ellerbrock, "Lebensmittelqualität vor dem Ersten Weltkrieg", 141.

[36] Neufeld, *Der Nahrungsmittelchemiker als Sachverständiger*; König, *Chemie der menschlichen Nahrungs-und Genussmittel*, vol.2, 462.

[37] Ellerbrock, "Lebensmittelqualität vor dem Ersten Weltkrieg", 141.

[38] 同上。

[39] Kerp, *Nahrungsmittelchemische Tagesfragen*, 191; *Deutsches Nahrung-smittelbuch*, 12; Todes, *Pavlov's Physiology Factory*.

[40] Weyl and Leffman, *The Coal-Tar Colors*, xi.

[41] "Various Papers Relating to the Use of Eosin in Food" (Berlin), Imperial Health Office papers, BA R86/2297, Deutsche Archive, Berlin.

[42] 如需深入了解伊红及其发现过程，参见 Reinhardt, *Heinrich Caro and the Creation of Modern Chemical Industry*。

[43] Murmann, "Knowledge and Competitive Advantage"; Beer, *The Emergence of the German Dye Industry*; Beer, "Coal Tar Dye Manufacture and the Origins of the Modern Industrial Research Laboratory".

[44] *Berliner Lokal-Anzeiger Morgenblatt*, December 15, 1909.

[45] 1910年5月14日帝国卫生局局长致内政大臣的信函，参见 Imperial Health Office papers, BA R86/2297, Deutsche Archive, Berlin。

[46] Rost, *Pharmakologische Untersuchung des Eosins*, Imperial Health Office papers, BA R86/2297, Deutsche Archive, Berlin.

[47] 1915年10月9日，弗里茨·尚茨博士寄给帝国卫生局的信和文章；Fritz Schanz, "Sonnenstich-Hitzschlag", *München Medizinische Wo-*

chenschrift，1915，29；Fritz Schanz，"Die Wirkungen des Lichtes auf die lebenden Organismen"，*Biochemische Zeitschrift*，71。上述所有内容来源参见 Imperial Health Office papers，BA R86/2297，Deutsche Archive，Berlin。

［48］E. Rost，"On the Physiological Affect and Toxicology of Eosins"，a special supplement in *Medizinische Klinik*，1915，36，Imperial Health Office papers，BA R86/2297，Deutsche Archive，Berlin.

［49］1915 年11 月 9 日，帝国卫生局局长致国家作物局局长的信函，参见 Imperial Health Office papers，BA R86/2297，Deutsche Archive，Berlin。

［50］*Medizinische Klinik：Wochenschrift für praktische Ärtze*，51（1915）（offprint）；1916 年3 月 1 日，布姆博士致国家作物局的信函，参见 Imperial Health Office papers，BA R86/2297，Deutsche Archive，Berlin。

第八章　美国政府反对在食品中使用化学染料的行动

　　美国在食品立法方面落后于欧洲，但许多 20 世纪的历史学家将美国 1906 年的《纯净食品法》(Pure Food Act)描绘成现代食品监管的蓝图，并将该法的设计者化学家哈维·威利(Harvey W. Wiley)塑造为一位公众守护者，为了追求天然食品而与大企业进行抗争。[1]威利与其他国家的化学家一样，认为食品安全是一个分析化学家发挥其权威并改善公共食品供应的领域。但是，与欧洲同行一样，威利很快意识到，他需要与食品和化学品制造商合作而不是对抗。

　　到 19 世纪末，全美范围内对食品掺假和工业化的担忧甚嚣尘上，政治家、食品化学家、大型食品制造商、农村和城市社区代表，以及中产阶级，尤其是女性，都提出了改革的要求。于是，由此产生的立法试图将各种关注、利益和观点结合起来。威利在关注国民健康的同时，也理解工业界的担忧，清楚在企业、消费者和政治家之间建立联盟的必要性。历史学家已经证明，美国的大型食品生产商是如何成功地利用监管为自己牟取商业利益的，威利自身是如何获得大企业的支持，以及如何依靠消费者权益团体(尤其是妇女团体)、州监管机构和医生的帮助使其设想的措施得以通过，并扩展政府的监管、增强分析化学家和美国化学局的地位。[2]威利的主要策略之一是试图让食品供应商相信，美国公众不希望在食品中使用人造化学品进行防腐和染色，禁止这种"掺假"行为将使诚实的食品生产商受益，而那些准备蒙骗和欺诈消费者的生产商则要付出代价：

> 我对罐头商说了实话。……他们声称有权在商品中添加色素，这非但没有帮助他们的生意，反而使成千上万的美国公民远离这种商品。[3]

然而，与法国和其他国家的企业一样，美国的企业也抱怨说，化学家们对于在食品中添加化学物质是否安全，以及添加哪些化学物质是安全的并没有达成共识，并认为食品生产商不应受政府化学家的控制。番茄酱生产商、底特律沃尔特·威廉斯公司总裁沃尔特·威廉斯（Walter H. Williams）在国会听证会上辩解道：

> 我认为本委员会不应该建议通过任何立法，赋予一个人绝对的权力来决定这个国家的制造商应该做什么以及不应该做什么。对于什么是有害的、什么是无害的，存在着不同的意见。我们可以证明，这个国家最优秀的科学思想会与目前的化学局产生分歧。现在，先生们，千万不要以为我是在攻击威利博士、化学局或农业部，我只是指出或试图指出这项法案的原则是错误的。[4]

威利则声称，他并不完全反对在食品中使用化学色素和防腐剂，并指出在某些情况下需要使用化学添加剂来延长食品的保质期，比如在"海上"等难以到达的地方，以及在"如英格兰"等无法为其全部人口生产食品的国家。他还认为，如果消费者希望购买用化学品染色或防腐的食品，就不应该剥夺这种选择权。他宣称，他反对在食品中越来越多地使用化学品的论点适用于"这个国家的一般情况"，特别是"我们绝大多数人似乎更喜欢无防腐剂食物这一明显的事实"。[5]

威利的声明承认，工业制备的新型化学品越来越频繁地出现在食品中，消费者已经可以将其与传统防腐剂（如盐、糖和烟熏腌制）以及从水果、香料和蔬菜中提取的色素区分开来，而后者已在食品制作过程中沿用了几个世纪。与其他国家一样，引入化学添加剂作为色素或防腐剂总是备受争议，科学家、食品行业和消费者的观点相互冲突，与其他有关各方的观点也互有抵牾。这些新的"科学"物质给每个人都带来了好处，延长了保质期，防止了病菌污染，同时降低了成本，增加了食品供应量。然而，人们开始产生两方面的担忧，一方面是摄入越来越多的化学合成物可能给身体带来的未知风险；另一方面是食品生产商利用化学物质弄虚作假的本领更甚以往。在英国，人造黄油就因为使用了人工色素而引起轩然大波。

许多国家都立法禁止这种新型食品，但在美国，尤其是奶牛养殖州，奶业游说活动最为集中和有力。从1886年出版的一份劝说立法者反对人造黄油的文件中，我们可以明显感受到当时乳制品行业的担忧。这份出版物控诉了欧洲人造黄油生产商的权力、影响力和财力，以及他们对美国乳制品行业和出口的影响。以下引文介绍了美国乳制品行业在讨伐人造黄油时采用的排外论据，这段话还暗指科学家提出的证据和理论相互矛盾，反对派经常用这种抱怨来诋毁科学：

　　　人造黄油，这一黄油领域所有欺诈行为的根源，来自一位法国人的奇思，他认为奶牛乳汁中分散的黄油是动物脂肪被吸收的结果。这位名叫伊波利特·梅赫(Hippolyte Mege)的法国人将一些剁碎的牛羊油、切成小块的新鲜羊肚、一点碳酸钾和一些水混合在一起，然后放在华氏113度的高温下加热，于是在羊肚中胃蛋白酶的作用下，便分离出了黄油。通过液压，这些脂肪又被分离成硬脂和人造黄油。将10磅人造黄油和4品脱牛奶、3品脱水、少许胭脂树籽油一起放入搅拌器中，梅赫成功地制作出了一种足以冒充黄油的复合物，它唯一缺少的就是所有优质黄油所特有的金黄色。一波科学家称他生产出的是一种含有病菌和各种令人厌恶的寄生虫的有害物质，而另一波科学家则强调他的人造黄油比市场上一半的黄油都更有益健康——无论是哪一种，对发现者来说都根本不重要，只要能证明有利可图就行。他为自己的工艺申请了专利，并毫不费力地在法国、英国、荷兰、德国和美国售出了使用权。[6]

　　在关于人造黄油的公开辩论中，参与者呼吁回归天然食品，以此对抗社会和个人的堕落。[7]奶农利用当时在中产阶级政客中普遍存在的社会卫生问题，通过强调人造黄油的社会危害来争取政治支持，限制人造黄油的进口和销售。乳制品行业声称人造黄油会引起消化不良和其他疾病，还含有腐臭的牛肉、死马、疯狗、淹死的羊以及工人的脚趾甲，他们的游说者向政治家施压，要求立法禁止这种新出的冒牌货。[8]人造黄油并没有被视为一种更实惠的新型食品，而是被描绘成一种欺诈行为，一种工业化的非天然食品，成为乳制品行业乃至整个社会弊端的替罪羊。机械化人造黄油工厂被视为对奶农田园牧歌的威胁。[9]

具有讽刺意味的是，在人造黄油被描绘成工业化冒牌货的同时，黄油的生产本身也在日益工业化。黄油生产商为了提高利润，在自己的产品中添加水或植物脂肪。零售商将人造黄油和乳制品生产商的劣质产品伪装成优质黄油，进一步加剧了这种欺骗行为。然而，人造黄油成了掺假的替罪羊，因为黄油行业在美国几个有影响力的州都拥有势力基础，被证明是美国政治史上最早、最有效的特殊利益游说团体之一。[10]人类学家玛丽·道格拉斯认为，当"具有重要仪式意义的食物被赋予道德神圣性时，其竞争对手就会面临被道德污名化的风险"。[11]然而，"具有仪式意义的食品"本身就是社会的建构，在这种情况下，黄油的"传统"就成了乳制品行业出于商业目的而进行的发明。[12]

由于乳制品行业的成功游说，密苏里州于 1881 年禁止制造和销售人造黄油。其他乳制品生产州，包括缅因州、密歇根州、明尼苏达州、宾夕法尼亚州和威斯康星州也于 1885 年效仿。处罚措施包括最高 1 000 美元的罚款和最长一年的监禁。1886 年通过了限制人造黄油生产、进口或零售的联邦法律。1886 年的《人造黄油法》对国产人造黄油征收每磅 2 美分的税，对进口人造黄油征收每磅 15 美分的税。此外，人造黄油制造商每年还需缴纳 600 美元的许可费，批发商每年的许可费为 480 美元，零售商每年的许可费则为 48 美元。克里斯托弗·伯恩斯（Christopher Burns）声称，人造黄油之所以被视为应税商品，是因为它的文化地位较低，这与其他应税商品如酒类和烟草一样。他认为，这种税是"旨在规范人们消费行为的道德税"，1886年的法案实际上是美国政府对人造黄油的"污名化"。[13]

在人造黄油诞生的早期，人们并不太担心人工染料的毒性。人们最担心的是有人企图通过将人造黄油染成黄色来将其伪装成黄油。但大家没有注意到，许多黄油事实上也被染色了。因此，即使在可以销售和生产这种新产品的州，宣传者也试图对人造黄油的着色进行管制。1884年，纽约州禁止给人造黄油着色以免使其看起来像黄油，纽约州乳品专员要求找到更快、更简便的方法来检测产品中的人工着色物质。纽约哥伦比亚大学矿业学院的爱德华·马丁（Edward Martin）和埃尔温·沃勒（Elwyn Waller）等美国化学家，以及新泽西州霍博肯市斯蒂文斯理工学院①的化学教授艾伯特·利兹（Albert R. Leeds）等人回应了这一请求。利兹制作的一张表格显示了用不同染料（包括胭脂树红、姜黄、藏红花、胡萝卜、金盏花、苯胺黄、马休黄和维多利亚黄）染色的黄油和人造黄油在用各种酸（包括硫酸、硝酸和盐酸等）处理时产生的不同颜色。[14]

到1900年，已有34个州禁止使用黄色人造黄油，其中5个州要求所有人造黄油都必须染成粉红色，以便消费者能够分辨出该产品是人造黄油而非黄油。加拿大和澳大利亚也对人造黄油实施了类似的限制，直到20世纪相当晚近的时期才取消。[15]在这种情况下，政府显然并不担心使用人工色素的危害，因为他们要求人造黄油必须刻意地、人为地染

---

① 此处原文为"Sevens Institute"，疑为"Stevens Institute"的误写，故译为斯蒂文斯理工学院。

上与黄油不同的颜色，以保护消费者免受欺骗。1898 年，在柯林斯诉新罕布什尔州案中，最高法院驳回了新罕布什尔州颁布的粉色人造黄油法，裁定该法案"必须掺假并规定掺假"，不利于人造黄油产业。[16]这些例子表明了对人工色素所具健康风险的担忧与将其作为其他目的工具之间的矛盾。

其他国家也出于不同的动机在不同程度上制定了相关法律。例如，荷兰制定了确保黄油和人造黄油质量保持稳定的法律，主要是为了恢复该国作为这两种产品可靠出口国的声誉。这是因为来自澳大利亚和新西兰等国的竞争日益激烈，与荷兰传统的经验工艺相比，这些国家在黄油生产中采用了新的科学方法。作为人造黄油的主要出口国，荷兰也希望通过质量控制来扭转人造黄油在国际上"掺假"黄油的名声。[17]在大多数国家，尤其是美国，人造黄油一直被征收高额税款，并持续受到限制和禁止，直到 20 世纪中叶。

人造黄油案表明，最初人们对使用人工色素的主要担忧是其可能对消费者造成的欺骗。这种瞒天过海的能力引起了害怕竞争的生产商和零售商的极大关注。因此，食品监管的主要推动力来自食品行业本身，特别是大型生产商和零售商，他们将从一个更规范的市场中获益，当然，奶农也是如此，他们的长期产品也受到新食品或配料的威胁。

由于新型工业化食品的生产方式和化学成分不断刺激着日益壮大和多样化的"纯食品"游说团体，威利认为化学本身就是监管食品和执行食品标准的关键。在美国和欧洲，化学在 19 世纪变得越来越专业化，不同的化学家专注于不同的领域。与生产和制造领域的工程师一起工作的美国化学工程师的薪酬越来越高于分析化学家。[18]1884 年，美国官方农业化学家协会（Association of Official Agriculture Chemists）成立，威利于 1886 年就任协会主席。该组织成立的目的是提高分析化学家在农业领域的专业地位，与政府建立更密切的联系，以扩大他们在社会中的地位和作用，并减少肥料掺假。[19]威利本人在印第安纳州获得医学学位后学习了化学，随后像许多欧美同行一样，前往德国学习更多的化学知识。在德国期间，他聆听了霍夫曼的讲座，并在柏林与菲尔绍共事，之后又跟随时任德国帝国卫生局化学家的欧根·塞尔学习食品化学。[20]

威利在 1883—1903 年期间担任农业部化学局局长，这对提升分析化学家的社会地位极为便利，而他也通过纯食品运动加强了食品分析和食品保护，努力抓住这绝佳机会实现这一目标。1903 年，化学局开始发布食品纯度标准，该标准由国家食品标准委员会制定，该委员会由农业部、官方农业化学家协会、州乳制品和食品部门协会的代表以及其他专家组成。[21]随后，化学局开始对食品添加剂，特别是防腐剂和染料进行监管。从人造黄油的情况可以清楚地看出，美国各州对煤焦油染料的使用有不同的规定，这些规定往往相互矛盾，许多食品生产商和零售商都希望有一个统一的办法。

规范美国食品中化学染料的使用

然而，最初的 1906 年《纯净食品法》中并没有对染料做出具体规定。威利意识到，在市场上销售的数百种染料中，确定哪一种可以安全使用需要时间。他任命伯恩哈德·赫西负责监督分析工作，后者是一名美国化学家，曾在巴斯夫工作多年，1905 年成为独立顾问。1869 年，赫西出生于密歇根州，1896年获得芝加哥大学化学博士学位，是第三位获得此博士学位的人。他曾受雇于巴斯夫德国总部，之后返回纽约，担任公司专利诉讼方面的技术专家。据说他"不仅掌握巴斯夫的许多商业秘密，还了解公司和整个垄断联盟的事务政策"。[22]

到1906年9月，赫西已经收集了大约90个由染料经销商推荐用于食品的煤焦油染料样品，他认为其中几个是有害的。然而，到1907年2月，赫西只对红色样品进行了测试，并警示威利说，由于每次测试都非常耗时，因此在法规制定后可能还需要继续测试。由于时间紧迫，作为一种折中方案，赫西建议编制一份可"视为无害并允许使用"的简短染料清单。他指出，其他一些国家的立法者已经禁止了一些被证明有害的特定颜色，但这些措施并不是特别有效，因为它们实际上允许不受限制地使用所有未被禁止的颜色，包括所有未经检验的煤焦油染料和新创造出来的颜色。[23]

欧洲通过的立法实际上允许使用任何未被政府明令禁止的染料，这与美国的"白名单机制"和英国采取的自由放任态度形成鲜明对比，表明不同地区和文化的卫生政策和优先事项存在着很大的差异。然而，美国的预防措施几乎无法实施，因为到世纪之交，市场上的染料已经太多，无法有效监管。据赫西估计，世界市场上大约有37家不同的公司生产了695种不同的色素，这使得：

我们实际上不可能走访美国食品中使用煤焦油色素的每一位用户，获取他们所使用的煤焦油色素样本。这是不切实际的，不仅因为这样的用户数量众多，地域分布广泛，还因为他们往往不知道自己使用的是什么色素，更因为许多用户不愿意透露所使用产品的性质，这一点毋庸置疑。一些煤焦油色素制造商的态度更有可能造成这种情况。[24]

尽管花费了大量的精力和资源，但仍无法对每一种染料进行测试以确定其安全性，甚至无法获得一套完整的测试材料样品。在这种情况下，美国政府决定，除少数几种可被证明为安全的以外，禁止所有染料的使用，无论是否有毒。为了确定哪些染料应该被允许使用，赫西咨询了不同的专家，参考了包括全国糖果协会以及德国化学家特奥多尔·魏尔和西格蒙德·弗伦克尔的研究在内的许多毒理学研究，还拜访了不少美国染料制造商，包括哈特福德的施尔科夫（Schoelkopf）公司、布法罗的哈纳（Hanna）公司、纽瓦克的海勒（Heller）公司、哈特福德的麦施（Merz）公司、巴斯夫和赫斯特在美国的子公司，以及食品行业的专业染料进口商和供应商康斯塔姆（H. Kohnstamm）公司和利伯（H. Lieber）公司。[25]赫西调查了全球 13 家制造商和 4 家进口商，发现其中 5 家"或 29% 的制造商认为提供样本或信息不符合他们的利益"。同时，在所提供的样品中，"在提供用于食品的煤焦油色素的不同企业中，对其产品中哪些是可取的、必要的或适合于这种用途的，人们的看法很少一致"。[26]

根据魏尔等人进行的毒理学研究，赫西从提供的 200 多份样品中精选出了七种颜色，他认为这些颜色如果能保证以纯净形式生产，就适合在食品中使用。这七种染料包括两种黄色（萘酚黄 S 和柠檬黄）、四种红色（偶氮玉红、罗丹明 B、苋菜红和赤藓红），以及蓝绿色。然而，不到一周后，赫西又改变了主意，经过另一轮选择和淘汰过程，选择了一份不同的清单，其中包含七种允许使用的染料，只有三种与前一份清单相同。最终，华盛顿批准了这份名单，并将其列入 1907 年 6 月 18 日发布的第 76 号食品检验决定"染料、化学品和防腐剂"，其中包括红色（苋菜红）、绯红色（丽春红 3R）、蓝红色（赤藓红）、橙色（橙黄 I）、黄色（萘酚黄 S）、绿色（黄绿色）和蓝色（靛蓝二磺酸）。[27] 该 76 号食品检验决定指出：

> 法律明文禁止使用任何染料（无论是否有害）对食品进行着色或染色，以掩盖食品的损坏或劣质。在食品中以任何目的使用任何矿物染料或煤焦油染料（下文所列煤焦油染料除外）都将被起诉。于目前正在进行的进一步调查及其公布之前，以下列出的专门用于食品的煤焦油染料可用于食品，这些煤焦油染料由生产商保证不含附属产品，并代表其名称所指称的实际物质。在任何情况下，都必须向农业部长提交一份证明，证实相关染料已经过合格专家的检测，且不含任何有害成分，并且该证明需获得农业部长的批准。[28]

许多染料生产商，特别是欧洲的大型生产商声称，他们不可能按照美国政府期望的质量和纯度标准来生产染料，因此选择不再销售食品染料。食品生产商则抱怨说，只选择七种染料限制太多，而且所选染料都不适用于油脂。食品工业认为，应该由政府的化学家来证明这些染料有害。在食品工业和一些染料生产商的游说下，食品和药品检验委员会裁定，化学局必须证明某种染料有害才能禁止使用。此举同时激怒了化学局和美国的食品染料生产商，他们多年来一直致力于提高食品染料的质量和安全性。最终，双方达成妥协，于 1910 年 5 月 19 日颁布了第 117 号食品检验决定，建议而非强制使用经认证的色素。然而，该决定的措辞让许多人以为不得使用未经认证的染料，而专门生产食用染料的美国供应商故意通过大量的广告和促销活动来加深这种误解。与此同时，爱达荷州、伊利诺伊州、艾奥瓦州和内华达州更进一步，规定只有经过政府认证的染料才能用作食用着色剂。[29]

通过创建"允许"化学染料的概念，美国立法有效地为食用染料开辟了一个合法化和专业化的新市场，美国的化学公司热切地接受了这一市场，以此作为与欧洲染料制造竞争对手区分开来的机会。然而，回过头看，评论家们认为，1907 年被推荐为允许使用的七种颜色"后来被证明是相对较差的选择"。事实上，梅拉妮·米勒（Melanie Miller）声称，到 1987 年，七种允许使用的染料中有三种被认为"可能有害"，一种被认为"有害"。[30]

尽管威利被认为是这项重要消费者保护立法的设计师，但他始终认为，他试图净化美国的食品、避免不必要的化学添加剂的努力，受到了既得政治和商业利益的阻碍。[31]威利坚信，大自然为人类提供了最好的食物来源，应该尽量避免使用人工合成的化学物质。他还指出，虽然食品中可能含有小剂量的化学添加剂，但人的一生都要食用含有此类添加剂的食物，这会对肝脏和肾脏等内脏器官造成过度的负担：

　　我由衷地相信，当人类正常食用正常食物时，人类的寿命将大大延长。这就是我所相信的。但是，如果我们不正常地食用不正常的食物，我们的寿命就会缩短。[32]

除了健康方面的考虑，威利认为食品中的化学染料主要用于欺骗公众，"看不出有任何理由将其使用合法化"。[33]

1912年3月15日，威利辞去了政府首席化学家的职务，他认为自己所在的部门在杜绝食品掺假方面所做的努力受到了政治家和既得利益者的扼杀，自己的权威也遭受到了损害。[34]不到两周，他就成为好管家研究所（Good Housekeeping Research Institute）的食品和卫生主任，并在那里工作了18年，测试消费品，为纯净食品奔走呼号。"从一个所有工头都是敌人的领域出来，我进入了一个所有负责人都是朋友的花园。在这个有利的环境下，我有了不受限制的机会，继续为纯净食品而战，没有敌人在背后捅我一刀。"

在辞职17年后，威利亲笔撰写了自己的职业生涯史，他在书中表示，在他通过的法规中最应当废除的，恰恰是引入了"许可食品色素"（permitted food color）的概念的三项条款。

注释

［1］威利在自传中，与他的官方传记作者奥斯卡·安德森（Oscar Anderson）一起，对威利早期的形象的塑造起到了关键作用，参见Wiley, *The History of a Crime*；Anderson, *The Health of a Nation*。

［2］Levenstein, *Revolution at the Table*；Levenstein, *Fear of Food*；Coppin and High, *The Politics of Purity*, 3, chap.3；Anderson, *The Health of a Nation*；Wood, "The Strategic Use of Public Policy"；Young, *Pure Food*；Cohen, *Pure Adulteration*.

［3］1906年2月26日，威利的听证会证言，参见*Hearings ... on the Pure-*

Food Bills，317。

［4］1906年2月14日，沃尔特·威廉斯的听证会证言，参见 *Hearings ... on the Pure-Food Bills*，23。

［5］1906年2月26日，威利的听证会证言，参见 *Hearings ... on the Pure-Food Bills*，240。

［6］*Oleomargarine and Butterine*，3.

［7］欲知更多内容，可参见 Coveney，*Food*，*Morals*，*and Meaning*。食物、道德与城市衰败之间的联系在维多利亚时代的小说中屡有体现，参见 Hyman，*Making a Man*。

［8］Miller，"Public Choice at the Dawn of the Special Interest State"，115；Ball and Lilly，"The Menace of Margarine".

［9］"Progress and Butter".

［10］Miller，"Public Choice at the Dawn of the Special Interest State"，82. 对于 1930 年以前美国人造黄油立法的深入研究，以及与黄油在经济、文化和化学成分上的比较研究，可参见 Snodgrass，*Margarine as a Butter Substitute*。

［11］Ball and Lilly，"The Menace of Margarine"，492；Douglas，*Purity and Danger*.

［12］关于"如何创造具有仪式意义的食物"的一个例子，参见 Boisard，*Camembert*。

［13］同上；Burns，"Bogus Butter"，abstract。

［14］Martin，"Detection of Artificial Colouring Matter in Butter，Oleomargarine，Fats，Oils Etc"；Leeds，"Methods for Separating Out Colours in Butter，Imitation Butter".

［15］想了解更多关于加拿大人造黄油的历史，参见 Heick，*A Propensity to Protect*。

［16］*Collins v. New Hampshire*，171 US 30（1898），cited in Burrows，"Palette of Our Palates"，397.

［17］Stuyvenberg，*Margarine*，281—319.

［18］Reynolds，"Defining Professional Boundaries"；Coppin and High，

The Politics of Purity, 39.

[19] Marcus, "Setting the Standard"; Coppin and High, *The Politics of Purity*, chap.3.

[20] 1906 年2 月 26 日，威利的听证会证言，参见 *Hearings ... on the pure-food bills*, 237。

[21] Spiekermann, "Redefining Food".

[22] Haynes, *American Chemical Industry*, vol.2, 61; Bernhard Hesse, *Oil, Paint, and Drug Reporter*, February 9, 1917, 9, cited in Hochheiser, "Synthetic Food Colors in the United States".

[23] Hesse, *Coal-Tar Colors Used in Food Products*; Hochheiser, "Synthetic Food Colors in the United States".

[24] Hesse, *Coal-Tar Colors Used in Food Products*, 15.

[25] Ibid.; Hesse, "The Industry of the Coal-Tar Dyes".

[26] Hesse, *Coal-Tar Colors Used in Food Products*, 16—18.

[27] Hochheiser, "Synthetic Food Colors in the United States".

[28] USDA, Office of the Secretary, FID 76, "Dyes, Chemicals and Preservatives in Food", July 13, 1907.

[29] Hochheiser, "Synthetic Food Colors in the United States", 52; *Handbook of U.S. Colorants*, 10—12; USDA, Office of the Secretary, FID 117, "The Use of Certified Colors", May 3, 1910.

[30] Miller, "Food Colours", 347.

[31] Wiley, *The History of a Crime*.

[32] 1906 年2 月 26 日，威利的听证会证言，参见 *Hearings ... on the Pure-Food Bills*, 244。

[33] Ibid., 362.

[34] Wiley, *The History of a Crime*; Wiley and Pierce, *1001 Tests of Foods, Beverages and Toilet Accessories, Goods and Otherwise*.

结　论

　　从煤焦油中合成的化学染料是最早添加到我们食物中的完全人造的、工业化生产的化学物质之一。如今,成千上万种不同类型的人造化学物质、激素和酶被添加到我们的食品中,以确保食品有更长的保质期、更好的风味和外观,以及更实惠的价格。着色剂、调味剂、增稠剂、抗氧化剂、甜味剂和溶剂等大量合成添加剂被合法地称为食品配料。[1]了解第一批全新化学物质为何以及如何被接受并合法化为食品添加剂,有助于我们理解食品的工业化转型,以及我们与食品之间的关系。

　　合成化学品曾经是19世纪和20世纪工业进步的基石,如今却迅速成为科学带来的祸患。这些人造物质现在与慢性病,以及从哮喘到癌症的各种疾病关联在一起。无论是在食物、衣服还是杀虫剂中,人造化学物质的大量而迅速的扩散被指控破坏了生态系统和DNA,造成了全球污染,甚至导致了气候变化。[2]

　　第一批大规模生产的合成化学品以意想不到的方式进入日常生活,这凸显出科学家在努力管理这些化学品进入市场和家庭后使用时所处的争议性地位。19世纪的化学家不得不与其他权威抗衡,这使他们在公众面前以专家自居的尝试面临困境。通过这些人造食品添加剂的视角，探索科学专家的兴起、公共卫生立法以及消费者风险管理的早期范例，凸显了在日常生活中应用新科技时的管理难题。

尽管这些新物质色泽艳丽，并且越来越无处不在，但几十年来却几乎无法被检测出来。尽管苯胺和偶氮染料是由化学家创造的，但检测和评估食品中的苯胺和偶氮染料却是分析化学的失败。来自不同背景和学科的化学家必须根据不同的目的和目标，利用各种不同的测试方法，一起制定新的策略。要了解这些新物质，就需要在本地和国际范围内建立一系列复杂的、相互影响的人员和实践网络。对许多分析师来说，食品中神秘的煤焦油染料是一块"烫手的山芋"，极难处理，他们不愿将他们的专业知识和信誉押注在此，因为确定多种不同染料的安全性和可接受的消费阈值已经超出了他们的技术能力。

通过研究分析化学家在实验室内外的工作，我们看到了在创建普遍认可的检验方法过程中达成共识的复杂性，以及在确定哪些实验和"事实"适用时所涉及的社会协商，这也证实了科学史和科学社会学学者们早先的研究成果。[3]化学家们在试图检测食品中煤焦油染料的使用情况，以及了解和评估它们对食用者的影响时，采用了广泛的化学传统和发展的理论与实践，将合成与分析结合在了一起。[4]

几十年来，科学史学者一直认为，科学是由社会和经济因素驱动的，同时科学又反过来影响社会领域。以合成染料为例，观察科学家如何理解和监测一种工业化生产的科学产品在广泛消费后的影响，证实了这些观点。这也表明了历史学家打破化学史中固有的分析化学与合成化学、基础化学与应用化学，以及学术、工业和咨询化学家之间

结　论 269

界限的重要性。

添加剂还是掺假物

通过研究一种特定的合成物质，以及它在应用上的变化和人们对其的认知变化，我们可以深入了解那些操控它的人。探索在实验室中创造出来、在工厂中生产出来并添加到食品中的新型化学产品的流通过程，可以揭示出为适应、关联和理解新物质所必需的中介作用。这是一项对不经意间成为日常生活中隐秘、常在又不可或缺之物的研究。

新闻界、公共分析师、卫生学家、食品生产商、国家和消费大众如何看待食品生产中的化学产品和创新，为科学的合法化，更具体地说，为人造化学品作为食品配料的合法化提供了耐人寻味的注解。

合成染料在食品中的存在，从一开始就成为参与食品监测和食品生产的化学分析人员，以及生理学、组织学和有机化学研究人员之间争论的话题。许多食品化学家认为，新染料优于现有的矿物和植物染料，其中一些已知有毒，许多已被视为掺假物。砷（一种已知的毒素）在许多新型化学染料生产过程中的作用，实际上延缓了人们对合成染料本身可能有毒的认识。一些化学家认为，添加新型合成染料是一种无害的、科学的食物着色和防腐的方法，有助于增加大众可获得的食品种类和范围。然而，另一些化学家则声称，新染料的安全性尚未得到证实，与传统色素一样，它们被非法用于掩盖食品质量和欺骗消费者。

这些最初被视为"科学奇迹"的物质，迅速与公众对科学权威的不信任联系在一起。在这些争议中，分析师们相互之间，以及与生产商、零售商和公众之间，都在争论什么是合法的食品添加剂，什么是非法的食品添加剂。新的合成染料从未被认为是天然的，这与化学家和公众先前认定为掺假物的许多其他物质不同。与其他化学产品相比，它们的合成性质更明显地与科学创新相关联。

19 世纪的后几十年里，伴随着粮食生产机械化和工业化的迅猛发展，新技术和化学添加剂带来了新问题。[5]化学家将化学作为打击食品掺假的主要武器进行宣传，并帮助界定什么是掺假。然而，由于他们声称要提供合理、科学的方法来管理日益复杂的食品供应，他们不得不与生产商、零售商和政治家进行谈判和妥协。[6]

与此同时，制造商、零售商、科学家、政治家和社会改革者都利用媒体（包括社论和广告）来扩大自身的利益。各类期刊都在塑造公众对科学、技术和医学新发现的认识方面发挥了重要作用。虽然新闻报道在一定程度上反映了公众舆论，但媒体如何报道问题也有助于形成公众的看法，使信息流成为一个双向的过程。这导致公众对科学的"占用"远非是被动的。[7]

媒体成了不同消费者群体的喉舌，随着媒体对染料的看法渐趋负面，要求立法的呼声也越来越高。化学家们利用媒体攫取公共权力和政治地位，成为立法机构的顾问。一些化学家，包括染料制造商伊万·莱文施泰因、顾问威廉·克鲁克斯和公共分析师查尔斯·卡萨尔，甚至创办了自己的刊物。与此同时，制造商和零售商也借助媒体宣传工业化食品生产的重要性。不同的支持者争相为消费者代言。

面对媒体越来越多的负面报道，染料和食品生产商采取了自卫措施，要么否认在食品生产中使用染料，要么辩称染料无害，尤其是在少量使用的情况下。公司还开始利用科学家来证实自己的说法，例如巴斯夫公司就聘请著名化学家霍夫曼、菲尔绍和卡泽纳夫公开声明许多苯胺和偶氮染料是无害的。

食品中广泛使用的不可检测染料也给监管机构带来了挑战。全面禁止食品着色将对消费者选择造成不可接受的限制。化学染料成为贸易自由、消费者选择以及支持商业行为（为一方）与消费者保护、公共健康和更高透明度（为另一方）之间谈判的核心。然而，评估食品生产中化学添加剂应使用到何种程度，取决于以盈利为目的的食品生产商和零售商所面临的商业限制、化学家的意见，以及因需要以经济且安全的方式为不断增长的城市人口提供食物而产生的政治限制。食品生产商、消费者、健康改革者、政治家和媒体都在改变人们对染料的理解和使用方式，并且这种使用方式并不仅仅局限于化学实验室和工厂。

虽然消费者最初欢迎科学作为食品掺假辩论中的独立仲裁者，但他们很快就开始不信任科学所宣称的中立性。

19 世纪将合成染料这一科学的"奇迹"产品引入食品中，为 20 世纪后期公众对科学和科学家的怀疑态度提供了一个有趣且富有启发性的案例。例如，在对 20 世纪后几十年荷兰消费者运动的研究中，范奥特洛（A. H. van Otterloo）描述了公众与科学家之间日益加剧的分歧，公众认为色素、调味剂和防腐剂等添加剂是掺假，科学家则认为它们是合法食品生产过程的一部分。[8] 通过对第一批用于食品的化学染料的引入和调解的探讨，我们清楚地认识到，目前对掺假或创新的模糊看法并非新近才出现的现象，对科学家的信任即使在 19 世纪也从未得到过完全的保证。

　　　　　　　　　　　　　　　　　舌尖上的彩虹

实验室内外的检测问题

随着既得利益者数量的增加，围绕新科学目标在商业和公共领域的应用达成一致意见的难度也在增加，这就需要一种新的方法来建立共识。[9]来自不同社会和机构环境的化学家为建立规则和平台而斗争，以便了解这些新型化学实体并使之规范化。欧洲和美国的化学家们根据各自的社会、政治、经济和制度环境与地位，对食品和饮料中的新型染料有着不同的看法。每个国家都成立了不同的协会和机构，这加剧了化学领域不同群体之间的差别，其中就包括学术、咨询、业余以及零售和批发等方面的化学家和药剂师。

评估化学染料的情况尤为复杂。这些都是化学家们创造出来的无法检测的新物质，他们自己也无法就其命名或化学成分达成一致，而这些物质却在国际市场上迅速而没有声息地扩散。这是一个事实不明、各方分歧广泛且意见不一的求同场景。由于对什么是掺假缺乏共识，而且很难了解和识别合成染料及其毒性，专家们只能依靠自己的权威以及道德、政治和商业优先权来解决争端。许多历史研究都探讨了科学家如何在计量学和电学等领域维护自己在建构事实和共识方面的权威，而分析化学可以说为实验者的"后退"和"科学真理"的社会协商提供了一个更复杂也更有趣的案例研究，尽管它受到的关注要少得多。[10]

对于分析化学家而言，困难之处在于，到19世纪80年代，欧美市场上已有数百种染料，其中有些是已知的，但更多的则是未知的，而且食品和饮料制造商通常会在一种产品中添加多种着色添加剂，这使得单独染料的检测更加困难。[11]检测一种已知物质或消除一种特定物质，比鉴别食品或饮料样品中可能存在的所有物质要容易得多。如果要检测是否含有几种未指定的染料，则需要进行一整套单独的测试。事实证明，这种新的检测方法是一种复杂的认识论操作，化学家们在新的背景下调动了旧的检测方法，将不同专业和化学实践中的检测方法拼凑在一起。实验人员采用了一系列分析技术来鉴别这些新物质，从蒸馏、加热、过滤、酸性试剂、滴定到光谱和显微镜，广泛依赖于他们的嗅觉、味觉和视觉。化学家们将传统分析化学以及现有工业和手工业（特别是纺织和印染业）中的方法和技术，与新的化学和工业技术以及新兴的结构化学和合成化学概念相结合，并加以改造。

对于生理化学家利用动物或体外试验设计的毒性实验来说，问题同样复杂。这些试验使用动物或试管作为人体消化系统的替代物。然而，这些类型的建模也面临着诸多问题，包括大量变量、不可转移性、个体差异以及食用对象的耐受性。其他问题还包括难以评估长期影响，难以决定在数百种染料中检测哪种染料，以及以何种形式检测。对于 19 世纪的科学家来说，涉及人体的测试以及校准味觉和视觉等身体感官的尝试尤为复杂和引人注目。单个染料在食品中的用量微乎其微，在实验室之外，很少有纯净的物质。在大多数情况下，化学家要处理的是化学品的混合物，包括已知和未知的污染物。此外，虽然混合物中的单个元素可能没有毒性，但染料与体内其他化学物质之间的反应可能会产生有害影响。事实上，这些化学物质的摄入方式多种多样，不受监控，而且往往不为人知，其特性和特征也在不断变化，因此它们的影响尤其难以理解和预测。[12]虽然这一时期流行病学日趋成熟，使科学家们能够建立起某些疾病与病因之间的联系，但除了在职业环境中变量和特定污染物

舌尖上的彩虹

的存在更容易控制之外，在评估食品或环境中长期存在的任何小剂量化学品的风险时，使用流行病学还是个问题。化学家们面临的问题是必须决定针对哪种类型的染料以及在什么情况下使用。从市场上的数百种染料中选择少数几种，这几乎是一项不可能完成的任务。变数是多方面的，首先是商业染料本身的变数，这可能是科学家们对哪些染料应被视为有害或无害缺乏共识的部分原因。

与产品生产商相比，那些负责揭露风险的化学家处于不利地位，他们缺乏样本，不知道使用的是哪种染料，而且这些染料的生产和供应都是保密的。染料本身越来越多地在先进的大型工业研究实验室中生产，而检测它们在食品中的存在及其毒性的实验则与之不同，其经费少得多，并且在各种环境中进行，从大学院系的机构和教育设施，到国家资助的研究设施，再到通常位于化学家的家中和商店里的私人实验室。[13]

现实世界的无序让分析化学家们清理实验室之外的化学世界并使之合理化的承诺变得空洞无物。染料的数量之多、种类之繁杂，使分析无法产生有序的、具名的、合法可见的、可监测和控制的物质。

标准化的缺乏

决策群体和社会背景的范围越广泛，达成共识就越困难，而化学家只是这个"等式"中的一部分。要在竞争激烈的市场中解决标准化问题，情况尤其复杂，因为谈判对象包括制造商、零售商、公众、政治家和科学家。由于染料的化学名称和商业名称多种多样，因此产生了许多问题。要想在命名和分类上达成一致，就必须改变化学家和其他人对这些新物质的看法，但这一点从未成功实现。这些染料的创造者、制造

结 论   275

商、批发商、零售商、使用者和消费者都在为它们命名，导致许多"同义词"被用于相同的化学物质。与此同时，人们在很大程度上依赖于对不同颜色色差的视觉和主观观察，却无法就标准化的颜色测量框架达成一致，这表明出于识别目的对颜色进行分级，在很大程度上依赖于化学家的隐性知识和经验技能。[14]

化学家们试图利用实验证据，在实验和理论尚未达成共识的领域进行分类。同样，关于煤焦油染料毒性的实验共识仍未达成，并且现在的情况也是如此。因此，实验既不能用于分类，也不能用于证明。化学家们在不同的学科框架内，在不同的社会和职业环境中开展工作。当无法就确定事实（包括获得事实所需的实验参数和条件）达成一致意见时，科学家们就会回到个人信誉的问题上，试图通过媒体和法院，以及游说同行、公众和政治家来确保其假设和观点得到支持。社会、经济和政治方面的问题与自然知识方面的问题同样重要，但却从未得到妥善解决。通过标准进行立法既是政治性的，也是科学性的。从控制贸易到建立权威，国家、机构、公司和个人出于各种不同的原因制定标准。

研究不同国家化学染料在食品中的应用还可以清楚地看到，化学家帮助确定了食品中使用化学品的监管参数，在监管机构、食品生产商和公众之间起到了至关重要的纽带作用。[15]化学家与国家和食品公司合作，帮助将化学染料作为食品配料的使用合法化，这改变了西方与食品的关系。

创造科学专业知识

就像新物质本身一样，科学和科学家在公众领域中也发生了转变。

研究新化学物质不可预测但广泛的使用情况，以及它们是如何被评估和管理的，可以揭示信任和"科学"知识是如何形成和评估的。一方面，化学家们正在工业规模上发现和制造新产品，这些新产品将改变消费品；另一方面，他们作为公共卫生顾问获得报酬，负责监管影响工业化社会的问题，如食品掺假、环境污染、卫生条件差和供水污染等。[16]

结果正如我们所见，这是围绕工业化食品建立信任体系的一次早期尝试，而当时某些成分在食品生产中正逐渐合法化。这一体系至今仍受到挑战。[17]事实上，包括引入化学添加剂等人造物质在内的工业化食品供应的合法化，是创建"专家系统"的一个早期例子。[18]

哈利·科林斯和罗伯特·埃文斯在呼吁开展"第三次科学浪潮"研究时指出，在20世纪的后几十年里，专家与社会中其他相关方之间的界限变得越来越模糊。他们认为，由于对专业知识的政治、公共和商业需求通常领先于公认的科学知识，因此需要重新认识和划分不同类型的专业知识。然而，本书表明，19世纪与今天一样，专业知识、知识和权威取决于不同群体在不同的社会、机构和地理环境中进行的长期而广泛的辩论和调解。公共分析师等自封的专家试图在科学与其他专业知识（无论是法律、商业、公共还是政治）之间划定界限，但这些界限总是模糊不清、有待协商，即使是来自同一科学学科的专家之间也是如此。

化学家们是在不同的政治、商业和文化环境中形成自己的专家意见的，而公共分析师从来都不是中立的仲裁者。此外，在19世纪后期，什么才算得上知识，谁声称可以获得知识，这些问题与希拉·贾萨诺夫（Sheila Jasanoff）等人证明的当今社会一样，都是政治性的、可以协商的问题。[19]

结　论

科学家们本身既不中立，也不无私。魏尔对新型染料可能对人体产生的影响很感兴趣，这并不奇怪，因为他是一名卫生和生理化学家。这位德国化学家还认识到了对新的化学染料进行测试的好处，以便就其安全性达成共识。这一计划将使合成染料、卫生化学家以及德国的工业和科学霸主地位合法化。[20]同样，法国化学家卡泽纳夫既是一位政治家，也是一位咨询化学家，曾为包括染料制造公司在内的多家企业工作。他清楚地看到了化学家与工业界密切合作的好处。卫生和生理化学家将新染料的毒性测试视为扩大其研究范围和提高其地位的一种方式，这类似于这个世纪初公共分析师将食品掺假视为提高其地位和专业工作的一种方式。与此同时，分析师们持续利用食品掺假问题来提高自己的地位。威利就是一个突出的例子，他与美国纯食品运动结盟，以扩张自己的官僚帝国，提高分析化学家在美国的重要性。[21]同样，出生于德国、居住在纽约的化学家利伯也意识到了这一举措将给包括其公司在内的企业带来的好处，他主张，每一种生产出来的染料都应由生产商进行测试，只有经过详尽的生理学测试证明是安全的，才能作为食用染料出售。[22]

在这一时期，公共分析师在很大程度上处于公共卫生领域权威、标准和方法争议的中心，他们很少是无私的。赫纳等化学家受雇担任企业和公共机构的顾问，并在法庭上担任控辩双方的证人。无论个人观点如何，咨询化学家都有能力调整自己的专业意见，以满足客户的标准，这一点可以从分析师在各种情况下的反应和观点中略见一斑。分析师们在不同的场合对染料表达了不同的观点，这些观点随着他们作为公共和政治顾问、食品监管者、科学研究者和商业顾问的角色变化而改变。化学家以专家的身份出现在法庭上，以顾问的名义出现在政府委员会中，以评论员的角色出现在媒体上，赖以谋生的同时，确保科学和科学家在社会和政治决策中发挥积极作用。[23]公共分析师必须制定策略，确保围绕染料的不确定性不会损害他们作为专家的信誉或化学的地位。于是当实验失败时，公共分析师所采用的法庭策略，就是他们转而依赖社会公认的专业知识的一种应变手段。具体来说，当化学家们无法从化学角度解决他们的争论时，他们就会转向"纯度"和"欺骗"的道德论点来为自己辩护。除了实验室、议会、市场和家庭之外，法院成了决定和监督食品质量的另一个场所。

化学家们希望通过测试和标准来建立秩序，确保科学和科学家在商业社会中能够维护权威和诚信，因为商业社会可能会利用大量的新染料来获取经济利益，而消费者和公众对这些新科学造物的信心可能会受到威胁。然而，管理和控制不断变化的食品生产环境的专家系统，是不同群体和既得利益者之间妥协的产物。同时，围绕消费者选择和自由贸易的自由争论与围绕公共卫生和风险管理展开的辩论也此消彼长。

监管与贸易

塞巴斯蒂安·里乌在谈到 19 世纪的英国时指出，国家通过使某些形式的食品掺假合法化，在促进资本主义食品生产方面发挥了重要作用。[24]食品记者乔安娜·布莱斯曼（Joanna Blythman）更进一步指出，当今的食品制造商在面对消费者的批评时，"依靠我们的监管机构为其辩护"。[25]在本书所探讨的 19 世纪的案例中，食品制造商在食品工业化的过程中求助于监管机构的帮助，揭示了国家监管如何有效地将化学染料作为食品配料使用合法化，同时设法防止其不当使用。然而，通过比较不同国家和文化的情况，我们可以看到，尽管人们试图援引普适的自然法则来定义和检测掺假行为，但解决日益严重的全球性问题的办法仍然是因地制宜的。

这些物质是不断变化和扩散的，监管者和公共分析人员在制定相关公共政策时遇到了困难。人们可以禁止和检测已知物质，却无法禁止和检测未知的新物质，这在整个 20 世纪都困扰着政策制定者，并一直持续到现在。关于在食品中使用煤焦油染料的问题缺乏政治共识且争议不断，部分原因在于化学家们无法研发出可靠的检测方法来检测食品中合成染料的存在，同时也因为这些新的食品配料极难实现稳定化和标准化。此外，参与仲裁在食品中使用化学染料的化学家对新物质的理解也不尽相同。化学家之间缺乏共识以及他们各自忠于不同部门，在很大程度上导致了在食品和饮料中使用化学染料的相关食品法规从未得到充分保障，并且直到今天，各国的法规仍然各不相同。

文化差异和对新染料缺乏共识，再加上对市场上已经根深蒂固的东西进行监管的难度，让各地监管部门反应各异。在某种程度上，旨在限制和控制将煤焦油色素用作食品添加剂的立法也保障了煤焦油色素的使用。

最谨慎的应对措施来自美国，1907 年，美国规定只有七种染料可用作食用色素。美国相关法律的主要制定者是化学家哈维·威利，他成功地利用了消费者和生产者对掺假问题的担忧，制定了反掺假法，并赋予政府化学部门权力，但他仍然认为自己受到强大的既得利益集团的制约。[26] 威利和纽约化学家赫西与食品生产商和少数美国染料制造商密切合作，推出了一批合法的染料。这种推荐少量特定染料用于食品的策略，为食品染料开辟了一个合法化和专业化的新市场，美国化学公司热切地将其视为与欧洲大型染料制造竞争对手分庭抗礼的机会。

德国和法国采取了与美国不同的方法，选择禁止某些已知或被认为有毒的染料。这一策略得到了魏尔和卡泽纳夫等化学家的拥护，他们急于向市场保证，新染料是一种有用的化学产品，可以依靠化学家协助商业界来正确使用它们。这一策略通过假设法律未禁止的染料就可以安全食用，使得煤焦油色素作为食品染料变得合法化。事实也是如此，批发化学药品的商家，特别是在化学染料生产中心德国，利用这一情况，将法律中未提及的染料作为无害产品进行营销。当市政化学家们抱怨这些染料在食品和饮料中的使用日益广泛，及其食用安全的不确定性时，其他化学家，包括为食品和染料制造商工作的化学家们，却试图向政治家和公众保证，大多数苯胺类和偶氮类染料作为食品色素使用是安全的。因此，法国、德国和美国的食品法规实际上帮助确立了新染料在食品生产中的存在并使其合法化，为新市场和新产品创造机会，并使食品生产商能够成功地利用法规为其商业利益服务。

与此同时，英国根据其19世纪自由放任的传统，采取了完全不同的应对措施，尽管媒体日益关注这一问题，议会也对这一问题进行了两次调查，但英国没有出台专门针对煤焦油染料的法律。由于缺乏规范性法律，英国的公共分析师和食品制造商都陷入了困境。为了阻止使用这些染料，公共分析师必须在法庭上证明产品中含有这些染料，而且这些染料被用来欺骗消费者，或者使用这些染料会对消费者造成身体伤害。如前所述，检测染料和证明其毒性的试验都缺少定论，很容易受到质疑。同时，由于没有一种染料被认为可以安全使用，生产商选择不公布其在食品中的使用情况，这使得分析师的立场更加困难。与之前用于食物着色的某些有毒金属不同，关于使用新的化学染料的风险或好处，几乎没有证据，当然也没有共识。任何化学家想检测出食品中的新染料都力有不逮，更不用说确定其安全性了。这部分原因是分析人员缺乏资金和标准化的可靠分析测试程序，无法识别食品中使用的数百种未公开的染料。此外，其他科学家，包括政府的消费化学家和食品制造商雇用的化学家，经常在法庭上对测试的准确性提出质疑，挑战公共分析师的权威和信誉。

缺乏地位、权威、共识和技术专长，以及希望维护化学的声誉，特别是当时德国所倡导的那种有机化学的声誉，可能都是导致公共分析师不愿对食品中使用化学染料做出判断的原因。尽管公共分析师最初是通过揭露食品中使用有毒矿物染料而建立起自己的声誉，但断然拒绝由装备精良的工业实验室中的专业有机化学家所合成的染料，可能还是过激了一些。与以前用于食品着色的矿物染料相比，化学染料被视为一种更安全的替代品。合成染料进入食品供应系统时，公共分析师们正努力确保自己作为可信赖专家的地位，并试图说服公众化学是最重要的卫生和社会实用科学。如果没有公认的检测方法来识别或评估新物质的安全性，那么质疑科学最新发明的安全性，就既不符合公共分析师的利益，也不利于化学本身的声誉。这些新染料是众多化学添加剂中的一种，它们迅速成为商品化食品中的重要成分。当人们对使用化学染料给食品和饮料着色开始表示担忧时，这些染料的使用已经根深蒂固。由于涉及许多既得利益，限制这些染料的使用就变得更加困难。

在每个被研究的国家中，很明显的是，不同的利益相关者都在寻求

　　　　　　　　　　　　　　　舌尖上的彩虹

立法来维护自身的利益。食品生产商和零售商鼓励制定能够有效阻碍竞争对手的立法。法规还带来了统一性,这对大型生产商和零售商来说是有利的。化学品制造商也受益于立法,因为立法有效地让某些煤焦油染料能够合法地用作食品添加剂。与此同时,化学分析师利用人们对食品掺假和监管的担忧来建立制度基础,并推动自己的职业发展、声誉提升和形象塑造。化学家、消费者、社会改革者、自由贸易和公平贸易倡导者、制造商和零售商都与经济和文化知识的形成息息相关,他们都援引公共卫生和消费者权利的论点来推进自己的目标。虽然立法表面上代表了自然知识,但其实际制定却完全是地方性的和有条件的,而非普遍性的。在围绕化学染料的立法中,与自由贸易和保护主义相关的文化和经济问题发挥了比科学主张更大的作用。

管理风险和声誉:德国的联系

在日益工业化的国际市场中,相较于其他国家,德国在推动化学染料作为一项重要新资源方面拥有更大的既得利益。到 19 世纪末,德国的化学工业已成为世界第一,也是欧洲最重要的产业和雇主之一。

根据恩斯特·洪堡(Ernst Homburg)和安东尼·特拉维斯(Anthony Travis)的说法,正是在 19 世纪 50 年代,"历史学家们开始将 1850—1914 年视为科学与技术首次高度融合的时期,这种融合在西欧表现得尤其明显"。第二次工业革命这一历史阶段的建构,很大程度上是以德国化学工业为中心,而其形成则受到 20 世纪 50 年代需求的影响。这是一个对科学的信心增强、美苏冷战对抗以及大萧条余波荡漾的时期,从贝尔纳(J. D. Bernal)到哈贝尔(L. F. Haber),历史学家们都聚焦于科学在经济和社会中的角色。[27]在 20 世纪的后几十年里,他们重新审视了工业、技术、科学和社会之间的复杂关系,认识到科学家们并非超然物外、无欲无求的代言人,而是有着自己所关注的社会议程。从染料在德国的工业化生产到其在欧洲和美国食品中的使用,我们看到了化学家在工业、学术研究、商业和公共卫生中的角色、动机和关系。

具体来说,我们已经看到专业团体和机构群体是如何在使新科学合法化,以及缓和工业化对我们物质生活所造成的风险方面发挥重要作用的。尽管化学家群体及其所处的不同政治和文化背景之间可能存在巨大的空间距离,但在这样的专家系统中,仍然存在着紧密的社会和智力联系。就合成染料而言,德国以外工业化国家的许多化学家(包括理论化学家、工业化学家和公共分析师)之间都与德国存在着明显的联系。在德国本土,学术界、公共部门及工业界的化学家们紧密合作,这对于将化学从实验室推向公共领域至关重要。追踪化学染料从德国实验室诞生到作为食品色素在四个不同国家被消费的历程,我们发现了一个由德国籍或在德国受教育的化学家组成的广泛的化学家移民群体,他们帮助管理了化学染料的这一发展历程,并使其从认识论的科学对象转变为合法的商业消费对象。

最后的话

许多合成染料在 20 世纪被发现具有剧毒,而它们的发明者从未打算将其用作食品添加剂。它们被长期使用是多种因素共同作用的结果,其中包括科学家们缺乏共识和地位、政治上对食品安全的焦虑、消费者的期望,以及市场上的经济竞争。就像我们今天所面临的许多风险一样，这种无意的、不受监督的科学应用，是在没有任何一个团体能够掌握全局的情况下发生的。随着这种做法的常态化，既得利益不断增加并扩大，监管和控制也变得越来越复杂。公共分析师在一个政治、商业和文化情感多元化的环境中形成了他们的专家意见。在 19 世纪末，什么被视为知识，以及谁宣称可以拥有知识，就像今天一样具有政治性和流动性。

产品和工艺一旦离开实验室，就会被众多参与者以无数种方式转化和使用。同样，科学家本身也不是一个同质化的群体，无论是在实验室内部还是外部，他们就像他们的发明创造一样，都是周围环境和条件的产物。关于科学物品如何从科学家在实验室发明的认知对象，到走出这一受控环境进入更广阔世界后转变为其他形态，历史学家们已经做出过评论。这在化学染料上表现得尤其明显，尽管它们艳丽醒目，但一旦在市场上广泛扩散，就变得难以追踪。虽然企业、政治家和公众都援引科学和化学家的观点来代表自己的利益，但科学家们的权威和技术能力从来都不足以成功仲裁这一问题，以至于一个多世纪后，这种问题仍未得到解决。

我们现代食品安全风险管理的开端，即聘请科学家作为独立顾问并采用科学方法评估食品质量，在 19 世纪末已经制度化。然而，国家任命的化学家从未完全公正或独立，并且用于监测和管理风险的有效科学方法、实践和资金也从未得到保障。于是，化学家、国家、制造商、零售商甚至消费者都推动了将合成染料合法化的进程，这改变了我们与食品的关系，并为成千上万种新物质作为食品添加剂的合法化铺平了道路。

结　论

注释

[1] Blythman, *Swallow This*, 3.

[2] Schug et al., "Endocrine Disrupting Chemicals and Disease Susceptibility"；Hanan et al., "Toxic Effects of Some Synthetic Food Colorants and/or Flavor Additives on Male Rats"；Arnold et al., "Artificial Food Colors and Attention-Deficit/Hyperactivity Symptoms"；Bernhardt, Rosi, and Gessner, "Synthetic Chemicals as Agents of Global Change"；Boudia et al., "Residues".

[3] Collins, "Son of Seven Sexes"；Collins, Changing Order；Gooding, Pinch, and Schaffer, *The Uses of Experiment*；Shapin and Schaffer, *Leviathan and the Air-Pump*；Pickering, *Science as Practice and Culture*.

[4] 想了解更多关于不同化学理论与应用的信息，参见 Klein and Lefèvre, *Materials in Eighteenth-Century Science*；Klein and Reinhardt, *Objects of Chemical Inquiry*；Klein, *Experiments, Models, Paper Tools*；Bensaude-Vincent and Simon, *Chemistry*；Rocke, *Nationalizing Science*；Rocke, *Image and Reality*。

[5] Petrick, "The Industrialization of Food"；White, "Chemistry and Controversy"；White Junod, "The Chemogastric Revolution"；Gratzer, *Terrors of the Table*.

[6] French and Phillips, *Cheated Not Poisoned?*；Stanziani, "Information, Quality, and Legal Rules".

[7] Cantor et al., *Science in the Nineteenth-Century Periodical*.

[8] Otterloo, "The Development of Public Distrust of Modern Food Technology in the Netherlands".

[9] Pinch, "Towards an Analysis of Scientific Observation".

[10] Chang, "Circularity and Reliability in Measurement"；Collins, Changing Order；Gooday, *The Morals of Measurement*；Gooding, Pinch, and Schaffer, *The Uses of Experiment*；Schaffer, "Metrology Metrication, and Victorian Values"；Shapin and Schaffer, *Leviathan and the Air-Pump*.

舌尖上的彩虹

[11] Weyl, *Handbuch der Hygiene*.

[12] Ibid.

[13] Travis, *The Rainbow Makers*; Homburg, Travis, and Schröter, *The Chemical Industry in Europe*; Pickstone, *Ways of Knowing*; Gee, "Amusement Chests and Portable Laboratories".

[14] Johnston, *A History of Light and Colour Measurement*; Cochrane, *Measures for Progress*.

[15] Spiekermann, "Redefining Food"; Dessaux, "Chemical Expertise and Food Market Regulation in Belle-Epoque France"; Guillem-Llobat, "The Sugar Industry".

[16] Hamlin, *A Science of Impurity*; Hamlin, *Public Health*.

[17] Blythman, *Swallow This*; Patel, *Stuffed and Starved*; Pollan, *Cooked*.

[18] Beck, *Risk Society*; Collins and Evans, *Rethinking Expertise*; Giddens, *The Consequences of Modernity*.

[19] Collins and Evans, "The Third Wave of Science Studies"; Jasanoff, "Breaking the Waves in Science Studies"; Ash, "Expertise and the Early Modern State".

[20] Weyl, *Handbuch der Hygiene*; Weyl, *The Coal-Tar Colours*.

[21] Wiley, *The History of a Crime*.

[22] Lieber, *The Use of Coal Tar Colors*.

[23] Gooday, "Liars, Experts, and Authorities".

[24] Rioux, "Capitalist Food Production".

[25] Blythman, *Swallow This*, 157.

[26] Wiley, *The History of a Crime*.

[27] Homburg, Travis, and Schröter, *The Chemical Industry in Europe*, introduction.

染料名称对照表

A

Acid yellow 酸性黄

Amaranth 苋菜红

Amboline 氨博林

Amidonitrobenzol 硝基苯甲酰胺

Aniline violet 苯胺紫

Aniline yellow 苯胺黄

Annatto 胭脂树红

Archil 地衣紫

Auramine 金胺

Aurantia 金橙黄

B

Benzingelb 苯基黄

Biebrich scarlet 比布里希猩红

Bismarck brown 俾斯麦棕

Bismarck red 俾斯麦红

Bordeaux B 波尔多红 B

Bordeaux blue 波尔多蓝

Bordeaux red 波尔多红

Brilliant orange 亮橙

Britannia violet 不列颠紫

Brunswick green 不伦瑞克绿

Burnt sienna 熟赭

C

Canella 卡内拉

Cardinal 红衣主教红

Carmoisine 偶氮玉红

Corallin 玫红酸

Cassinine 卡西宁

Chloroxy-nitric acid 硝酰氯

Chrome yellow 铬黄

Chrysoidine 碱性橙 Ⅱ（柯衣定）

Citron orange 香橼橙

Cladonal red 克拉东红

Crocein orange 藏花橙

Cochineal 胭脂虫红

Congo red 刚果红

Cowslip coloring 樱草黄素

Chrysotoluidine 苯胺黄

Chocolate brown 巧克力棕

D

Damson blue 李紫蓝

Dinitrocresol 二硝基甲酚

Dinitroaniline 二硝基苯胺

Dinitroaniline chloroxynaphthalic acid
二硝基苯胺氯氧萘甲酸

E

Eosin 伊红

Eosine B 伊红 B

Eosine JJ 伊红 JJ

舌尖上的彩虹

Eosin Y 伊红 Y

Erythrosine 赤藓红

Ethyleosine 乙基伊红

F

Foundation red 基础红

Four-and-nine（C.I. Solvent Red 49）溶剂红 49

French red 法国红

Fuchsine 品红

G

Gamboge 藤黄

Garnet red 石榴红

Grenat 酒红素

H

Helianthine 甲基橙

Heliotrope 缬草紫

Hofmann's violet 3B 霍夫曼紫 3B

I

Imperial violet 帝王紫

Imperial yellow 帝王黄

Indigo（C.I. Vat Blue 1）靛蓝

Indigo disulphonic acid 靛蓝二磺酸

L

Lead white 铅白

Light green SF bluish 蓝绿色

Light green SF yellowish 黄绿色

Lilac 紫丁香色

Lyons blue 里昂蓝

M

Madde 茜草

Magenta 洋红（紫红色）

Manchester brown 曼彻斯特棕

Manchester yellow（2,4-dinitro-1-napthol）曼彻斯特黄（2,4-二硝基-1-萘酚）

Martius brown 马蒂乌斯棕

Martius yellow 马休黄

Mauvaniline 间苯胺紫

Mauve 淡紫

Mauveine 苯胺紫

Metanil yellow 间胺黄

Methyl violet 甲基紫

Methylene blue 亚甲基蓝

N

Naphthol green B 萘酚绿 B

Naphthol yellow 萘酚黄

Naphthol yellow S 萘酚黄 S

Neugelb 新黄

Nitrophenylenediamine 硝基苯二胺

O

Orange I 橙黄 I

Orange II 橙黄 II

Orseille 苔色素

P

Paris violet 巴黎紫

Phenylene brown 亚苯基棕

Picric acid 苦味酸

Ponceau 2R 丽春红 2R

Ponceau 3R 丽春红 3R

Ponceau blue 丽春蓝

Ponceau colors 丽春红色素

Ponceau red 丽春红

Ponceaux 4 GB 酸性橙

Primrose yellow 樱草黄

Prussian blue 普鲁士蓝

R

Red corallin 玫红酰胺

Regina purple 女王紫

Rhodamine 罗丹明

Rhodamine B 罗丹明 B

Roccelline 绕色灵
Rosaniline 玫瑰苯胺
Rosaniline sulphonate 碱性品红磺酸盐
Rose pink 玫瑰粉
Rose red 玫瑰红

S

Saffron 藏红花
Safrosine(C.I. Basic Red 2)藏红
Saffron yellow 藏红花黄
Scheele's green 含勒绿
Schweinfurt green 施韦因富特绿
Silver churn 银之搅拌
Solferino 碱性品红

T

Tartrazine 柠檬黄
Tropaeolin 金莲橙

Turmeric 姜黄
Turmerine yellow 特默林黄
Turner's yellow 特纳黄

U

Ultramarine 群青

V

Van Dyke brown 范戴克棕
Venetian red 威尼斯红
Vermilion 朱红
Victoria orange(Dinitroparacresol)维多
　利亚橙(二硝基对甲酚)
Victoria yellow 维多利亚黄
Vinicoline Bordelaise 维尼柯林波尔多液

W

Woad 菘蓝

　　　　　　　　　　　　　　　舌尖上的彩虹

参考文献

档案馆资料

Deutsche Archive, Advertisements, Imperial Health Office, R86/2255, Berlin, Germany.

Deutsche Archive, Various Papers Relating to an Investigation into the Artificial Colouring of Sausages in Germany, Imperial Health Office R86/2255, Berlin.

Deutsche Archive, Various Papers Relating to the Use of Eosin in Food, Imperial Health Office R86/2297, Berlin.

Huntley and Palmer Archive, Correspondence, HP/143, Museum of English Rural Life, Reading.

National Archives, Correspondence, Government Laboratory, DSIR 26/118, London.

Rowntree Archive, Chemical Department, R/DT/CC/6, Borthwick Institute, York.

Rowntree Archive, Correspondence, H. I. Rowntree & Co. The Cocoa Works 1887—1904. HIR/1/15. Rowntree Archives, Borthwick Institute, York.

Rowntree Archive, J. W. Rowntree, Private Experimental Notebooks, H. I. Rowntree & Co. The Cocoa Works 1887—1904. HIR/7b/10, Borthwick Institute, York.

Rowntree Archive, Rowntree Recipe Books, H. I. Rowntree & Co. The Cocoa Works 1887—1904. HIR/7B/2, Borthwick Institute, York.

US National Archives, General Correspondence, Bureau of Chemistry, Record Group 97, Washington DC, US.

Williams Bros Archives, Various Papers, Hounslow Library, London.

政府报告

British Government. *First Report from the Select Committee on the Adulteration of Food*. London: H. M. S. O., 1855.

British Government. *The Report of the Committee of the Food Adulteration Act of 1872 (Read Committee)*. London: H. M. S. O., 1874.

British Government. *Report of the Departmental Committee Appointed to Inquire into the Use of Preservatives and Colouring Matters in the Preservation and Colouring of Food: Together with Minutes of Evidence, Appendices and Index*. London: H. M. S. O., 1901.

US Government, *Hearings before the Committee on Interstate and Foreign Commerce of the House of Representatives (February 13—27, 1906) on the Pure-food Bills H. R. 3044, 1527, 7018, 12071, 13086, 13853, and 13859, for Preventing the Adulteration, Misbranding, and Imitation of Foods, Beverages, Candies, Drugs, and Condiments in the District of Columbia and the Territories, and for Regulating Interstate Traffic Therein, and for other Purposes* (Washington: Government Printing Office, 1906).

主要印刷资料

"Accidents and Offences." *John Bull & Britannia*, 2844(1875):402.

Accum, Friedrich Christian, *A Treatise on Adulterations of Food and Culinary Poisons: Exhibiting the Fraudulent Sophistications of Bread, Beer, Wine, Spirituous Liquors, Tea, Coffee, Cream, Confectionery, Vinegar, Mustard, Pepper, Cheese, Olive Oil, Pickles and Other Articles Employed in Domestic Economy and Methods of Detecting Them*. London: Printed by J. Mallett and sold by Longman, Hurst, Rees, Orme, and Brown, 1820.

"Adulteration in Paris." *Analyst*, 8(November 1883):239—240.

"Advertisement." *Leeds Mercury*, September 27, 1865.

"Advertisement for Eno's." *Pall-Mall Gazette*, 7598(1889).

Allen, Alfred H., "Response." *Analyst*, 19(March 1894):56.

"Aniline Colours." *Bradford Observer*, 1892(January 14, 1869):3.

Arata, Pedro, "Detection of Colouring Matters in Wine." *Anales de La Sociedad Cientifica Argentina*, 19(1885):140.

Baeyer, Johann Friedrich Wilhelm Adolf von, *Ueber die chemische Synthese: Festrede, etc*. München: K B Akademie, 1878.

Bannister, Richard, "The Food of the People." In J. Samuelson, *The Civilisation of*

Our Day: Essays, chapter 2. London: S. Low, Marston and Co., 1896.

"Bannister's Evidence." *Analyst*, 19(December 1894):283.

Bartley, Douglas C., *Adulteration of Food: Statutes and Regulations, Including the Food and Drugs (Adulteration) Act, 1928, and Dealing with Coffee, Tea, Bread, Butter, Milk, Margarine, Margarine Cheese, Milk-Blended Butter and All Other Foods, and Drugs*. London: Stevens, 1929.

Baum, L. Frank, *American Fairytales*. Chicago: George M. Hill & Co., 1901.

Baum, L. Frank, *The Art of Decorating Dry Goods Windows and Interiors: A Complete Manual of Window Trimming, Designed as an Educator in all the Details of the Art, According to the Best Accepted Methods, and Treating Fully Every Important Subject*. Chicago: Snow Window Publishing Co., 1900.

Baum, L. Frank, *The Wonderful Wizard of Oz*. Chicago: George M. Hill & Co., 1900.

"Beautiful Tar: Song of an Enthusiastic." *Punch*, September 15, 1888, 123.

Belar, A., "Detection of Foreign Colouring Matters in Red Wines." *Zeitschrift für analytische Chemie*, 35(1896):322—323.

Bell, James, "Food Adulteration and Analysis." *Analyst*, 9(1884):133—147.

Bergeron, Georges, and J. Cloüet, *Note sur l'innocuité Absolue des Mélanges Colorants à Base de Fuchsine Pure*. Rouen, 1876.

Bericht über den XIV Internationale Kongress für Hygiene und Demographie Berlin, 23—29 September, 1907. Vol.II. Berlin, 1908.

"A Bill to Regulate the Importation, Manufacture and Sale of Butter Substitutes (Butter Substitutes Act 1887)." *Analyst*, 12(June 1887):100.

"Birmingham Court Case." *British Food Journal & Analytical Review*, May 1900, 143.

"Blood Oranges." *Friendly Companion: A Magazine for Youth and the Home Circle*, November 1, 1890, 309.

Buchka, K. von, *Die Nahrungsmittelgesetzgebung im Deutschen Reiche*. Berlin: J. Springer, 1912.

Bujard, A., and E. Baier, *Hilfsbuch für Nahrungsmittelchemiker*. Berlin: J. Springer, 1894.

"By All that's Blue." *Fun*, July 26, 1873, 38.

Cameron, Charles, "Address Given at the Meeting for the Society of Public Analysts, London, 1 August, 1885." *Analyst*, 10(October 1885):175.

Cameron, Charles, "President's Address." *Analyst*, 19(March 1894):55—57.

Caro, Heinrich, *Über die Entwicklung der Teerfarben-Industrie*. Friedländer, 1893.

Cassal, Charles, "On Dyed Sugar." *Analyst*, 15(1890):141—160.

Cazeneuve, Paul, *Les Colorants de la Houille au Point de Vue Toxicologique et Hygiénique*. Lyon: Affaire de la succursale de la B. Anilin & Soda Fabrik à Neuvillesur-Saône, 1887.

Cazeneuve, P., and R. Lépine, "Les Couleurs de la Houille et la Revision des Listes Légales des Colorants Nuisibles et Non Nuisibles." *Annales d'hygiène*, 17, 5 (1887):6.

Cazeneuve, P., and R. Lépine, "Sur les Effets Produits par l'ingestion et l'infusion Intravéneuse de Trois Colorants, Dérivés de la Houille." Comptes Rendus de *Académie de Sciences* 101(1885):1167.

Charton, Edouard, *Guide pour le choix d'un état, ou, Dictionnaire des professions*. Paris: Librairie Vve Lenormant, 1842.

Chevallier, Alphonse, *Dictionnaire des Alterations et Falsifications*. Paris: Béchet, 1850.

"Chit-Chat." *Sheffield and Rotherham Independent*, 11278(1890):5.

Chlopin, G. W., *Coal-Tar Dyes: Classification, Properties, and Action of Artificial Dyes on the Animal Organism*. Dorpat, 1903.

Clayton, Edwy Godwin, *Arthur Hill Hassall, Physician & Sanitary Reformer; a Short History of His Work in Public Hygiene, and of Movement against the Adulteration of Food and Drugs*. London: Baillière, Tindall and Cox, 1908.

Cochin, Denys, "Les Falsificateurs et le Laboratoire Municipal." *Revue des Deux Mondes*, June 15, 1883, 861—887.

"Colour and Design in Ornamental Needlework." *Englishwoman's Domestic Magazine*, 139(July 1, 1876):43.

The Country Gentleman: Sporting Gazette and Agricultural Journal, 1076 (1882):1322.

Curtman, C. O. "Test for Aniline Colours in Wines or Fruit Juices." *Zeitschrift für analytische Chemie*, 4(1887).

Detector, "Letter to the Editor." *Times*, 31237(September 12, 1884), 6.

Deutsche Chemische Gesellschaft, *Berichte der Deutschen Chemischen Gesellschaft*, Vol.1. 1868.

Deutsches Nahrungsmittelbuch. Heidelberg: Carl Winters, 1905.

Dickens, Charles, *David Copperfield*. London, 1869.

舌尖上的彩虹

Dupré, A. "On Copper in Food." *Analyst*, 2, 13(1877):1b—4.

Dyer, B., C. A. Mitchell, Society of Public Analysts and Other Analytical Chemists(Great Britain), and Society of Public Analysts(Great Britain), *The Society of Public Analysts and Other Analytical Chemists: Some Reminiscences of Its First Fifty Years and a Review of Its Activities*. Cambridge: Heffer, 1932.

"Editorial." *Food, Drugs and Drink*, 1, 24(1893):3.

"Editorial." *Food, Drugs and Drink*, 2, 27(1893):1.

"Editorial." *Analyst*, 2, 22(1878):171—172.

"Editorial and Exchange of Letters." *Analyst*, 2, 24(1878):224.

Engelhardt, Roderich von, *Beiträge zur Toxikologie des Anilin*. Dorpat: H. Laakmann, 1888.

Erdmann, H. Review of Schultz and Julius, "Tabellarische Übersicht der künstlichen organischen Farbstoffe." *Angewandte Chemie*, 15, 30(1902):767.

Excise Office. *Report of the Principal Chemist*. London: H. M. S. O., 1860.

Feltz, V., and E. Ritter, *Etude expérimentale de l'action de la Fuscine sur l'organisme*. Paris: Nancy, 1877.

Filby, Frederick Arthur, *A History of Food Adulteration and Analysis*. London: G. Allen & Unwin, 1934.

Filehne, Dr. Wilhelm, "Über die Giftwirkungen des Nitrobenzols." *Archiv für experimentelle Pathologie und Pharmakologie*, 9, 5—6(1878):329—379.

"The First Bernard Dyer Memorial Lecture." *Analyst*, 890, 75(1950):240.

Fletcher, Horace, *Fletcherism, What It Is: Or, How I became Young at Sixty*. New York: Stokes, 1913.

"Food and Drugs(Adulteration) Bill." *British Medical Journal*, 1(March 19, 1898):778.

Food and Sanitation, Formerly Food, Drugs and Drink, December 16, 1893, 387.

Food and Sanitation, November 28, 1896, 574.

"Forms of Adulteration." *Food, Drugs and Drink*, October 8, 1892, 5.

Fraenkel, Sigmund, *Die Arzneimittel Synthese auf Grundlage der Bezeitungen zwischen chemischen Aufbau und Wirkung*. Berlin: J. Springer, 1906.

Gautier, A., "Continuation of the Fraudulent Colouration of Wines." *Analyst*, 1, 7(1876):130—135.

Gautier, A., "The Fraudulent Colouration of Wines." *Analyst*, 1, 6(1876): 109—112.

Gautier, A., "Ueber die Einwirkung des Chlorwasserstoffs." *Liebigs Annalen der Chemie*, 1867, 289.

Geisler, J. F., "A Delicate Test for the Detection of a Yellow Azo Dye Used for the Artificial Coloring of Fats." *Journal of the American Chemical Society*, 20 (1898):110—113.

Gibson, K. S., *The Lovibond Color System*. Washington, DC: United States Bureau of Standards, U. S. Government Printing Office, 1927.

Girard, Charles, *Documents sur les Falsifications des Matières Alimentaires et sur les Travaux du Laboratoire Municipal: Rapport à Monsieur le Préfet de Police: Deuxième Rapport*. Paris, 1885.

Goldstein, Max Aaron, *One Hundred Years of Medicine and Surgery in Missouri: Historical and Biographical Review of the Careers of the Physicians and Surgeons of the State of Missouri, and Sketches of Some of Its Notable Medical Institutions*. St. Louis: St. Louis Star, 1900.

"The Great Lozenge Maker." *Punch*, November 20, 1858.

Green, Arthur G., Gustav Schultz, and Paul Julius, *A Systematic Survey of the Organic Colouring Matters*. London: Macmillan, 1908.

"The Grocers' Federation: Report on Food Legislation." *British Food Journal and Analytical Review*, 1(February 1899):45.

Gudeman, Edward, "Artificial Digestion Experiments." *Industrial and Engineering Chemistry*, 27, 11(1905):1436—1442.

"H. Kohnstamm & Co." *Oil, Paint and Drug Reporter*, 101, 14(March 1922):122.

Halpen, G., "The Detection of Foreign Colouring Matters in Preserved Tomatoes." *Journal de Pharmacie et de Chimie*, 11(1900):169—172.

Hassall, Arthur Hill, *Adulterations Detected, Or, Plain Instructions for the Discovery of Frauds in Food and Medicine*. London: Longman, Brown, Green, Longmans, and Roberts, 1857.

Hassall, Arthur Hill, *Food: Its Adulterations, and the Methods for Their Detection*. London: Longmans, Green, and Company, 1876.

Hassall, Arthur Hill, and Lancet Analytical Sanitary Commission. *Food and Its Adulterations: Comprising the Reports of the Analytical Sanitary Commission of "The Lancet" for the Years 1851 to 1854 Inclusive, Revised and Extended: Being Records of the Results of Some Thousands of Original Microscopical and Chemical Analyses of the Solids and Fluids Consumed by All Classes of the Public...* London: Longman, Brown, Green, and Longmans, 1855.

Hasterlik, A., *Die praktische Lebensmittelkontrolle. Ein Leitfaden für die Nahrungs-und Genußmittelpolizei und für das Lebensmittelgewerbe*. Stuttgart: Eugen Ulmer, 1906.

"A Hat That Was Felt." *Funny Folks*, 29(June 26, 1875):90.

Hehner, Otto, "Abstract of the Work of the Milk Committee." *Analyst*, 11 (1886):3—11.

Hehner, Otto, "On the Relation between the Specific Gravity, Fat and Solids-Non-Fat in Milk, upon the Basis of the Society of Public Analysts' Method." *Analyst*, 13(1882):26—36.

Hehner, Otto, "On the Use of Food Preservatives." *Analyst*, 15(1890):221—226.

Hehner, Otto, "President's Address: Public Analysts and the State." *Public Analytical Journal and Sanitary Review*, September 24, 1892, 8—9.

Herz, Joseph. "New Methods for Detecting Artificially Coloured Red Wines." *Chemiker Zeitung*, 10(1886).

Hesse, Bernhard C., *Coal-Tar Colors Used in Food Products*. Washington, DC: Government Printing Office, 1912.

Hesse, Bernard C., "The Industry of the Coal-Tar Dyes: An Outline Sketch." *Journal of Industrial & Engineering Chemistry*, 6, 12(1914):1013—1027.

Hofmann, August Wilhelm von, *Liebigs Annalen der Chemie*, 1867, 144—214.

Hofmann, August Wilhelm von, *The Life-Work of Liebig in Experimental and Philosophic Chemistry: With Allusions to His Influence on the Development of the Collateral Sciences and of the Useful Arts; a Discourse Delivered to the Fellows of the Chemical Society of London in the Theatre of the Royal Institution of Great Britain, on March the 18th, 1875*. London: Macmillan, 1876.

Hofmann, August Wilhelm von, *On Mauve and Magenta: A Lecture, Delivered on Friday, April 11, 1862, in the Theatre of the Royal Institution of Great Britain*. London, 1862.

Hofmann, August Wilhelm von, *On the Importance of the Study of Chemistry: Delivered at The South Kensington Museum, 7th January 1861*. London, 1868.

"How We Are Poisoned in 1890." *Illustrated Chips*, 6(August 30, 1890):92.

Hueppe, Ferdinand, *Die Methoden der Bakterien-Forschung*. Wiesbaden: C. W. Kreidel, 1885.

Huet-Desaunay, Henry, *Le Laboratoire Municipal et les Falsifications ou Recueil des Lois et Circulaires Concernant la Vente des Produits Alimentaires et Hygiène Publique*. Paris, 1890.

参考文献

International Exhibition, *1862*: *Reports by the Juries on the Subjects in the Thirty-Six Classes into which the Exhibition Was Divided*. London: Society of Arts, 1863.

International Labour Office, *Cancer of the Bladder among Workers in Aniline Factories*. Geneva: International Labour Office, 1921.

"International Legislation on Adulteration of Food." *British Medical Journal*, 2, 1291, 1885, 607—608.

Kayser, R., "Ueber die Beurtheilung von Farbstoffen hinsichtlich ihrer Gesundheits-schädlichkeit." *Forschungsberichte über Lebensmittel*, 2(1895):181.

Kellogg, John Harvey. *The New Dietetics*: *A Guide to Scientific Feeding in Health and Disease*. Battle Creek, MI: Modern Medicine Publishing Co, 1927.

Kerp, W., *Nahrungsmittelchemische Tagesfragen*: *Über die durch die gewerbliche Herstellung der Lebensmittel an diesen hervorgebrachten Erscheinungen*. Berlin: J. Springer, 1914.

Kingsley, Charles, *The Water-Babies(a Fairy Tale for a Land-Baby)*. Edited by Warwick Goble. London: Macmillan, 1863.

Kohnstamm, H., & Co., "The Development of Certified Pure Food Colors." In *Chemical Industry's Contribution to the Nation*: *1635—1935*, William Haynes and Edward L. Gordy(eds.). New York: Chemical Markets, 1935:5—16.

König, J., *Chemie der menschlichen Nahrungs-und Genussmittel*. Vol.2. Berlin: J. Springer, 1904.

König, J., and A. Juckenack, "Preußen." In *Die Anstalten zur technischen Untersuchung von Nahrungs-und Genußmitteln sowie Gebrauchsgegenständen*, *die im Deutschen Reiche*, Dr. J. König and Dr. A. Juckenack (eds.), 3—159. Berlin, Heidelberg: Springer, 1907.

Leeds, Albert R., "Methods for Separating Out Colours in Butter, Imitation Butter," *Analyst*, 12(September 1887):150—151.

Lehmann, Karl, *Methoden der praktischen Hygiene*. Wiesbaden: Bergmann, 1890.

Lepsius, B., *Festschrift zur Feier des 50 jährigen Bestehens der Deutschen Chemischen Gesellschaft und des 100. Geburtstages ihres Begründers August Wilhelm von Hofmann*. Berlin: Friedländer, 1918.

"The Letter Box." *St. Nicholas*, 6(April 1, 1875):388.

Lieber, Hugo, *The Use of Coal Tar Colors in Food Products*. New York: Bergmann, 1904.

Liebig, Justus, *Researches on the Chemistry of Food*. London: Taylor and

舌尖上的彩虹

Walton, 1847.

Linnaeus, Carl, William Thomas Stearn, and J. L. Heller, *Species Plantarum*: *Carl Linnaeus*. London: Bartholomew, 1753.

Lovibond, Joseph W., "On the Scientific Measurement of Colour in Beer." *Journal of the Federated Institutes of Brewing*, 3, 5(1897):405—429.

Mackay, Thomas, *A Plea for Liberty*. New York: D. Appleton and Company, 1891.

Martin, Edward G., "Detection of Artificial Colouring Matter in Butter, Oleomargarine, Fats, Oils Etc." *Analyst*, 12(April 1887):70.

Martin, Edward G., "Methods of Separating and Determining Artificial Colours in Butter." *Analyst*, 10(September 1885):161.

Martius, C. A. von, *Chemische Erinnerungen aus der Berliner Vergangenheit*: *zwei akademische Vorträge*. Berlin: Hirschwald, 1918.

"Meat-Tints for the Million." *Funny Folks*, 174(1878):101.

"Meeting of Public Analysts." *Chemical News*, August 14, 1874, 73.

Micko, K., "Artificial Colouring of Oranges." *Zeitschrift für Untersuchung der Nahrungs-und Genussmittel*, 3(1900):729—735.

Munsell, A. H. (Albert Henry), *A Color Notation*: *A Measured Color System*, *Based on the Three Qualities Hue*, *Value and Chroma*. New York: G. H. Ellis, 1907.

Munsell, A. H., "A Pigment Color System and Notation." *American Journal of Psychology*, 23, 2(1912):236—244.

Muter, John, "On the Processes and Standards in Use at the Municipal Laboratory of the City of Paris." *Analyst*, 10(October 1885):179—181.

Muter, John, "On the Processes and Standards of Food Analysis in Use at the Municipal Laboratory of the City of Paris." *Analyst*, 10(August 1985):143—145.

Muter, John, "President's Address." *Analyst*, 5(February 1880):15—16.

"Mythology and Socks." *Punch*, October 7, 1868, 160.

Natrajan, T. S., Bernard Dyer, and G. C. Clayton, "Obituary Notices: George Herbert Bailey, 1852—1924; Surendra Nath Dhar, 1892—1923; James Johnston Dobbie, 1852—1924; Otto Hehner, 1853—1924; Edmund Knowles Muspratt, 1833—1923." *Journal of the Chemical Society*, Transactions 125(January 1, 1924):2677—2698.

Neufeld, C. A., *Der Nahrungsmittelchemiker als Sachverständiger*: *Anleitung zur Begutachtung der Nahrungsmittel*, *Genussmittel und Gebrauchsgegenstände nach den gesetzlichen Bestimmung*, *mit praktischen Beispielen*. Berlin: J. Springer, 1907.

Nordau, Max Simon, *Degeneration*. New York: D. Appleton, 1895.

"Notes of the Month." *Analyst*, 2, 23(1878):205—206.

"Notes of the Month." *Analyst*, 3, 29(1878):316.

Official Catalogue of the Great Exhibition of the Works of Industry of All Nations, 1851. Unknown, 2010.

Oleomargarine and Butterine: A Plain Presentation of the Most Gigantic Swindle of Modern Times. New York: T. L. McAlpine, 1886.

"Organization Amongst Chemists." *Analyst*, 2, 19(1877):109—111.

O'Shaughnessy, W. B., *Poisoned Confectionary*. London: Mills, Jowett, and Mills, 1831.

Perkin, William Henry, *Perkin Centenary London: 100 Years of Synthetic Dyestuffs*. London: Pergamon, 1958.

"Perkins's [sic] Purple." *All the Year Round*, September 1859, 222.

Piesse, Charles H., "Copper in Preserved Green Peas." *Analyst*, 2, 14(1877):27.

"Poisoned Candies." *Health Reformer*, 6—7, 1871, 131.

"The Poisoned Hat." *Punch*, June 19, 1875, 262.

"Poisoning by Coloured Silk Stockings." *Englishwoman's Domestic Magazine*, 164(August 1, 1878):109.

"Poisonous Ice Cream." *Analyst*, 3, 29(1878):311.

"Proceedings of the Society of the Public Analysts." *Analyst*, supplement (April 1894):110.

"Progress and Butter." *Puck*, March 1, 1880, 55.

"The Public and 'Public Analysts.'" *Analyst*, 1, 9(1876):155—156.

"Pure Food." *British Medical Journal*, December 1, 1896, 1794.

"Queer Street." *Review of Reviews*, 14(1896):79.

"A Ramble into the Eastern Annexe of the International Exhibition." *Ladies Treasury*, November 1, 1862, 342.

Rassow, Bertold, *Geschichte des Vereins Deutsche Chemiker in dem ersten 25 Jahren*. Leipzig, 1912.

Redlich, Fritz, "Die volkswirtschaftliche Bedeutung der deutschen Teerfarbenindustrie." Doctoral diss., Friedrich-Wilhelms-Universität, 1914.

"Remuneration of Public Analysts." *Nature*, March 14, 1912, 34.

"Report of Meeting." *Analyst*, 2, 23(1878):189—190.

"Report of the Annual Meeting." *Analyst*, 4, 35(1879):21.

Richards, Edgar, "Certain Provisions of Continental Legislation Concerning

Food Adulteration." *Science*, 14, 353(1889):308—310.

Richards, Edgar, "Legislation on Food Adulteration." *Science*, 16, 394(1890): 101—104.

Rideal, Samuel, "An Investigation of Certain Substances Used in Colouring Foods." *Lancet*, 177, 4580(1911):1597—1601.

Rinzand, M., "Artificial Colouration of Wine." *Union Pharmaceutique*, 36 (1895):446.

Rost, E., *Pharmakologische Untersuchung des Eosins mit Berücksichtigung der Wirknungen des Fluoreszeins und Erythrosins*. Berlin: Springer, 1912.

Rota, A. R., "A Method of Analyzing Natural and Artificial Organic Colouring Matters." *Chemiker Zeitung*, 1898:437—442.

Rowe, F. M. (ed.), "Colour Index. Part I. Bradford: The Society of Dyers and Colourists, 1922. Subscription Price of the Whole Work, in Monthly Parts, 84s." *Journal of the Society of Chemical Industry*, 41, 22(November 30, 1922).

Runge, F. F., "Ueber einige Produkte der Steinkohlendestillation." *Annalen der Physik und Chemie*, 31(1844):65—77, 513—524; 32(1844):308—332.

Rupke, Nicholaas, *Vivisection in Historical Perspective*. London: Croom Helm, 1887.

Rupp, J. G., *Die Untersuchung von Nahrungsmitteln*, *Genussmitteln und Gebrauchsgegenständen*. *Praktisches Handbuch für Chemiker*. Heidelberg: C. Winter, 1900.

"Scene: Commercial Room." *Punch*, November 23, 1861, 212.

Schlacherl, Gustav, *Fifth International Congress of Applied Chemistry*, *Berlin*, 3(1903):1041—1048.

Schödler, Friedrich, "Das chemische Laboratorium unserer Zeit." *Westermann's Monatshefte*, 38(1875):21—27.

Schuchardt, B., "Ueber die Wirkungen des Anilins auf den thierischen Organismus." *Archiv der Pharmazie*, 156, 2(1861):144—164.

Schultz, G., and P. Julius, Translated and edited, with extensive additions, by Arthur G. Green. *Systematic Survey of the Organic Colouring Matters*. London: Macmillan and Co., 1908.

Schultz, G., and P. Julius, *Tabellarische Übersicht der künstlichen organischen Farbstoffe*. Berlin: R. Gaertners Verlag, 1902.

Schweissinger, Otto, "Microscopic Detection of Colouring Matters in Sausages." *Analyst*, 12(March 12, 1887):53.

Schweitzer, H., "Ehrlich's Chemotherapy: A New Science." *Science*, n. s., 32, 832(1910):809—823.

"Scientific Facts." *Ladie' Treasury*, April 1, 1861, 116.

Scott Elder, B., *Appeal Cases under the Sale of Food & Drugs Acts*, *1875 & 1879*, *and the Margarine Act*, *1887*. London: Butterworth, 1900.

Snodgrass, Katharine, *Margarine as a Butter Substitute*. Stanford, CA: Food Research Institute, 1930.

"Some Very Ancient Things." *Ladies' Treasury*, *August*, 1, 1865, 242.

"The Somerset House Court of Appeal." *Analyst*, 2, 20(1877):2, 23.

Spaeth, E., "The Detection of Artificial Colouring Matters in Sausages." *Zeitschrift für Untersuchung der Nahrungs-und Genussmittel*, 4(1901):1020—1023.

Spaeth, E., "On Fruit Juices and Their Examination, with Particular Reference to Raspberry Juice: Detection of Foreign Colouring Matter." *Zeitschrift für Untersuchung der Nahrungs-und Genussmittel*, 2(1899):633—635.

Spencer, H., "From Freedom to Bondage." Introduction in Thomas Mackay, *A Plea for Liberty*. New York: D. Appleton and Company, 1891.

Spiekermann, Uwe, "Twentieth-Century Product Innovations in the German Food Industry." *Business History Review*, 83, 2(2009):291—315.

Stilling, Jakob, *Anilinfarbstoffe als Antiseptica*. Vol.2. Strassburg: Trübner, 1890.

Taine, Hippolyte, *Taine's Notes on England*. Translated by Hyams Edward. London: Thames and Hudson, 1957.

"Talk about Depression in Trade." *Moonshine*, August 7, 1886, 72. "Talk with Our Readers." Englishwoman's Domestic Magazine 187, 131(1875):272.

"The Thames and Its Deodorization." *John Bull & Britannia*, 2074, 1860, 569.

Thorpe, T. E., "Obituary of Gautier." Nature 106(September 16, 1920):85—86.

Turnbull, James, "On the Physiological and Medicinal Properties of Sulphate of Aniline, and Its Use in the Treatment of Cholera." *Lancet*, 78, 1994(1861):469—471.

"Useful Book." *Ladies' Treasury*, January 1, 1875, 42.

Vereinbarungen zur einheitlichen Untersuchung und Beurtheilung von Nahrungs- und Genußmitteln sowie Gebrauchständen für das Deutsche Reich: Ein Entwurf festgestellt nach den Beschlüssen der auf Anregung des Kaiserlichen Gesundheitamtes einberufenen Kommission deutscher Nah-rungsmittelchemiker. Berlin: J. Springer, 1897—1902.

"Vorsätze der Schweizer Analytiker." *Zeitschrift für Ernährungswissenschaft*,

5(1891):293.

Warnford Lock, Charles G., Benjamin E. R. Newlands, and John A. R. Newlands, *Sugar*: *A Handbook for Planters and Refiners*. London: F. N. Spon, 1888.

Weber, H. A., "On the Behaviour of Coal-Tar Colours toward the Process of Digestion." *American Chemical Journal*, 18, 12(1896):1092—1096.

Weyl, Theodor, *Handbuch der Hygiene*. Vol.3. Jena: Gustav Fischer, 1896.

Weyl, Theodor, "Ueber eine neue Reaction auf Kreatinin und Kreatin." *Berichte der Deutschen Chemischen Gesellschaft*, 11, 2(July 1, 1878):2175—2177.

Weyl, Theodor, and Henry Leffman, *The Coal-Tar Colors*: *With Especial Reference to Their Injurious Qualities and the Restriction of Their Use*. Philadelphia: P. Blakiston, 1892.

"The Whole Duty of a Chemist," *Nature*, 33(November 16, 1885):73—77.

Wiley, Harvey Washington, *The History of a Crime against the Food Law*; *the Amazing Story of the National Food and Drugs Law Intended to Protect the Health of the People*, *Perverted to Protect Adulteration of Foods and Drugs*. Washington, DC: Wiley, 1929.

Wiley, Harvey W., and Anne Lewis Pierce, *1001 Tests of Foods*, *Beverages and Toilet Accessories*, *Goods and Otherwise*; *Why They Are So*. New York: Hearst, 1914.

[Williams, John Dingwall.] *Deadly Adulteration and Slow Poisoning*: *Or*, *Disease and Death in the Pot and the Bottle*; *in Which the Blood-Empoisoning and Life-Destroying Adulterations of Wines*, *Spirits*, *Beer*, *Bread*, *Flour*, *Tea*, *Sugar*, *Spices*, *Cheesemongery*, *Pastry*, *Confectionary Medicines*, *&c*. *&c*. *&c*. *Are Laid Open to the Public*, *with Tests or Methods for the Ascertaining and Detecting the Fraudulent and Deleterious Adulterations and the Good and Bad Qualities of Those Articles*: *With an Exposé of Medical Empiricism and Imposture*, *Quacks and Quackery*, *Regular and Irregular*, *Legitimate and Illegitimate*: *And the Frauds and Mal-Practices of Pawn-Brokers and Madhouse Keepers*. London: Sherwood, Gilbert and Piper, 1830.

Winton, A. L., *Connecticut Agricultural Experiment Station Report*. Connecticut State Stationery Office, 1901.

二手文献

Abelshauser, Werner, Wolfgang von Hippel, Jeffrey Allan Johnson, and Raymond G. Stokes, *German Industry and Global Enterprise*: *BASF*: *The History of a Company*. Cambridge: Cambridge University Press, 2003.

参考文献   303

Adam, Barbara, Ulrich Beck, and Joost Van Loon(eds.), *The Risk Society and Beyond: Critical Issues for Social Theory*. Thousand Oaks, CA: Sage Publications Ltd., 2000.

肯·阿尔巴拉(Albala, Ken), 2013 年 7 月 11 日, 在伦敦的英美历史学家会议上的主旨演讲。

Allen, Michelle Elisabeth, *Cleansing the City: Sanitary Geographies in Victorian London*. Athens: Ohio University Press, 2008.

Altick, Richard D., *The English Common Reader: A Social History of the Mass Reading Public: 1800—1900*. Chicago: University of Chicago Press, 1983.

Anderson, Margaret Jean, *Carl Linnaeus: Father of Classification*. New York: Enslow Publishers, Inc., 2009.

Anderson, Oscar E., *The Health of a Nation: Harvey W. Wiley and the Fight for Pure Food*. Chicago: University of Chicago Press, 1958.

Arnold, L. Eugene, Nicholas Lofthouse, and Elizabeth Hurt. "Artificial Food Colors and Attention-Deficit/Hyperactivity Symptoms: Conclusions to Dye For." *Neurotherapeutics*, 9, 3(2012):599—609.

Ash, Eric(ed.), "Expertise and the Early Modern State." *Special issue*, Osiris 25(2010).

Ash, Mitchell G., and Jan Surman, *The Nationalization of Scientific Knowledge in the Habsburg Empire, 1848—1918*. Basingstoke, Hampshire: Palgrave Macmillan, 2012.

Ashworth, William J., *Customs and Excise: Trade, Production, and Consumption in England, 1640—1845*. Oxford: Oxford University Press, 2003.

Atkins, Peter, *Liquid Materialities: A History of Milk, Science, and the Law*. Farnham: Ashgate Publishing, Ltd., 2010.

Atkins, Peter, "The Material Histories of Food Quality and Composition." *Endeavour*, 35, 2—3(June 2011):74—79.

Atkins, Peter, "Sophistication Detected: Or, the Adulteration of the Milk Supply, 1850—1914." *Social History*, 16, 3(1991):317—339.

Atkins, Peter, "Vinegar and Sugar: The Early History of Factory-Made Jams, Pickles, and Sauces in Britain." In *The Food Industries of Europe in the Nineteenth and Twentieth Centuries*, Derek J. Oddy and Alain Drouard(eds.), 41—55. Farnham: Ashgate, 2013.

Atkins, Peter, Peter Lummel, and Derek J. Oddy(eds.), *Food and the City in Europe since 1800*. Farnham: Ashgate, 2007.

Atkins, Peter, and A. Stanziani, "From Laboratory Expertise to Litigation: The Municipal Laboratory of Paris and the Inland Revenue Laboratory in London, 1870—1914." In *Fields of Expertise: A Comparative History of Expert Procedures in Paris and London, 1600 to Present*, Christelle Rabier (ed.), 317—339. Cambridge: Cambridge Scholars Publishing, 2007.

Auerbach, Jeffrey, *The Great Exhibition of 1851: A Nation on Display*. New Haven, CT: Yale University Press, 1999.

Ball, Philip, *Bright Earth: Art and the Invention of Color*. Chicago: University of Chicago Press, 2003.

Ball, Richard A., and J. Robert Lilly, "The Menace of Margarine: The Rise and Fall of a Social Problem." *Social Problems*, 29, 5(1982):488—498.

Barker, Theodore Cardwell, John Crawford Mackenzie, and John Yudkin, *Our Changing Fare: Two Hundred Years of British Food Habits*. London: Macgibbon & Kee, 1966.

Bashford, A., *Imperial Hygiene: A Critical History of Colonialism, Nationalism, and Public Health*. Basingstoke: Palgrave Macmillan, 2004 [2003].

Baudrillard, Jean, *The Consumer Society: Myths and Structures*. Thousand Oaks, CA: Sage Publications Ltd., 1998.

Beck, Ulrich, "Critical Theory of World Risk Society: A Cosmopolitan Vision." *Constellations*, 16, 1(2009):3—22.

Beck, Ulrich, *Risk Society: Towards a New Modernity*. Thousand Oaks, CA: Sage Publications Ltd., 1992.

Beer, Gillian, *Open Fields: Science in Cultural Encounter*. Oxford: Oxford University Press, 1999.

Beer, John J., "Coal Tar Dye Manufacture and the Origins of the Modern Industrial Research Laboratory." *Isis*, 49, 2(1958):123—131.

Beer, John J., *The Emergence of the German Dye Industry*. Chicago: University of Illinois Press, 1959.

Beetham, Margaret, and Kay Boardman, *Victorian Women's Magazines: An Anthology*. Manchester: Manchester University Press, 2001.

Beguet, Bruno (ed.), *La Science pour tous: La Vulgarisation Scientifique en France de 1850 à 1914*. Paris: Bibliotheque du Conservatoire National des Arts et Metiers, 1990.

Belt, Henk van den, and Arie Rip, "The Nelson-Winter-Dosi Model and Synthetic Dye Chemistry." In *The Social Construction of Technological Systems: New*

Directions in the Sociology and History of Technology, Wiebe E. Bijker, Thomas P. Hughes, and Trevor Pinch(eds.), 129—154. Cambridge MA: MIT Press, 2012.

Ben-David, Joseph, *Centers of Learning: Britain, France, Germany, United States*. New Brunswick, NJ: Transaction Publishers, 2008.

Ben-David, Joseph, *The Scientist's Role in Society, a Comparative Study*. Englewood Cliffs, NJ: Prentice Hall, 1971.

Bender, David A., *A Dictionary of Food and Nutrition*. Oxford: Oxford University Press, 2009.

Bensaude-Vincent, Bernadette, *A History of Chemistry*. Cambridge, MA: Harvard University Press, 1996.

Bensaude-Vincent, Bernadette, and Ferdinando Abbri, *Lavoisier in European Context: Negotiating a New Language for Chemistry*. London: Science History Publications, 1995.

Bensaude-Vincent, Bernadette, and Jonathan Simon, *Chemistry: The Impure Science*. London: Imperial College Press, 2008.

Benson, John, *The Rise of Consumer Society in Britain, 1880—1980*. London: Longman, 1994.

Berenstein, Nadia, *Flavor Added* (blog). www. nadiaberenstein. com/blog. Berenstein, Nadia. The Inexorable Rise of Synthetic Flavor: A Pictorial History. www. popsci. com, November 23, 2015.

Berghahn, Volker Rolf, *Imperial Germany, 1871—1918: Economy, Society, Culture, and Politics*. Oxford: Berghahn Books, 2005.

Berman, Morris, *Social Change and Scientific Organization: The Royal Institution, 1799—1844*. London: Heinemann Educational, 1978.

Bernhardt, Emily S., Emma J. Rosi, and Mark O. Gessner, "Synthetic Chemicals as Agents of Global Change." *Frontiers in Ecology and the Environment*, 15, 2(2017):84—90.

Bijker, W., Thomas Hughes, and Trevor Pinch, *The Social Construction of Technological Systems: New Directions in the Sociology and History of Technology*. New ed. Cambridge, MA: MIT Press, 1989.

Blaszczyk, Regina Lee, *The Color Revolution*. Cambridge, MA: MIT Press, 2012.

Blaszczyk, Regina Lee, and Uwe Spiekermann(eds.), *Bright Modernity: Colour, Commerce, and Consumer Culture*. Cham, Switzerland: Palgrave Macmillan, 2017.

Blunt, Wilfrid, *Linnaeus: The Compleat Naturalist*. London: Frances Lincoln,

2004.

Blythman, Joanna, *Swallow This*. London: Harper Collins, 2015.

Boas, Marie, *Robert Boyle and Seventeenth-Century Chemistry*. Cambridge: Cambridge University Press Archive, 1958.

Boddice, Rob, "Species of Compassion: Aesthetics, Anaesthetics, and Pain in the Physiological Laboratory." *Interdisciplinary Studies in the Long Nineteenth Century*, 19, 15(2012).

Bodewitz, H., H. Buurma, and G. H. de Vries, "Regulatory Science and the Social Management of Trust in Medicine." In *The Social Construction of Technological Systems: New Directions in the Sociology and History of Technology*, Wiebe E. Bijker, Thomas P. Hughes, and Trevor Pinch(eds.), 237—252. Cambridge, MA: MIT Press, 2012.

Bogousslavsky, Julien, *Following Charcot : A Forgotten History of Neurology and Psychiatry*. Basel: Karger Medical and Scientific Publishers, 2011.

Boisard, Pierre, *Camembert: A National Myth*. Berkeley: University of California Press, 2003.

Boswell, James(ed.), *JS 100 : The Story of Sainsbury's*. London: J. Sainsbury Ltd, 1969.

Boudia, Soraya, "Global Regulation: Controlling and Accepting Radioactivity Risks." *History and Technology*, 23, 4(2007):389—406.

Boudia, Soraya, Angela Creager, Scott Frickel, Emmanuel Henry, Nathalie Jas, Carsten Reinhardt, and Jody A. Roberts, "Residues: Rethinking Chemical Environments." *Engaging Science, Technology, and Society*, 4(2018).

Boudia, Soraya, and Nathalie Jas, "Introduction: Risk and 'Risk Society' in Historical Perspective." *History and Technology*, 23, 4(2007):317—331.

Boudia, Soraya, and Nathalie Jus, *Toxicants, Health, and Regulation since 1945 Abingdon*. UK: Taylor & Francis, 2013.

Bourdieu, Jérôme, Martin Bruegel, and Peter Atkins, " 'That Elusive Feature of Food Consumption: Historical Perspectives on Food Quality, a Review and Some Proposals." *Food & History*, 5, 2(2007):247—266.

Bourdieu, Pierre, *Distinction: A Social Critique of the Judgement of Taste*. Cambridge, MA: Harvard University Press, 1984.

Brears, Peter, *Jellies and Their Moulds*. Totnes: Prospect Books, 2010.

Brewer, John, *Consumption and the World of Goods*. London: Taylor & Francis Group, 1994.

Brimblecombe, Peter, *The Big Smoke*. Abingdon: Routledge, 2012.

Brock, W. H., "Breeding Chemists." *Ambix*, 50, 1(2003):25—70.

Brock, W. H., *The Case of the Poisonous Socks: Tales from Chemistry*. London: Royal Society of Chemistry, 2011.

Brock, W. H., *Justus von Liebig: The Chemical Gatekeeper*. Cambridge: Cambridge University Press, 1997.

Brock, W. H., *William Crookes (1832—1919) and the Commercialization of Science*. Farnham: Ashgate Publishing, Ltd., 2008.

Broks, Peter, *Media Science before the Great War*. Basingstoke: Palgrave Macmillan, 1996.

Broomfield, Andrea, "Rushing Dinner to the Table: The Englishwoman's Domestic Magazine and Industrialization's Effects on Middle-Class Food and Cooking, 1852—1860." *Victorian Periodicals Review*, 41, 2(2008):101—123.

Brown, Lucy, *Victorian News and Newspapers*. Oxford: Oxford University Press, 1985.

Brunello, Franco, *The Art of Dyeing in the History of Mankind*. Vicenza: AATCC, 1973.

Buchwald, Jed Z., *Scientific Credibility and Technical Standards in 19th and Early 20th Century Germany and Britain*. Berlin: Springer Science & Business Media, 1996.

Bud, Robert, and Gerrylynn K., Roberts. *Science Versus Practice: Chemistry in Victorian Britain*. Manchester: Manchester University Press, 1984.

Bud, Robert, and Deborah Jean Warner, *Instruments of Science: An Historical Encyclopedia*. London: Taylor & Francis, 1998.

Burchardt, Lothar, "Professionalisierung oder Berufskonstruktion?: das Beispiel des Chemikers im wilhelminischen Deutschland." *Geschichte und Gesellschaft*, 6, 3 (1980):326—348.

Burchardt, Lothar, "Die Zusammenarbeit zwischen chemischer Industrie, Hochschulchemie und chemischen Verbänden in Wilhelmischen Deutschland." *Technikgeschichte*, 46(1979):194.

Burdett, B. C., "The Colour Index: The Past, Present, and Future of Colorant Classification." *Journal of the Society of Dyers and Colourists*, 98, 4(1982):114—120.

Burnett, John, *Plenty and Want: A Social History of Food in England from 1815 to the Present Day*. Abingdon: Routledge, 1989.

Burney, Ian A., *Bodies of Evidence: Medicine and the Politics of the English*

Inquest, *1830—1926*. Baltimore: Johns Hopkins University Press, 2000.

Burney, Ian A., *Poison*, *Detection*, *and the Victorian Imagination*. Manchester: Manchester University Press, 2006.

Burns, Christopher, "Bogus Butter: An Analysis of the 1886 Congressional Debates on Oleomargarine Legislation." Ph. D. diss., University of Vermont, 2009.

Burns, D. Thorburn, "Analytical Chemistry and the Law: Progress for Half a Millennium." *Fresenius' Journal of Analytical Chemistry*, 368, 6(2000):544—547.

Burns, D. Thorburn, "Sir Charles Cameron (1830—1931): Dublin's Medical Superintendant, Executive Officer of Public Health, Public Analyst and Inspector of Explosives." *Journal of the Association of Public Analysts*, 37(2009):14—39.

Burns, Edward, *Bad Whisky: The Scandal That Created the World's Most Successful Spirit*. Castle Douglas, Scotland: Neil Wilson Publishing, 2011.

Burrows, Adam, "Palette of Our Palates: A Brief History of Food Coloring and Its Regulation." *Comprehensive Reviews in Food Science and Food Safety*, 8, 4 (2009):394—408.

Cahan, David, *From Natural Philosophy to the Sciences: Writing the History of Nineteenth-Century Science*. Chicago: University of Chicago Press, 2003.

Caivano, José Luis, and María del Pilar Buera, *Color in Food: Technological and Psychophysical Aspects*. Boca Raton, FL: CRC Press, 2012.

Callon, Michel, Pierre Lascoumes, and Yannick Barthe, *Acting in an Uncertain World: An Essay on Technical Democracy*. Cambridge, MA: MIT Press, 2011.

Campbell, W. A., *Chemical Industry*. London: Prentice Hall Press, 1971.

Cantor, Geoffrey, Gowan Dawson, Graeme Gooday, Richard Noakes, Sally Shuttleworth, and Jonathan R. Topham, *Science in the Nineteenth-Century Periodical: Reading the Magazine of Nature*. Cambridge: Cambridge University Press, 2004.

Carpenter, Kenneth J., *Protein and Energy: A Study of Changing Ideas in Nutrition*. Cambridge: Cambridge University Press, 1994.

Carson, Rachel, *Silent Spring*. Mariner Books, 1962.

Cartwright, Nancy, *Nature's Capacities and Their Measurements*. Oxford: Clarendon Press, 1994.

Case, R. A., and J. T. Pearson, "Tumours of the Urinary Bladder in Workmen Engaged in the Manufacture and Use of Certain Dyestuff Intermediates in the British Chemical Industry: Further Consideration of the Role of Aniline and of the Manufacture of Auramine and Magenta (Fuchsine) as Possible Causative Agents."

British Journal of Industrial Medicine, 11, 3(1954):213—216.

Chadwick, Edwin, "The British Sanitary Movement." In *Eras in Epidemiology*, Mervyn Susser and Zena Stein (eds.), 50—65. Oxford: Oxford University Press, 2009.

Chang, Hasok. "Circularity and Reliability in Measurement." *Perspectives on Science*, 3(1995):153—172.

Chang, Hasok, *Inventing Temperature: Measurement and Scientific Progress*. Oxford: Oxford University Press, 2007.

Chang, Hasok, *Is Water H₂O?: Evidence, Realism, and Pluralism*. Dordrecht, Netherlands: Springer, 2012.

Chang, Hasok, and Nancy Cartwright, "Measurement." In *The Routledge Companion to Philosophy of Science*, Martin Curd and Stathis Psillos(eds.). London: Routledge, 2008.

Chast, François, "Les Colorants, Outils Indispensables de la Révolution Biologique et Thérapeutique du XIXe Siècle." Revue d'histoire de la Pharmacie 93, 348(2005):487—504.

Chatriot, Alain, Marie-Emmanuelle Chessel, and Matthew Hilton, *The Expert Consumer: Associations and Professionals in Consumer Society*. Aldershot: Ashgate Publishing, Ltd., 2006.

Chirnside, R. C., and J. H. Hamence, *"Practising Chemists": History of the Society for Analytical Chemistry, 1874—1974*. London: Royal Society of Chemistry, 1974.

Civitello, Linda, *Baking Powder Wars: The Cutthroat Food Fight that Revolutionized Cooking*. Chicago: University of Illinois Press, 2017.

Clark, George, Frederick H. Kasten, and Harold Joel Conn, *History of Staining*. Philadelphia: Williams & Wilkins, 1983.

Clark, M., *Handbook of Textile and Industrial Dyeing: Principles, Processes, and Types of Dyes*. London: Elsevier, 2011.

Cleland, T. M., *A Practical Description of the Munsell Color System and Suggestions for Its Use 1937*. Whitefish, MT: Kessinger Publishing, 2010.

Clydesdale, Fergus M., "Color as a Factor in Food Choice." *Critical Reviews in Food Science and Nutrition*, 33, 1(1993):83—101.

Cobbold, Carolyn, "The Rise of Alternative Bread Leavening Technologies in the Nineteenth Century." *Annals of Science*, 75, 1(2018):21—39.

Cochrane, Rexmond Canning, *Measures for Progress: A History of the National*

舌尖上的彩虹

Bureau of Standards. Washington, DC: National Bureau of Standards, U. S. Department of Commerce, 1966.

Cocks, Geoffrey, and Konrad Hugo Jarausch, *German Professions, 1800—1950*. Oxford: Oxford University Press, 1990.

Coff, Christian, *The Taste for Ethics: An Ethic of Food Consumption*. Berlin: Springer, 2006.

Cohen, Benjamin R., *Pure Adulteration: Cheating on Nature in the Age of Manufactured Food*. Chicago: University of Chicago Press, 2019.

Collard, Patrick John, and Patrick Collard, *The Development of Microbiology*. Cambridge: CUP Archive, 1976.

Collins, E. J. T., "Food Adulteration and Food Safety in Britain in the 19th and Early 20th Centuries." *Food Policy*, 18, 2(1993):95—109.

Collins, Edward, and Derek J. Oddy, "The Centenary of the British Food Journal, 1899—1999: Changing Issues in Food Safety Regulation and Nutrition." *British Food Journal*, 100, 10/11(1998):433—550.

Collins, H. M., *Changing Order: Replication and Induction in Scientific Practice*. Chicago: University of Chicago Press, 1992.

Collins, H. M., "Son of Seven Sexes: The Social Destruction of a Physical Phenomenon." *Social Studies of Science*, 11, 1(1981):33—62.

Collins, H. M., and Robert Evans, *Rethinking Expertise*. Chicago: University of Chicago Press, 2008.

Collins, H. M., and Robert Evans, "The Third Wave of Science Studies: Studies of Expertise and Experience." *Social Studies of Science*, 32, 2(2002):235—296.

Conti, A., and M. Bickel, "History of Drug Metabolism: Discoveries of the Major Pathways of the Nineteenth Century." *Drug Metabolism Reviews*, 6, 1(1977): 1—50.

Cook, H. C., "Origins of Tinctorial Methods in Histology." *Journal of Clinical Pathology*, 50, 9(September 1997):716—720.

Cooter, R., and S. Pumfrey, "Separate Spheres and Public Places: Reflections on the History of Science Popularization and Science in Popular Culture." *History of Science*, 32(1994):237—267.

Coppin, Clayton A., and Jack C. High, *The Politics of Purity: Harvey Washington Wiley and the Origins of Federal Food Policy*. Ann Arbor: University of Michigan Press, 1999.

Corley, T. A. B., *Huntley and Palmers of Reading: A Business History*. London:

Hutchison, 1972.

Coveney, John, *Food, Morals, and Meaning: The Pleasure and Anxiety of Eating*. Abingdon: Routledge, 2002.

Crosland, Maurice, "The Organisation of Chemistry in Nineteenth-Century France." In *The Making of the Chemist: The Social History of Chemistry in Europe, 1799—1914*, David M. Knight and Helge Kragh (eds.). Cambridge: Cambridge University Press, 1998.

Curd, Martin, and Stathis Psillos (eds.), *The Routledge Companion to Philosophy of Science*. London: Routledge, 2008.

Daunton, Martin, and Matthew Hilton, *The Politics of Consumption: Material Culture and Citizenship in Europe and America*. Oxford: Berg, 2001.

Davenport, Horace W., *A History of Gastric Secretion and Digestion: Experimental Studies to 1975*. Berlin: Springer, 2013.

Davis, John, *The Great Exhibition*. Stroud: Sutton Publishing Ltd, 1999.

Davis, Lee N., *Corporate Alchemists: Power and Problems of the Chemical Industry*. Middlesex: Maurice Temple Smith Ltd, 1984.

De La Pena, Carolyn, *Empty Pleasures: The Study of Artificial Sweeteners from Sweet to Splenda*. Chapel Hill: University of North Carolina Press, 2010.

Debré, Patrice, *Louis Pasteur*. Translated by Elborg Forster. Baltimore: Johns Hopkins University Press, 2000.

Debus, Allen G., "Sir Thomas Browne and the Study of Colour Indicators." *Ambix*, 10, 1(February 1, 1962):29—36.

Debus, Allen G., "Solution Analyses Prior to Robert Boyle." *Chymia*, 8 (January 1962):41—61.

Delanda, Manuel, *A New Philosophy of Society: Assemblage Theory and Social Complexity*. London: Continuum, 2006.

Delanghe, Joris R., and Marijn M. Speeckaert, "Creatinine Determination According to Jaffe—What Does It Stand For?" *NDT Plus*, 4, 2(2011):83—86.

Deleuze, Gilles, and Felix Guattari, *A Thousand Plateaus*. London: Bloomsbury Academic, 2013.

Demortain, David, *Scientists and the Regulation of Risk: Standardising Control*. Cheltenham: Edward Elgar Publishing, 2011.

Desrosières, Alain, *The Politics of Large Numbers: A History of Statistical Reasoning*. Cambridge, MA: Harvard University Press, 2002.

Dessaux, Pierre-Antoine, "Chemical Expertise and Food Market Regulation in

Belle-Epoque France." *History and Technology*, 23, 4(2007):351—368.

Dingwall, Robert, *The Sociology of the Professions: Lawyers, Doctors, and Others*. New Orleans: Quid Pro Books, 2014.

Douglas, Mary, *Food in the Social Order: Mary Douglas: Collected Works*. Abingdon: Routledge, 2002.

Douglas, Mary, *Purity and Danger: An Analysis of Concepts of Pollution and Taboo*. Abingdon: Routledge, 2002.

Drouard, Alain, and Derek Oddy, *The Food Industries of Europe in the Nineteenth and Twentieth Centuries*. Abingdon: Routledge, 2016.

Drummond, J. C., and Anne Wilbraham, *The Englishman's Food: A History of Five Centuries of English Diet*. London: Pimlico, 1991.

Ellerbrock, Karl-Peter. "Lebensmittelqualität vor dem Ersten Weltkrieg: Industrielle Produktion und Staatliche Gesundheitspolitik." *Durchbruch zum Modernen Massenkonsum*, (1987):127—188.

Engel, Alexander, "Colouring Markets: The Industrial Transformation of the Dyestuffs Business Revisited." *Business History*, 54, 1(2012):10—29.

Engel, Alexander, "Colouring the World: Marketing German Dyestuffs in the Late Nineteenth Century and Early Twentieth Centuries." In *Bright Modernity: Colour, Commerce, and Consumer Culture*, Regina Lee Blaszczyk and Uwe Spiekermann(eds.), 37—55. Cham, Switzerland: Palgrave Macmillan, 2017.

Engel, Alexander, *Farben der Globalisierung: Die Enstehung moderner Märkte für Farbstoffe 1500—1900*. Frankfurt: Campus, 2009.

Ereshefsky, Marc, *The Poverty of the Linnaean Hierarchy: A Philosophical Study of Biological Taxonomy*. Cambridge: Cambridge University Press, 2000.

Eyler, J. M., "The Epidemiology of Milk-Borne Scarlet Fever: The Case of Edwardian Brighton." *American Journal of Public Health*, 76, 5(1986):573—584.

Eyler, J. M., *Sir Arthur Newsholme and State Medicine, 1885—1935*. Cambridge: Cambridge University Press, 2002.

Fagin, Dan, *Tom's River: A Story of Science and Salvation*. New York: Bantam Dell Publishing Group, 2014.

Fairlie, Susan, *Dyestuffs in the Eighteenth Century*. Chichester: Economic History Society, 1965.

Feingold, Ben, "Hyperkinesis and Learning Disabilities Linked to Artificial Food Flavors and Colors." *American Journal of Nursing*, 75, 5(1975):797—800.

Feingold, Ben, *Why Your Child Is Hyperactive*. New York: Random House

参考文献

USA, Inc., 1988.

Fell, Ulricke, and Alan Rocke, "The Chemical Society of France in Its Formative Years, 1857—1914." In *Creating Networks in Chemistry: The Founding and Early History of Chemical Societies in Europe*, 91—112. Cambridge: Royal Society of Chemistry, 2008.

Ferrari, Matteo, *Risk Perception, Culture, and Legal Change*. Farnham, UK: Ashgate, 2009.

Ferrières, Madeleine, *Sacred Cow, Mad Cow*. New York: Columbia University Press, 2006.

Findling, John E., and Kimberly D. Pelle(eds.), *Encyclopedia of World's Fairs and Expositions*. Jefferson, NC: McFarland, 2008.

Finn, Bernard S., *The History of Electrical Technology: An Annotated Bibliography*. New York: Garland Publishing, 1991.

Fischler, Claude, *L'homnivore: Le Goût, la Cuisine et le Corps*. Paris: O. Jacob, 1993.

Fitzgerald, Randall, *The Hundred-Year Lie: How to Protect Yourself from the Chemicals that Are Destroying Your Health*. New York: Penguin Group, 2007.

Fitzgerald, Robert, *Rowntree and the Marketing Revolution, 1862—1969*. Cambridge: Cambridge University Press, 1995.

Flandrin, Jean-Louis, and Massimo Montanari(eds.), *Food: A Culinary History from Antiquity to the Present*. Translated by Albert Sonnenfeld. New York: Columbia University Press, 1999.

Fox, M. R., *Dye-Makers of Great Britain 1856—1976: A History of Chemists, Companies, Products, and Changes*. Liverpool: ICI Organics Division, 1987.

Fox, Robert, and Anna Guagnini (eds.), *Education, Technology, and Industrial Performance in Europe, 1850—1939*. Cambridge: Cambridge University Press, 1993.

Fox, Robert, and Agustí Nieto-Galan, *Natural Dyestuffs and Industrial Culture in Europe, 1750—1880*. Cambridge: Science History Publications, 1999.

Fraser, W. Hamish, *The Coming of the Mass Market, 1850—1914*. London: Macmillan, 1981.

French, Michael, and Jim Phillips, *Cheated Not Poisoned?: Food Regulation in the United Kingdom, 1875—1938*. Manchester: Manchester University Press, 2000.

French, Michael, and Jim Phillips, "Sophisticates or Dupes? Attitudes toward Food Consumers in Edwardian Britain." *Enterprise and Society*, 4, 3(2003):442—470.

French, Richard D., *Antivivisection and Medical Science in Victorian Society*. Princeton: Princeton University Press, 1975.

Fressoz, Jean-Baptiste, "Beck Back in the 19th Century: Towards a Genealogy of Risk Society." *History and Technology*, 23, 4(2007):333—350.

Fressoz, Jean-Baptiste. " Gaz, Gazomètres, Expertises et Controverses: Londres, Paris, 1815—1860." *Le Courrier de l'environnement de l'INRA*, 62(2012): 31—56.

Fressoz, Jean-Baptiste, and Thomas Le Roux, "Protecting Industry and Commodifying the Environment: The Great Transformation of French Pollution Regulation, 1700—1840." In *Common Ground: Integrating the Social and Environmental in History*, G. Massard-Guilbaud and S. Mosley (eds.), 340—366. Newcastle upon Tyne: Cambridge Scholars, 2011.

Fricke, John, Jacy Scarfone, and William Stillmann, *The Wizard of Oz: The Official 50th Anniversary Pictorial History*. New York: Grand Central Publishing, 1989.

Furlough, Ellen, *Consumer Cooperation in France: The Politics of Consumption*, *1834—1930*. Ithaca, NY: Cornell University Press, 1991.

Furlough, Ellen, and Carl Strikwerda (eds.), *Consumers Against Capitalism?* Lanham, MD: Rowman & Littlefield Publishers, 1999.

Fyfe, Aileen, and Bernard V., *Lightman*. *Science in the Marketplace: Nineteenth-Century Sites and Experiences*. Chicago: University of Chicago Press, 2007.

Fyke, Richard E., *The Bottle Book*. Salt Lake City: Peregrine Smith Books, 1987.

Gade, D. W., "Tradition, Territory, and Terroir in French Viniculture: Cassis, France, and Appellation Contrôlée." Annals of the Association of American Geographers 94(2004):848—867.

Gage, John, *Colour and Culture: Practice and Meaning from Antiquity to Abstraction*. London: Thames and Hudson, 1993.

Garfield, Simon, *Mauve: How One Man Invented a Colour that Changed the World*. London: Faber, 2001.

Gaskill, Nicholas, "Learning to See with Milton Bradley." In *Bright Modernity: Colour, Commerce, and Consumer Culture*, Regina Lee Blaszczyk and Uwe Spiekermann(eds.), 55—77. Cham, Switzerland: Palgrave Macmillan, 2017.

Gaskill, Nicholas, "Vibrant Environments: The Feel of Color from the White Whale to the Red Wheelbarrow." Ph. D. diss., University of North Carolina, 2010.

Gee, Brian, "Amusement Chests and Portable Laboratories: Practical Alternatives to the Regular Laboratory." In *The Development of the Laboratory: Essays on the Place of Experiments in Industrial Civilization*, Frank A. J. L. James (ed.), 37—59. Basingstoke, Hampshire: Palgrave Macmillan, 1989.

Gerber, Samuel M., *Chemistry and Crime: From Sherlock Holmes to Today's Courtroom*. Washington, DC: American Chemical Society, 1983.

Gernsheim, Alison, *Victorian and Edwardian Fashion: A Photographic Survey*. Mineola, NY: Courier Dover Publications, 1982.

Giddens, Anthony, *The Consequences of Modernity*. Cambridge, UK: Polity Press, 1991.

Giddens, Anthony, *Runaway World: How Globalization Is Reshaping Our Lives*. London: Profile Books, 2002.

Golan, Tal, *Laws of Men and Laws of Nature: The History of Scientific Expert Testimony in England and America*. Cambridge, MA: Harvard University Press, 2007.

Golinski, Jan, *Science as Public Culture: Chemistry and Enlightenment in Britain, 1760—1820*. Cambridge: Cambridge University Press, 1999.

Good, Hal, "Methods of Measuring Food Color." *Food Quality Magazine*, January/February 2003.

Gooday, Graeme, "Liars, Experts, and Authorities." *History of Science*, 46 (2008):431—456.

Gooday, Graeme, *The Morals of Measurement: Accuracy, Irony, and Trust in Late Victorian Electrical Practice*. Cambridge: Cambridge University Press, 2004.

Gooding, David, Trevor Pinch, and Simon Schaffer, *The Uses of Experiment: Studies in the Natural Sciences*. Cambridge: Cambridge University Press, 1989.

Goody, Jack, *Cooking, Cuisine, and Class: A Study in Comparative Sociology*. Cambridge: Cambridge University Press, 1982.

Gradmann, Christoph, "Experimental Life and Experimental Disease: The Role of Animal Experiments in Robert Koch's Medical Bacteriology." *Futura*, 18, 2 (2003):80—88.

Gratzer, Walter, *Terrors of the Table: The Curious History of Nutrition*. Oxford: Oxford University Press, 2005.

Greer, Germaine, "Britain Doesn't Need Beet Sugar." *Telegraph*, June 30, 2013, accessed online June 1, 2015. https://www.telegraph.co.uk/foodanddrink/10145478/Germaine-Greer-Britain-doesnt-need-beet-sugar.html/.

舌尖上的彩虹

Griffith, R. Marie, "Apostles of Abstinence: Fasting and Masculinity during the Progressive Era." *American Quarterly*, 52, 4(2000):599—638.

Grivetti, Louis E., and Howard-Yana Shapiro, *Chocolate: History, Culture, and Heritage*. New York: John Wiley & Sons, 2011.

Grüne, Jutta, *Anfänge staatlicher Lebensmittelüberwachung in Deutschland: Der "Vater der Lebensmittelchemie" Joseph König*, Hans Jürgen Teuteberg (ed.). Stuttgart: Franz Steiner Verlag, 1994.

Guillem-Llobat, Ximo, "The Sugar Industry, Political Authorities, and Scientific Institutions in the Regulation of Saccharin: Valencia (1888—1939)." *Annals of Science*, 68, 3(2011):401—424.

Haber, L. F., *Chemical Industry, 1900—30: International Growth and Technological Change*. Oxford: Oxford University Press, 1971.

Haber, L. F., *The Chemical Industry During the Nineteenth Century: A Study of the Economic Aspect of Applied Chemistry in Europe and North America*. Oxford: Clarendon Press, 1958.

Haines, Richard W., *Technicolor Movies: The History of Dye Transfer Printing*. Jefferson, NC: McFarland Co. Inc., 2003.

Halliday, Stephen, *The Great Stink of London: Sir Joseph Bazalgette and the Cleansing of the Victorian Metropolis*. Stroud: History Press Ltd, 2001.

Hamilton, Susan, *Animal Welfare and Anti-Vivisection 1870—1910: Frances Power Cobbe*. London: Taylor & Francis, 2004.

Hamlin, Christopher, *Public Health and Social Justice in the Age of Chadwick: Britain, 1800—1854*. Cambridge: Cambridge University Press, 1998.

Hamlin, Christopher, *A Science of Impurity: Water Analysis in Nineteenth Century Britain*. Berkeley: University of California Press, 1990.

Hamlin, Christopher, "Scientific Method and Expert Witnessing: Victorian Perspectives on a Modern Problem." *Social Studies of Science*, 16, 3(1986):485—513.

Hammond, P. W., and Harold Egan, *Weighed in the Balance*. London: HMSO, 1992.

Hanan, Mohamed, Fathy Abd El-Wahab, and Gehan Salah El-Deen Moram, "Toxic Effects of Some Synthetic Food Colorants and/or Flavor Additives on Male Rats." *Toxicology and Industrial Health*, 29, 2(2013):224—232.

Handbook of U. S. Colorants: Foods, Drugs, Cosmetics, and Medical Devices. New York: Wiley-Interscience, 1991.

Hannaway, Owen, *The Chemists and the Word: The Didactic Origins of Chemistry*.

Baltimore: Johns Hopkins University Press, 1975.

Hanssen, Maurice, *E for Additives*. London: HarperCollins, 1984.

Hardy, Anne, *The Epidemic Streets: Infectious Disease and the Rise of Preventive Medicine, 1856—1900*. Oxford: Clarendon Press, 1993.

Hardy, Anne, and M. Eileen Magnello. "Statistical Methods in Epidemiology: Karl Pearson, Ronald Ross, Major Greenwood, and Austin Bradford Hill, 1900—1945." *Sozial-und Präventivmedizin*, 47, 2(2002):80—89.

Haynes, Williams, *American Chemical Industry*. New York: Van Nostrand, 1945.

Heer, Jean, *Nestle: 125 Years, 1866—1991*. Vevey, Switzerland: Nestle, 1992.

Heick, Welf Henry, *A Propensity to Protect: Butter, Margarine and the Rise of Urban Culture in Canada*. Waterloo, ON: Wilfrid Laurier University Press, 1991.

Henderson, W. O., *The State and the Industrial Revolution in Prussia 1740—1870*. Liverpool: Liverpool University Press, 1967.

Hennessey, Rachel, "Living in Color: The Potential Dangers of Artificial Dyes." *Forbes*, August 2012, 27.

Hepler-Smith, Evan. " 'Just as the Structural Formula Does' : Names, Diagrams, and the Structure of Organic Chemistry at the 1892 Geneva Nomenclature Congress." *Ambix*, 62, 1(2015):1—28.

Hierholzer, Vera, *Nahrung nach Norm: Regulierung von Nahrungsmittelqualität Nahrungsmittelqualität, in der Industrialisierung 1871—1914*. Göttingen: Vandenhoeck & Ruprecht GmbH KG, 2010.

Hierholzer, Vera, "Searching for the Best Standard: Different Strategies of Food Regulation during German Industrialization." *Food and History*, 5, 2(2007): 295—318.

Hildebrandt, M., "The Trial of the Expert." *New Criminal Law Review*, 10 (2007):78—101.

Hilton, Matthew, *Consumerism in Twentieth-Century Britain: The Search for a Historical Movement*. Cambridge: Cambridge University Press, 2003.

Hirsh, Richard F., *Technology and Transformation in the American Electric Utility Industry*. Cambridge: Cambridge University Press, 2002.

Hisano, Ai, "Eye Appeal Is Buy Appeal: Business Creates the Color of Foods, 1870—1970." Ph. D. diss., University of Delaware, 2016.

Hisano, Ai, "The Rise of Synthetic Colours in the American Food Industry, 1870—1940." *Business History Review*, 90, 3(Autumn 2016):483—504.

舌尖上的彩虹

Hisano, Ai, *Visualizing Taste: How Business Changed the Look of What You Eat*. Cambridge, MA: Harvard University Press, 2019.

Hochheiser, Sheldon, "The Evolution of U. S. Food Colour Standards, 1913—1919." *Agricultural History*, 55, 4(1981):385—391.

Hochheiser, Sheldon, "Synthetic Food Colors in the United States: A History under Regulation." Ph. D. diss., University of Wisconsin, 1982.

Hoegg, JoAndrea, and Joseph W. Alba, "Taste Perception: More than Meets the Tongue." *Journal of Consumer Research*, 33, 4(March 2007):490—498.

Holloway, S. W. F., *Royal Pharmaceutical Society of Great Britain: A Political and Social History*. London: Pharmaceutical Press, 1991.

Holmes, Frederic L., "Beyond the Boundaries." In *Lavoisier in European Context: Negotiating a New Language for Chemistry*, Bernadette Bensaude-Vincent (ed.), 267—278. Ann Arbor: University of Michigan Press, 1995.

Holmes, Frederic L., "The Complementarity of Teaching and Research in Liebig's Laboratory." *Osiris*, 5(1989):121—164.

Homburg, Ernst, "The Emergence of Research Laboratories in the Dyestuffs Industry, 1870—1900." *British Journal for the History of Science*, 25, 1(1992):91—111.

Homburg, Ernst, "The Influence of Demand on the Emergence of the Dye Industry: The Roles of Chemists and Colourists." *Journal of the Society of Dyers and Colourists*, 99, 11(1983):325—333.

Homburg, Ernst, "The Rise of Analytical Chemistry and Its Consequences for the Development of the German Chemical Profession(1780—1860)." *Ambix*, 46, 1 (1999):1—32.

Homburg, Ernst, "Two Factions, One Profession: The Chemical Profession in German Society 1780—1870." In *The Making of the Chemist: The Social History of Chemistry in Europe, 1789—1914*, David M Knight and Helge Kragh(eds.), 39—77. Cambridge: Cambridge University Press, 1998.

Homburg, Ernst, Anthony S. Travis, and Harm G. Schröter (eds.), *The Chemical Industry in Europe, 1850—1914: Industrial Growth, Pollution, and Professionalization*. Dordrecht: Kluwer Academic, 1998.

Hopwood, Nick, *Haeckel's Embryos: Images, Evolution, and Fraud*. Chicago: University of Chicago Press, 2015.

Horrocks, Sally, "Consuming Science: Science, Technology and Food in Britain, 1870—1939." Ph. D. diss., University of Manchester, 1993.

Houghton, Walter E., *The Victorian Frame of Mind, 1830—1870*. New Haven:

Yale University Press, 1963.

Howe, Anthony, *Free Trade and Liberal England*, *1846—1946*. Oxford: Oxford University Press, 1998.

Hughes, Thomas Parker, *Networks of Power: Electrification in Western Society*, *1880—1930*. Baltimore: John Hopkins University Press, 1993.

Hugill, Antony, *Sugar and All That: History of Tate and Lyle*. London: Gentry Books, 1978.

Hugill, Peter J., and Veit Bachmann, "The Route to the Techno-Industrial World Economy and the Transfer of German Organic Chemistry toAmerica Before, During, and Immediately After World War Ⅰ." *Comparative Technology Transfer and Society*, 3, 2(2005):158—186.

Humble, Nicola, *Culinary Pleasures: Cook Books and the Transformation of British Food*. London: Faber, 2006.

Hunt, Bruce J., "The Ohm Is Where the Art Is: British Telegraph Engineers and the Development of Electrical Standards." *Osiris*, 2, 9(1994):48—63.

Hunt, Peter, *International Companion Encyclopedia of Children's Literature*. Abingdon: Routledge, 2004.

Hutchings, John B., *Food Color and Appearance*. Gaithersburg: Aspen, 1999.

Hutter, Bridget M., *Anticipating Risks and Organising Risk Regulation*. Cambridge: Cambridge University Press, 2010.

Hutter, Bridget M., *Managing Food Safety and Hygiene: Governance and Regulation as Risk Management*. Cheltenham: Edward Elgar Publishing, 2011.

Huxley, Leonard(ed.), *The Life and Letters of Thomas Henry Huxley*. Vol.1. London, 1900.

Hyman, Gwen, *Making a Man: Gentlemanly Appetites in the Nineteenth-Century British Novel*. Athens: Ohio University Press, 2009.

Inkster, Ian, Graeme Gooday, and James Sumner(eds.), *History of Technology*. Vol. 28. Special issue: *By Whose Standards? Standardization, Stability and Uniformity in the History of Information and Electrical Technologies*.

Inkster, Ian, and Jack Morrell, *Metropolis and Province: Science in British Culture*, *1780—1850*. Philadelphia: University of Pennsylvania Press, 1983.

James, Frank A. J. L., *The Development of the Laboratory: Essays on the Place of Experiments in Industrial Civilization*. Basingstoke, Hampshire: Palgrave Macmillan, 1989.

Jardine, N., J. A. Secord, and E. C. Spary, *Cultures of Natural History*.

Cambridge: Cambridge University Press, 1996.

Jasanoff, Sheila, "Breaking the Waves in Science Studies: Comment on H. M. Collins and Robert Evans, 'The Third Wave of Science Studies.' " *Social Studies of Science*, 33, 3(2003):389—400.

Jefferys, James B., *Retail Trading in Britain*, *1850—1950*. Cambridge: Cambridge University Press, 1954.

Johnson, Jeffrey A., "Academic Self-Regulation and the Chemical Profession in Imperial Germany." *Minerva*, 23, 2(1985):241—271.

Johnson, Jeffrey A., " Germany: Discipline-Industry-Profession; German Chemical Organisations 1867—1914." In *Creating Networks in Chemistry: The Founding and Early History of Chemical Societies in Europe*, Anita Kildebæk Nielsen and Soňa Štrbáňová(eds.), 113—138. Cambridge: Royal Society of Chemistry, 2008.

Johnston, Sean F., *A History of Light and Colour Measurement: Science in the Shadows*. Bristol: CRC Press, 2001.

Jones, Carol A. G., *Expert Witnesses: Science, Medicine, and the Practice of Law*. Oxford: Clarendon Press, 1994.

Jones, William Jervis, *German Colour Terms: A Study in Their Historical Evolution from Earliest Times to the Present*. Amsterdam: John Benjamins Publishing, 2013.

Kahl, Thomas, "Aniline." In *Ullmann's Encylcopedia of Industrial Chemistry*, 161—168. New York: John Wiley & Sons, 2007.

Kargon, Robert, "Expert Testimony in Historical Perspective." *Law and Human Behavior*, 10, 1—2(1986):15—27.

Kassim, L., " The Co-operative Movement and Food Adulteration in the Nineteenth Century." *Manchester Region History Review*, 15(2001):9—18.

Keane, *Melanie Science in Wonderland*. Oxford: Oxford University Press, 2015.

Kelley, Victoria, *Soap and Water: Cleanliness, Dirt, and the Working Classes in Victorian and Edwardian Britain*. London: I. B. Tauris & Co. Ltd., 2010.

Kennaway, Ernest, "The Identification of a Carcinogenic Compound in Coal-Tar." *British Medical Journal*, 2, 4942(1955):749—752.

Keyser, Catherine, *Artificial Color: Modern Food and Racial Fictions*. Oxford: Oxford University Press, 2019.

Kirchelle, Claas, "Toxic Confusion: The Dilemma of Antibiotic Regulation in West German Food Production(1951—1990)." *Endeavour*, 2(2016): 114—127.

Klein, Ursula, *Experiments, Models, Paper Tools: Cultures of Organic*

Chemistry in the Nineteenth Century. Stanford: Stanford University Press, 2003.

Klein, Ursula, "Technoscience avant la Lettre." Perspectives on Science 13, 2 (2005):226—266.

Klein, Ursula, and Wolfgang Lefèvre. *Materials in Eighteenth-Century Science: A Historical Ontology*. Cambridge, MA: MIT Press, 2007.

Klein, Ursula, and Carsten Reinhardt, *Objects of Chemical Inquiry*. Sagamore Beach, MA: Science History Publications, 2014.

Klein, Ursula, and E. C. Spary(eds.), *Materials and Expertise in Early Modern Europe: Between Market and Laboratory*. Chicago: University of Chicago Press, 2010.

Knight, David M, and Helge Kragh, *The Making of the Chemist: The Social History of Chemistry in Europe, 1789—1914*. Cambridge: Cambridge University Press, 1998.

Koerner, Lisbet, *Linnaeus: Nature and Nation*. Cambridge, MA: Harvard University Press, 2009.

Kortsch, Christine Bayles, *Dress Culture in Late Victorian Women's Fiction: Literacy, Textiles, and Activism*. Farnham: Ashgate Publishing, Ltd., 2009.

Krätz, Otto, "Der Chemiker in den Gründerjahren." In *Der Chemiker im Wandel der Zeiten: Skizzen zur geschichtlichen Entwicklung des Berufsbildes*, Eberhard Schmauderer(ed.), 259—285. Weinheim, Germany: Wiley-VCH, 1973.

Krislov, Samuel, *How Nations Choose Product Standards and Standards Change Nations*. Pittsburgh: University of Pittsburgh Press, 1997.

Kuehni, Rolf G., "The Early Development of the Munsell System." *Color Research and Application*, 27, 1(2002):20—27.

Kumar, Prakesh, *Indigo Plantations and Science in Colonial India*. New York: Cambridge University Press, 2012.

Kumar, Prakesh, "Plantation Indigo and Synthetic Indigo: Redefinition of a Colonial Commodity." *Comparative Studies in Society and History*, 58, 2 (April 2016):407—431.

Lacassagne, Antoine, "Kennaway and the Carcinogens." Nature 191, 4790 (1961):743—747.

Landa, Edward, and Mark Fairchild, "Charting Color from the Eye of the Beholder." *American Scientist*, 93, 5(2005).

Landsman, Stephan, "Of Witches, Madmen, and Products Liability: An Historical Survey of the Use of Expert Testimony." *Behavioral Sciences and the Law*,

13, 2(1995):131—157.

Latour, Bruno, *Reassembling the Social: An Introduction to Actor-Network Theory*. Oxford: Oxford University Press, 2007.

Latour, Bruno, *Science in Action: How to Follow Scientists and Engineers through Society*. Cambridge, MA: Harvard University Press, 1987.

Latour, Bruno, and Steve Woolgar, *Laboratory Life: The Construction of Scientific Facts*, Jonas Salk(ed.). Princeton: Princeton University Press, 1986.

Layton, James, and David Pierce, *The Dawn of Technicolor, 1915—1935*. New York: Distributed Art Publishers, 2015.

Leapman, Michael, *The World for a Shilling: How the Great Exhibition of 1851 Shaped a Nation*. London: Headline Book Publishing, 2001.

Lenoir, Timothy, "Revolution from Above: The Role of the State in Creating the German Research System, 1810—1910." *American Economic Review*, 88, 2 (1998):22—27.

Lesch, John E., *Science and Medicine in France: The Emergence of Experimental Physiology, 1790—1855*. Cambridge, MA: Harvard University Press, 2013.

Leslie, Esther, *Synthetic Worlds: Nature, Art, and the Chemical Industry*. London: Reaktion Books, 2005.

Levenstein, Harvey, *Fear of Food: A History of Why We Worry about What We Eat*. Chicago: University of Chicago Press, 2012.

Levenstein, Harvey, *Revolution at the Table: The Transformation of the American Diet*. Berkeley: University of California Press, 2003.

Lévi-Strauss, Claude, *Introduction to a Science of Mythology*. London: Cape, 1978.

Lightman, Bernard, *Victorian Science in Context*. Chicago: University of Chicago Press, 1997.

Lyman, B., *A Psychology of Food: More than a Matter of Taste*. Berlin: Springer, 2012.

MacDonagh, Oliver, *Early Victorian Government, 1830—1870*. London: Weidenfeld and Nicolson, 1977.

MacLeod, Roy M., *Government and Expertise: Specialists, Administrators, and Professionals 1860—1919*. Cambridge: Cambridge University Press, 1988.

Marcus, Alan I., "Setting the Standard: Fertilizers, State Chemists, and Early National Commercial Regulation, 1880—1887." *Agricultural History*, 61, 1(1987): 47—73.

参考文献

Mari, L., "Epistemology of Measurement." *Measurement*, 34, 1(2003):17—30.

Marquardt, Hans, Siegfried G. Schäfer, Roger O. McClellan, and Frank Welsch. *Toxicology*. Cambridge, MA: Academic Press, 1999.

McCann, Donna et al., "Food Additives and Hyperactive Behaviour in 3-Year-Old and 8/9-Year-Old Children in the Community: A Randomised, Double-Blinded, Placebo-Controlled Trial." *Lancet*, 370, 9598(November 3, 2007):1560—1567.

McClelland, Charles E., *The German Experience of Professionalization: Modern Learned Professions and Their Organizations from the Early Nineteenth Century to the Hitler Era*. Cambridge: Cambridge University Press, 2002.

Medlin, Sophie, "Activated Charcoal Doesn't Detox the Body." *thec onversation. com*, June 12, 2018.

Meinel, Christoph, and Hartmut Scholz(eds.), *Die Allianz von Wissenschaft und Industrie: August Wilhelm Hofmann (1818—1892): Zeit, Werk, Wirkung*. Weinheim: Wiley VCH, 1992.

Mennell, Stephen, *All Manners of Food: Eating and Taste in England and France from the Middle Ages to the Present*. Urbana: University of Illinois Press, 1996.

Mennell, Stephen, Anne Murcott, Anneke H. van Otterloo, and International Sociological Association, *The Sociology of Food: Eating, Diet, and Culture*. New York: Sage, 1992.

Merki, Christoph Maria, *Zucker gegen Saccharin: Zur Geschichte der künstlichen Süssstoffe*. Frankfurt: Campus, 1993.

Meyer-Renschhausen, Elisabeth, and Albert Wirz, "Dietetics, Health Reform, and Social Order: Vegetarianism as a Moral Physiology; The Example of Maximilian Bircher-Benner(1867—1939)." *Medical History*, 43, 3(1999):323—341.

Miller, Geoffrey P., "Public Choice at the Dawn of the Special Interest State: The Story of Butter and Margarine." *California Law Review*, 77, 1(1989):83—131.

Miller, Ian, *A Modern History of the Stomach: Gastric Illness, Medicine, and British Society, 1800—1950*. Abingdon: Routledge, 2015.

Miller, Melanie, "Food Colours: A Study of the Effects of Regulation." Ph. D. diss., Aston University, 1987.

Minard, Gayle, "The History of Surgically Placed Feeding Tubes." *Nutrition in Clinical Practice*, 21, 6(2006):626—633.

Mintz, Sidney Wilfred, "The Changing Roles of Food in the Study of Consumption." In *Consumption and the World of Goods*, John Brewer and Roy Porter(eds.), 261—273.

舌尖上的彩虹

New York: Routledge, 1993.

Mintz, Sidney Wilfred, *Sweetness and Power: The Place of Sugar in Modern History*. New York: Viking Penguin, 1985.

Mintz, Sidney Wilfred, *Tasting Food, Tasting Freedom: Excursions into Eating, Culture, and the Past*. Boston: Beacon Press, 1996.

Money, John, *The Destroying Angel: Sex, Fitness, and Food in the Legacy of Degeneracy Theory: Graham Crackers, Kellogg's Corn Flakes, and American Health History*. New York: Prometheus Books, 1985.

Morabia, Alfredo (ed.), *A History of Epidemiologic Methods and Concepts*. Basel: Birkhäuser Basel, 2006.

Morgan, Miriam, "Sugar, Sugar: Cane and Beet Share the Same Chemistry but Act Differently in the Kitchen." *SFGATE* (San Francisco Chronicle website), March 31, 1999. Accessed June 1, 2015.

Morris, Peter J. T., *The Matter Factory: A History of the Chemistry Laboratory*. London: Reaktion Books, 2015.

Morris, Peter J. T., and Anthony S. Travis, "The Chemical Society of London and the Dye Industry in the 1860s." *Ambix*, 39, 3(1992):117—126.

Murmann, Johann Peter, "Knowledge and Competitive Advantage in the Synthetic Dye Industry, 1850—1914: The Coevolution of Firms, Technology, and National Institutions in Great Britain, Germany, and the United States." *Enterprise and Society*, 1, 4(2000):699—704.

Murmann, Johann Peter, *Knowledge and Competitive Advantage: The Coevolution of Firms, Technology, and National Institutions*. Cambridge: Cambridge University Press, 2003.

Neswald, Elizabeth, "Francis Gano Benedict's Reports of Visits to Foreign Laboratories and the Carnegie Nutrition Laboratory." *Actes d'Història de la Ciència I de la Tècnica*, 4(2012):11—32.

Nickerson, Dorothy, "History of the Munsell Color System, Company, and Foundation." *Color Research and Application*, 1, 3(1976):121—130.

Nicklas, Charlotte, "New Words and Fanciful Names: Dyes, Color, and Fashion in the Mid-Nineteenth Century." In *Bright Modernity: Color, Commerce, and Consumer Culture*, Regina Lee Blaszczyk and Uwe Spiekermann(eds.), 97—111. Cham, Switzerland: Palgrave Macmillan, 2017.

Nicklas, Charlotte, "Splendid Hues: Colour, Dyes, Everyday Science, and Women's Fashion, 1840—1875." Ph. D. diss., University of Brighton, 2009.

Nieto-Galan, Agustí, *Colouring Textiles: A History of Natural Dyestuffs in Industrial Europe*. Dordrecht: Kluwer Academic, 2001.

Nissenbaum, Stephen, *Sex, Diet, and Debility in Jacksonian America: Sylvester Graham and Health Reform*. Westport, CT: Greenwood Press, 1980.

Noakes, Richard, "Punch and Comic Journalism in Mid-Victorian Britain." In Geoffrey Cantor, Gowan Dawson, Graeme Gooday, Richard Noakes, Sally Shuttleworth, and Jonathan R. Topham, *Science in the Nineteenth-Century Periodical: Reading the Magazine of Nature*, 91—122. Cambridge: Cambridge University Press, 2004.

Oddy, Derek J., "Food Quality in London and the Rise of the Public Analyst, 1870—1939." In *Food and the City in Europe since 1800*, Peter Atkins, Peter Lummel, and Derek J. Oddy(eds.). Farnham: Ashgate, 2007.

Okun, Mitchell, "Fair Play in the Marketplace: Adulteration and the Origins of Consumerism." Ph. D. diss., City University of New York, 1983.

Okun, Mitchell, *Fair Play in the Marketplace: The First Battle for Pure Food and Drugs*. DeKalb: Northern Illinois University Press, 1986.

Olson, Richard, *Science and Scientism in Nineteenth-Century Europe*. Urbana: University of Illinois Press, 2008.

Orland, Barbara, "The Chemistry of Everyday Life." In *Communicating Chemistry: Textbooks and Their Audiences, 1789—1939*, Anders Lundgren and Bernadette-Bensaude Vincent (eds.), 327—367. Canton, MA: Science History Publications, 2000.

O'Rourke, Kevin, "British Trade Policy in the 19th Century: A Review Article." Working Paper. College Dublin, Department of Political Economy, 1999.

Otterloo, A. H. van, "The Development of Public Distrust of Modern Food Technology in the Netherlands." In *Food Technology, Science, and Marketing*, A. P. den Hartog(ed.), 253—267. East Linton: Tuckwell Press, 1995.

Paradis, James G., *Victorian Science and Victorian Values: Literary Perspectives*. New Brunswick, NJ: Rutgers University Press, 1981.

Partington, James Riddick, *A History of Chemistry*. London: Macmillan, 1964.

Patel, Raj. Stuffed and Starved. London: Portobello Books, 2007.

Paul, Harry W., *From Knowledge to Power: The Rise of the Science Empire in France, 1860—1939*. Cambridge: Cambridge University Press, 2003.

Paulus, Ingeborg, *Search for Pure Food: A Sociology of Legislation in Britain*. London: Martin Robinson, 1974.

舌尖上的彩虹

Petrick, Gabriella M., "The Industrialization of Food." In *The Oxford Handbook of Food History*, Jeffrey M. Pilcher (ed.), 258—278. Oxford: Oxford University Press, 2012.

Petrick, Gabriella M., " 'Purity as Life' : H. J. Heinz, Religious Sentiment, and the Beginning of the Industrial Diet." *History and Technology*, 27, 1(2011): 37—64.

Phillips, Denise, *Acolytes of Nature: Defining Natural Science in Germany, 1770—1850*. Chicago: University of Chicago Press, 2012.

Phillips, Jim, and Michael French, "Adulteration and Food Law, 1899—1939." *Twentieth Century British History*, 9, 3(1998):350—369.

Pickering, Andrew, "Decentering Sociology: Synthetic Dyes and Social Theory." *Perspectives on Science*, 13, 3(2005):352—405.

Pickering, Andrew, *The Mangle of Practice: Time, Agency, and Science*. Chicago: University of Chicago Press, 1995.

Pickering, Andrew, *Science as Practice and Culture*. Chicago: University of Chicago Press, 1992.

Pickstone, John V., *Ways of Knowing: A New History of Science, Technology, and Medicine*. Manchester: Manchester University Press, 2000.

Pinch, Trevor, "Towards an Analysis of Scientific Observation: The Externality and Evidential Significance of Observational Reports in Physics." *Social Studies of Science*, 15, 1(1985):3—36.

Pollan, Michael, *Cooked: A Natural History of Transformation*. London: Penguin Books, 2013.

Pollan, Michael, *The Omnivore's Dilemma*. London: Penguin Books, 2006.

Porter, Dorothy, *Health, Civilization, and the State: A History of Public Health from Ancient to Modern Times*. London: Routledge, 1999.

Porter, Roy, *The Greatest Benefit to Mankind: A Medical History of Humanity from Antiquity to the Present*. London: Fontana Press, 1999.

Porter, Theodore M., *Karl Pearson: The Scientific Life in a Statistical Age*. Princeton: Princeton University Press, 2010.

Porter, Theodore M., *Trust in Numbers: The Pursuit of Objectivity in Science and Public Life*. Princeton: Princeton University Press, 1996.

Powers, Michael Brian, "The Early Industrial Achievements of the Schoelkopf Family." MA thesis, Niagara University, 1979.

Price, Paul J., William A. Suk, Aaron E. Freeman, William T. Lane, Robert L.

Peters, Mina Lee Vernon, and Robert J. Huebner, "In Vitro and in Vivo Indications of the Carcinogenicity and Toxicity of Food Dyes." International Journal of Cancer 21, 3(1978):361—367.

Principe, Laurence M., *The Secrets of Alchemy*. Chicago: University of Chicago Press, 2013.

Proctor, Robert N., *The Nazi War on Cancer*. New ed. Princeton: Princeton University Press, 2000.

Rabier, Christelle, *Fields of Expertise: A Comparative History of Expert Procedures in Paris and London, 1600 to Present*. Newcastle, UK: Cambridge Scholars Publishing, 2007.

Reinhardt, Carsten, *Heinrich Caro and the Creation of Modern Chemical Industry*. Berlin: Springer, 2000.

Reynolds, Terry S., "Defining Professional Boundaries: Chemical Engineering in the Early 20th Century." *Technology and Culture*, 27, 4(1986):694—716.

Rioux, Sébastien. "Capitalist Food Production and the Rise of Legal Adulteration: Regulating Food Standards in 19th Century Britain." *Journal of Agrarian Change*, 19, 1(2019):64—81.

Roberts, Gerrylynn K., "Bridging the Gap between Science and Practice: The English Years of August Wilhelm Hofmann, 1845—1865." In *Die Allianz von Wissenschaft und Industrie: August Wilhelm Hofmann (1818—1892)*, Christoph Meinel and Hartmut Scholz(eds.), 89—99. Weinheim: VCH Publishers, 1992.

Roberts, Lissa, "The Death of the Sensuous Chemist: The 'New' Chemistry and the Transformation of Sensuous Technology." *Studies in History and Philosophy of Science Part A*, 26, 4(1995):503—529.

Roberts, Lissa, "Filling the Space of Possibilities: Eighteenth-Century Chemistry's Transition from Art to Science." *Science in Context*, 6, 2(1993).

Rocke, Alan J., *Image and Reality: Kekulé, Kopp, and the Scientific Imagination*. Chicago: University of Chicago Press, 2010.

Rocke, Alan J., *Nationalizing Science: Adolphe Wurtz and the Battle for French Chemistry*. Cambridge: MIT Press, 2000.

Rocke, Alan J., *The Quiet Revolution: Hermann Kolbe and the Science of Organic Chemistry*. Berkeley: University of California Press, 1993.

Rosenfeld, Louis, "Gastric Tubes, Meals, Acid, and Analysis: Rise and Decline." *Clinical Chemistry*, 43, 5(1997):837—842.

Rossi, Michael, "Let's Go Color Shopping with Charles Sanders Peirce: Color

Scientists as Consumers of Color." In *Bright Modernity: Color, Commerce, and Consumer Culture*, Regina Lee Blaszczyk and Uwe Spiekermann (eds.), 113—133. Cham, Switzerland: Palgrave Macmillan, 2017.

Rowan, Andrew N., *Of Mice, Models, and Men: A Critical Evaluation of Animal Research*. Albany: SUNY Press, 1984.

Royal Society of Chemistry, *The Fight against Food Adulteration*. London: Royal Society of Chemistry, 2005.

Rubery, Matthew, *The Novelty of Newspapers: Victorian Fiction after the Invention of the News*. Oxford: Oxford University Press, 2009.

Rudwick, Martin J. S., *Earth's Deep History: How It Was Discovered and Why It Matters*. Chicago: University of Chicago Press, 2014.

Rüschemeyer, Dietrich, "Professional Autonomy and the Social Control of Expertise." In *The Sociology of the Professions: Lawyers, Doctors, and Others*, Robert Dingwall and Philip Lewis (eds.), 38—58. New Orleans: Quid Pro Books, 2014.

Ruske, Walter, *100 Jahre Deutsche Chemische Gesellschaft*. Weinheim: Deutsche Chemische Gesellschaft, 1967.

Russell, Colin A., *Chemists by Profession: The Origins and Rise of the Royal Institute of Chemistry*. Milton Keynes: Open University Press for the Institute, 1977.

Russell, Colin A., *Edward Frankland: Chemistry, Controversy, and Conspiracy in Victorian England*. Cambridge: Cambridge University Press, 2003.

Samuelson, J., *The Civilisation of Our Day: Essays*. London: S. Low, Marston and Co., 1896.

Schaeffer, Albert, *Die Entwicklung der künstlichen organischen Farbstoffe*. Hofheim am Taunus, Germany: A. Schaeffer, 1951.

Schaeffer, Juliann, "Color Me Healthy: Eating for a Rainbow of Benefits." *Today's Dietician*, 10, 11(2008):34.

Schaffer, Simon, "Astronomers Mark Time: Discipline and the Personal Equation." *Science in Context*, 2(1988):115—145.

Schaffer, Simon, "Late Victorian Metrology and Its Instrumentation: A Manufactory of Ohms." In *Invisible Connections: Instruments, Institutions, and Science*, Robert Bud (ed.), 23—56. Bellingham: SPIE, 1992.

Schaffer, Simon, "Metrology, Metrication, and Victorian Values." In *Victorian Science in Context*, Bernard Lightman (ed.), 438—476. Chicago: University of Chicago Press, 1997.

Shteir, Ann B., *Cultivating Women*, *Cultivating Science*: *Flora's Daughters and Botany in England*, *1760 to 1860*. Baltimore: Johns Hopkins University Press, 1999.

Schmauderer, Eberhard, *Der Chemiker im Wandel der Zeiten*: *Skizzen zur geschichtlichen Entwicklung des Berufsbildes*. Weinheim/Bergstr.: Wiley-VCH, 1973.

Schmidt, Susanne K., *Coordinating Technology*: *Studies in the International Standardization of Telecommunications*. Cambridge, MA: MIT Press, 1998.

Scholliers, Peter, "Defining Food Risks and Food Anxieties throughout History." *Appetite*, 51, 1(2008):3—6.

Scholliers, Peter, and Patricia Van den Eeckhout, "Hearing the Consumer? The Laboratory, the Public, and the Construction of Food Safety in Brussels (1840s—1910s)." *Journal of Social History*, 44, 4(2011):1139—1155.

Schoonhoven, Claudia Bird, and Elaine Romanelli, *The Entrepreneurship Dynamic*: *Origins of Entrepreneurship and the Evolution of Industries*. Stanford: Stanford University Press, 2001.

Schröter, Harm G., and Anthony S. Travis, "An Issue of Different Mentalities: National Approaches to the Development of the Chemical Industry in Britain and Germany Before 1914." In *The Chemical Industry in Europe*, *1850—1914*: *Industrial Growth*, *Pollution*, *and Professionalization*, Ernst Homburg, Anthony S. Travis, and Harm G. Schröter(eds.), 95—120. Dordrecht: Kluwer Academic, 1998.

Schug, Thaddeus, Amanda Janesick, Bruce Blumberg, and Jerrold J. Heindel, "Endocrine Disrupting Chemicals and Disease Susceptibility." *Journal of Steroid Biochemistry and Molecular Biology*, 127, 2—5(2011):204—205.

Schwartz, Hillel, *Never Satisfied*: *A Cultural History of Diets*, *Fantasies*, *and Fat*. New York: Free Press; London: Collier Macmillan, 1986.

Secord, James, "Knowledge in Transit." *Isis*, 95, 4(2004):654—672.

Setbon, Michel, Jocelyn Raude, Claude Fischler, and Antoine Flahault, "Risk Perception of the 'Mad Cow Disease' in France: Determinants and Consequences." *Risk Analysis*, 25, 4(2005):813—826.

Shapin, Steven, "Science and the Public." In *Companion to the History of Modern Science*, G. N. Cantor(ed.), 990—1007. Abingdon: Routledge, 1996.

Shapin, Steven, *A Social History of Truth*: *Civility and Science in Seventeenth-Century England*. Chicago: University of Chicago Press, 1995.

Shapin, Steven, and Simon Schaffer, *Leviathan and the Air-Pump*: *Hobbes*, *Boyle*, *and the Experimental Life*. Princeton: Princeton University Press, 2011 [1989].

Shaw, Gareth, "Changes in Consumer Demand and Food Supply in Nineteenth-

Century British Cities." *Journal of Historical Geography*, 11, 3(1985):280—296.

Sheets-Pyenson, Susan, "Popular Science Periodicals in Paris and London: The Emergence of a Low Scientific Culture, 1820—1875." *Annals of Science*, (November 1985):549—572.

Silver, G. A., "Virchow, the Heroic Model in Medicine: Health Policy by Accolade." *American Journal of Public Health*, 77, 1(1987):82—88.

Simon, Christian, "The Swiss Chemical Industry." In *The Chemical Industry in Europe, 1850—1914: Industrial Growth, Pollution, and Professionalization*, Ernst Homburg, Anthony S. Travis, and Harm G. Schröter (eds.), 9—27. Dordrecht: Kluwer Academic, 1998.

Simon, Jonathan, Chemistry, Pharmacy, and Revolution in France, 1777—1809. Farnham: Ashgate Publishing, Ltd., 2013.

Simons Slater, Katharine, "Little Geographies: Children's Literature and Local Place." Ph. D. diss., University of California, 2013.

Smith, Andrew F., *Pure Ketchup: A History of America's National Condiment, with Recipes*. Columbia: University of South Carolina Press, 1996.

Smith, Michael Stephen, *The Emergence of Modern Business Enterprise in France, 1800—1930*. Cambridge, MA: Harvard University Press, 2006.

Spary, E. C., *Eating the Enlightenment: Food and the Sciences in Paris*. Chicago: University of Chicago Press, 2012.

Spary, E. C., *Feeding France: New Sciences of Food, 1760—1815*. Cambridge: Cambridge University Press, 2014.

Spary, E. C., "Ways with Food." *Journal of Contemporary History*, 40, 4 (2005):763—771.

Spence, Charles, "On the Psychological Impact of Food Colour." *Flavour*, 4, 1 (2015):1—16.

Spencer, Dianne, "Choose Your Food by Colour—and Lose Weight!" Daily Mail Online, accessed October 5, 2016. http://www.dailymail.co.uk/health/article-53080/Choose-food-colour-lose-weight.html.

Spiekermann, Uwe, "Redefining Food: The Standardization of Products and Production in Europe and the United States, 1880—1914." *History and Technology*, 27, 1(2011):11—36.

Spiekermann, Uwe, "Twentieth-Century Product Innovations in the German Food Industry." *Business History Review*, 83, 2(2009):291—315.

Stanziani, Alessandro, "Information, Quality, and Legal Rules: Wine Adulteration in

Nineteenth Century France." *Business History*, 51, 2(2009):268—291.

Stanziani, Alessandro, "La Mesure de la Qualité du Vin en France, 1871—1914." *Food and History*, 2, 1(2004):191—226.

Stanziani, Alessandro, "Municipal Laboratories and the Analysis of Foodstuffs in France under the Third Republic." In *Food and the City in Europe since 1800*, Peter Atkins, Peter Lummel, and Derek J. Oddy(eds.). Farnham: Ashgate, 2007.

Stanziani, Alessandro, "Negotiating Innovation in a Market Economy: Foodstuffs and Beverages Adulteration in Nineteenth-Century France." *Enterprise and Society*, 8, 2(2007):375—412.

Stanziani, Alessandro, *Rules of Exchange: French Capitalism in Comparative Perspective, Eighteenth to Early Twentieth Centuries*. Cambridge: Cambridge University Press, 2012.

Star, Susan Leigh, and James R. Griesemer, "Institutional Ecology, 'Translations,' and Boundary Objects: Amateurs and Professionals in Berkeley's Museum of Vertebrate Zoology, 1907—1939." *Social Studies of Science*, 19, 3 (1989):387—420.

Stare, F. J., E. M. Whelan, and M. Sheridan, "Diet and Hyperactivity: Is There a Relationship?" *Pediatrics*, 66, 4(October 1980):521—525.

Steen, Juliette, "So, Eating 'Activated Charcoal' Is a Thing Now: Just another Wacky Trend?" *Huffpost*, March 11, 2016. https://www.huffingtonpost.com.au/2016/11/02/so-eating-activated-charcoal-is-a-thing-now_a_2159 6704/.

Steere-Williams, Jacob, "A Conflict of Analysis: Analytical Chemistry and Milk Adulteration in Victorian Britain." *Ambix*, 61, 3(2014):279—298.

Steere-Williams, Jacob, "Lacteal Crises: Debates over Milk Purity in Victorian England." In *Victorian Medicine and Popular Culture*, Louise Penner and Tabitha Sparks(eds.), 53—66. London: Pickering & Chatto, 2015.

Steere-Williams, Jacob, "The Perfect Food and the Filth Disease: Milk-Borne Typhoid and Epidemiological Practice in Late Victorian Britain." *Journal of the History of Medicine and Allied Sciences*, 65, 4(2010):514—545.

Stern, Rebecca F., " 'Adulterations Detected' : Food and Fraud in Christina Rossetti's 'Goblin Market.' " *Nineteenth-Century Literature*, 57, 4(2003):477—511.

Stern, Rebecca F., *Home Economics: Domestic Fraud in Victorian England*. Columbus: Ohio State University Press, 2008.

Steward, H. F., "Advisory and Adversary Processes in the Assessment and Control of Food Additives." Ph. D. diss., University of Manchester, 1978.

舌尖上的彩虹

Stoff, Heiko, *Gift in der Nahrung: Zur Genese der Verbraucherpolitik Mitte des 20 Jahrhunderts*. Stuttgart: Frans Steiner Verlag, 2015.

Stuyvenberg, J. H. Van(ed.), *Margarine: An Economic, Social and Scientific History, 1869—1969*. Liverpool: Liverpool University Press, 1969.

Sumner, James, "Retailing Scandal: The Disappearance of Friedrich Accum." In (*Re*) *creating Science in Nineteenth-Century Britain: An Interdisciplinary Approach*, Amanda Mordavsky Caleb (ed.), 32—48. Newcastle, UK: Cambridge Scholars Publishing, 2007.

Szabadváry, Ferenc. *History of Analytical Chemistry*. Yverdon, Switzerland: Gordon and Breach Science Publishers, 1992.

Tal, Eran, "Old and New Problems in Philosophy of Measurement." *Philosophy Compass*, 8, 12(2013):1159—1173.

Taussig, Michael T., *What Color Is the Sacred?* Chicago: University of Chicago Press, 2009.

Taylor, F. Sherwood, *A History of Industrial Chemistry*. London: Heinemann, 1957.

Tenhoor, Meredith, "Architecture and Biopolitics at Les Halles." *French Politics, Culture, and Society*, 25, 2(Summer 2007):73—92.

Teughels, Nelleke, and Peter Scholliers, *A Taste of Progress: Food at International and World Exhibitions in the Nineteenth and Twentieth Centuries*. London: Routledge, 2016.

Teuteberg, Hans Jürgen, "Adulteration of Food and Luxuries and the Origins of Uniform State Food Legislation in Germany." *Zeitschrift für Ernährungswissenschaft*, 34, 2(1995):95—112.

Teuteberg, Hans Jürgen, *European Food History: A Research Review*. Leicester: Leicester University Press, 1992.

Timmermans, Stefan, and Steven Epstein, "A World of Standards but Not a Standard World: Toward a Sociology of Standards and Standardization." *Annual Review of Sociology*, 36, 1(2010):69—89.

Todes, Daniel P., *Pavlov's Physiology Factory: Experiment, Interpretation, Laboratory Enterprise*. Baltimore: John Hopkins University Press, 2001.

Tomic, Sacha, *Aux origines de la chimie organique*. Rennes: Université de Rennes, 2010.

Tomic, Sacha, "The Toxicological Laboratory of Paris During Jules Ogier's Direction 1883—1911." Presented at the 8th European Spring School on History of

Science and Popularization | Societat Catalana d'Història de la Ciència ide la Tècnica, July 1, 2015, Menorca.

Tomic, Sacha, and X. Guillem-Llobat, "New Sites for Food Quality Surveillance in European Centres and Peripheries: To What Extent Was the Municipal Laboratory of Paris a Model for Iberian Laboratories?" Presented at the Sites of Chemistry in the 19th Century, Valencia, July 6, 2012.

Travis, Anthony S., "Between Broken Root and Artificial Alizarin: Textile Arts and Manufactures of Madder." *History and Technology*, 12, 1(1994):1—22.

Travis, Anthony S., "Decadence, Decline, and Celebration: Raphael Meldola and the Mauve Jubilee of 1906." *History and Technology*, 22, 2(2006): 131—152.

Travis, Anthony S., "From Manchester to Massachusetts via Mulhouse: The Transatlantic Voyage of Aniline Black." *Technology and Culture*, 35, 1(1994):70—99.

Travis, Anthony S., "Perkin's Mauve: Ancestor of the Organic Chemical Industry." *Technology and Culture*, 31, 1(1990):51—82.

Travis, Anthony S., "Poisoned Groundwater and Contaminated Soil: The Tribulations and Trial of the First Major Manufacturers of Aniline Dyes in Basel." *Environmental History*, 2, 3(1997):343—365.

Travis, Anthony S., *The Rainbow Makers: Origins of the Synthetic Dyestuffs Industry in Western Europe*. Bethlehem, PA: Lehigh University Press, 1993.

Travis, Anthony S., "Science as Receptor of Technology: Paul Ehrlich and the Synthetic Dyestuffs Industry." *Science in Context*, 3, 2(1989):383—408.

Travis, Anthony S., and Brent Schools and Industry Project, *The Colour Chemists*. London: Brent Schools and Industry Project, 1983.

Travis, Anthony S., Willem J. Hornix, and Robert Bud, "From Process to Plant: Innovation in the Early Artificial Dye Industry." *British Journal for the History of Science*, 25, 1(1992):65—90.

Trentmann, Frank, *Empire of Things: How We Became a World of Consumers, from the Fifteenth Century to the Twenty-First*. London: Allen Lane, 2016.

Trentmann, Frank, and Martin Daunton(eds.), *Worlds of Political Economy: Knowledge and Power in the Nineteenth and Twentieth Centuries*. Basingstoke: Palgrave Macmillan, 2004.

Trentmann, Frank, and V. Taylor, "From Users to Consumers: Water Politics in Nineteenth-Century London." In *The Making of the Consumer: Knowledge, Power, and Identity in the Modern World*, Frank Trentmann(ed.), 53—79. Oxford: Berg Publishers, 2005.

Trevan, J. W., "The Error of Determination of Toxicity." *Proceedings of the Royal Society Biological Sciences*(July 1, 1927):483.

Tuchman, Arleen Marcia, *Science, Medicine, and the State in Germany: The Case of Baden 1815—1871*. New York: Oxford University Press, 1993.

Turner, R. Steven, "The Great Transition and the Social Patterns of German Science." *Minerva*, 25, 1—2(1987):56—76.

Turner, R. Steven, "The Growth of Professorial Research in Prussia, 1818 to 1848: Causes and Context." *Historical Studies in the Physical Sciences*, 3(1971): 137—182.

Vaupel, Elisabeth. "Napoleons Kontinentalsperre und ihre Folgen: Hochkonjunktur der Ersatzstoffe." *Chemie in unserer Zeit*, 40, 5(2006):306—315.

Vaupel, Elisabeth, "Vom Teerfarbstoff zum Insektizid." *Chemie in unserer Zeit*, 46, 6(2012):388—400.

Vaupel, Elisabeth, "Wissenschaft und Patriotismus: Der Deutsch-Französische Krieg 1870/71." *Chemie in unserer Zeit*, 41, 6(2007):440—447.

Velkar, Aashish, *Markets and Measurements in Nineteenth-Century Britain*. Cambridge: Cambridge University Press, 2012.

Von Schwerin, Alexander, "Vom Gift im Essen zu chronischen Umweltgefahren: Lebensmittelzusatztoffe und die risikopolitsche Institutionalisierung der Toxikogenetik in der Bundesrepublik, 1955—1964." *Technikgeschichte*, 81, 3(2014).

Waddington, Keir, *The Bovine Scourge: Meat, Tuberculosis, and Public Health, 1850—1914*. Woodbridge, UK: Boydell Press, 2006.

Waddington, Keir, "The Dangerous Sausage: Diet, Meat, and Disease in Victorian and Edwardian Britain." *Cultural & Social History*, 8, 1(March 2011): 51—71.

Wagner, Tamara S., and Narin Hassan(eds.), *Consuming Culture in the Long Nineteenth Century: Narratives of Consumption, 1700— 1900*. Lanham, MD: Lexington Books, 2007.

Wainwright, Mark, "Dyes in the Development of Drugs and Pharmaceuticals." *Dyes and Pigments*, 76, 3(2008):582—589.

Wainwright, Mark, "The Use of Dyes in Modern Biomedicine." *Biotechnic and Histochemistry*, 78, 3—4(January 1, 2003):147—155.

Walker, Philip D. *Zola*. London: Routledge, 1985.

Waller, R. E., "60 Years of Chemical Carcinogens: Sir Ernest Kennaway in Retirement." *Journal of the Royal Society of Medicine*, 87, 2(1994):96—97.

Warner, Deborah, *Sweet Stuff: An American History of Sweeteners from Sugar to Sucralose*. Washington: Smithsonian Institution Scholarly Press, 2011.

Webster, Charles, *Victorian Public Health Legacy: A Challenge to the Future*. Birmingham: Public Health Alliance, 1990.

Wehefritz, Valentin, *Bibliography on the History of Chemistry and Chemical Technology. 17th to the 19th Century/Bibliographie zur Geschichte der Chemie und chemischen Technologie. 17. bis 19. Jahrhundert*. Berlin: Walter de Gruyter, 1994.

Wen, Tiffanie, "Food Color Trumps Flavor." *Atlantic*, September 30, 2014.

Wessell, Adele, "Between Alimentary Products and the Art of Cooking: The Industrialisation of Eating at the World Fairs, 1888/1893." In *Consuming Culture in the Long Nineteenth Century, 1700—1900: Narratives of Consumption, 1700—1900*, Tamara S. Wagner and Narin Hassan (eds.), 107—123. Lanham, MD: Lexington Books, 2007.

White, Paul, "The Experimental Animal in Victorian Britain." In *Thinking with Animals: New Perspectives on Anthropomorphism*, Lorraine Daston and Gregg Mitman(eds.), 59—82. New York: Columbia University Press, 2005.

White, Paul, "Sympathy under the Knife: Experimentation and Emotion in Late Victorian Medicine." In *Medicine, Emotion, and Disease, 1700—1950*, Fay Bound Alberti(ed.), 100—124. London: Palgrave Macmillan UK, 2006.

White, Suzanne, "Chemistry and Controversy: Regulating the Use of Chemicals in Foods, 1883—1959." Ph. D. diss., Emory University 1994.

White Junod, Suzanne, "The Chemogastric Revolution and the Regulation of Food Chemicals." In *Chemical Sciences in the Modern World*, Seymour H. Maskopf (ed.), 322—355. Philadelphia: University of Pennsylvania Press, 1993.

Whorton, James C., *The Arsenic Century: How Victorian Britain Was Poisoned at Home, Work, and Play*. Oxford: Oxford University Press, 2011.

Whorton, James C., *Crusaders for Fitness: The History of American Health Reformers*. Princeton: Princeton University Press, 2014.

Willis, Richard J. B., *The Kellogg Imperative: John Harvey Kellogg's Unique Contribution to Healthful Living*. Grantham: Stanborough Press, 2003.

Wilson, Elizabeth, *Adorned in Dreams: Fashion and Modernity*. New Brunswick, NJ: Rutgers University Press, 2003.

Winstanley, Michael J., *The Shopkeeper's World 1830—1914*. Manchester: Manchester University Press, 1983.

Wisniak, Jaime, "Jean Baptiste Aphonse Chevallier: Science Applied to Public Health

舌尖上的彩虹

and Social Welfare." *Revista CENIC Ciencias Biológicas*, 44, 2(2013):2—16.

Wood, Donna J., "The Strategic Use of Public Policy: Business Support for the 1906 Food and Drug Act." *Business History Review*, 59, 3(1985):403—432.

Young, James Harvey, *Pure Food: Securing the Federal Food and Drugs Act of 1906*. Princeton: Princeton University Press, 1989.

Young, R. M., *Darwin's Metaphor*. Cambridge: Cambridge University Press, 1985.

Zeide, Anna, Canned: *The Rise and Fall of Consumer Confidence in the American Food Industry*. Oakland: University of California Press, 2018.

Zylberman, Patrick, "Making Food Safety an Issue: Internationalized Food Politics and French Public Health from the 1870s to the Present." *Medical History*, 48, 1(2004):1—28.